核心素养导向的图式学习

Core Literacy Oriented
Schema Learning

王学金 / 主编

南京大学出版社

图书在版编目(**CIP**)数据

核心素养导向的图式学习 / 王学金主编. —南京：南京大学出版社，2021.12
 ISBN 978-7-305-25044-6

Ⅰ.①核… Ⅱ.①王… Ⅲ.①课堂教学-教学研究-小学 Ⅳ.①G622.421

中国版本图书馆 CIP 数据核字(2021)第 202787 号

出版发行	南京大学出版社
社　　址	南京市汉口路 22 号　　邮　编 210093
出 版 人	金鑫荣
书　　名	**核心素养导向的图式学习**
主　　编	王学金
责任编辑	荣卫红　　　　　编辑热线　025-83685720
照　　排	南京紫藤制版印务中心
印　　刷	江苏凤凰通达印刷有限公司
开　　本	787×1092　1/16　印张 15.75　字数 299 千
版　　次	2021 年 12 月第 1 版　2021 年 12 月第 1 次印刷
ISBN 978-7-305-25044-6	
定　　价	72.00 元

网　　址：http://www.njupco.com
官方微博：http://weibo.com/njupco
官方微信：njupress
销售咨询热线：(025)83594756

* 版权所有，侵权必究
* 凡购买南大版图书，如有印装质量问题，请与所购
　图书销售部门联系调换

编委会

主　　编　王学金
副 主 编　陈馨　　诸锦娟　　王媛
编委会成员　成尚荣　　吴永军　　吕林海　　侯正海
　　　　　　　宋宁　　许玲　　潘亮　　钱浩然
　　　　　　　张珺　　祝菊荣　　彭洁莉　　王琛
　　　　　　　韩光芹　　徐昆　　陈雯嫣

学校"心灵深处"的新"图式"

南京市鼓楼区第一中心小学有着自己独特的教学改革追求,锲而不舍,持之以恒,锻造了学校的改革精神和文化品格,持续影响了学生和教师的发展。他们的孜孜追求、精神、品格,集中体现在一项研究上:小学图式学习研究。

早在 21 世纪初,鼓楼区第一中心小学就开始了以"图式运用"为主题的研究,20年来,随着课程改革的深入,也随着学校文化建设的进展,"图式学习"从没停下研究的步伐。其间,也曾有个别专家对这一研究有过质疑。但是,校长王学金和他的团队一直坚信不疑、坚定不移,他们将不同的意见当作反思、改进的好机会,步步深入,逐步走向"图式学习"的内核,向不同学科合理拓展。于是,他们找到研究的新起点,深化新要点,迈向研究的新高点。

鼓楼区第一中心小学,曾是童话故事《宝葫芦的秘密》拍摄成电影的地方,《宝葫芦的秘密》被称为学校的文化隐喻,童话教育成为学校的教育总主题。要说鼓楼区第一中心小学这一"宝葫芦"的秘密究竟是什么? 他们创造了什么新世纪的童话? 那么,我们可以自豪地说,"图式学习"是他们创造的新童话,是宝葫芦里最具神秘色彩、最具时代特征的秘密。这本专著《核心素养导向的图式学习》正是鼓楼区第一中心小学近 20 年研究心路历程的真实记录,也是研究成果的再梳理、再凝练、再发展。这本专著将带着童话的色彩,飞向教学改革的新天地,飞向学术研究的新高地。

《核心素养导向的图式学习》,摆在我们面前有种沉甸甸的厚重感,既有学术的深刻性,又有实践的扎实性。一所小学能写出这样的专著,实属不易,令人钦佩,我们也深受鼓舞与启发。

其一,他们对图式、对图式学习作了全面而深入的梳理,将图式学习的前世今生清晰地呈现在我们面前。对于图式,我们大体上有所了解,但常常从字面上去理解,有点望文生义,至于图式学习更是简单地理解为思维导图。显然,这些认识既不全面,也不准确,甚至还有不少偏差。书的第一章,对图式、图式学习的来龙去脉基本理清楚了,形成一个图谱。我读下来,认为图式其实是人们对世界的一种认知框架,是我们的一种认知结构,用形象的话来说,认知结构由变量构成,这些变量视为槽,"犹如一些空位,既可贮存已有知识,又可容纳新知识"。图式是可以被激活的,也是可以生成的,准确地说是生成了人类学习模式,这就是图式学习。这样的梳理帮助我们厘清了概念与内涵。

其二，他们比较准确地分析了图式学习的优点与优势。分析的视角有不同：直观、形象性，激发儿童学习的兴趣，符合小学生学习的特点；在培养思维品质上具有独特性，有利于对学生学习方式和思维方式的引导，学生逻辑思维能力与创新思维得到充分的发展；在教学形态上具有丰富性，图式不仅有显性的文本，还包括动态的活动，也包括隐性的心理活动；在图形的类型上，还包括学习地图、概念图等与"图"有关的呈现方式，在学习的深度上，可以激发学习潜能、生长学习的意义，逐步走向深度。作这样的概括，让教师心中有数，而且增强信心，努力彰显特色，发扬图式学习的优势。

其三，将图式学习置于核心素养引导下，明确提出：核心素养导向的图式学习。图式学习不是目的，它是学习的方式、学习的手段、学习的载体，但不是一般的方式、手段和载体，本身就蕴伏着许多先进的理念、前瞻的观点、新的知识和经验。尽管如此，它必须为课程目标服务。以素养为导向的教学改革，是课程改革的方向和原则，意味着从知识导向向素养导向转变。在这转型过程中，他们将知识探索图式、方法习得图式、思维进阶图式与素养导向紧密联系。同时，他们还在情感、态度、价值观上进行图式呈现的探索。素养导向下的图式学习，说到底发挥育人独特的价值。

其四，积极运用图式理论进行图式学习的校本建构。图式学习的校本建构从三个方面着手。第一方面，提炼了图式学习的课型样态，针对不同任务的课整理出不同的样态；第二方面，图式学习策略的提炼，记录法、联想法、质疑法、聚合法等等；第三方面，开放了图式学习的工具，用工具帮助学习，进而撬动学习，工具成为图式学习的好帮手，这是有突破的。值得注意的是，他们还运用叙事方法，还原教学现场，回到图式学习本身，复现教学情景，案例分析，反思改进，按图式学习要求采取新措施。这种基于学科特质的实践与研究特别重要。

其五，全书结构化，逻辑清晰，理论——实践——未来，发展路径形成了研究与发展的"图式"。尤其是未来发展部分，又是超前的研究，拟构建未来学习的未来样态：知识图式、方法图式、价值图式。专著的出版开启了研究实践的新征程，值得关注和学习。

图式学习，在前方闪光，召唤着我们，鼓楼区第一中心小学前程远大。第一中心小学在心灵深处已有了新的"图式"。努力，我们共同！

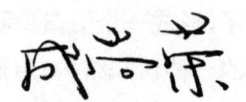

（国家督学，原江苏省教科所所长）

目 录

第一篇

第一章 图式与图式学习 …… 003
 第一节 图式与图式学习溯源 …… 003
  一、图式及认知图式 …… 003
  二、图式学习 …… 006
 第二节 图式学习与儿童认知发展 …… 008
  一、小学儿童认知发展特点 …… 008
  二、建构主义学习理论 …… 010
  三、学习迁移学说 …… 011
 第三节 图式学习的支持理论 …… 012
  一、脑科学研究 …… 013
  二、思维科学研究 …… 014

第二章 核心素养导向的图式学习 …… 016
 第一节 从知识导向转向素养导向 …… 016
  一、核心素养是时代发展的必然要求 …… 017
  二、核心素养是教育改革的内在要求 …… 020
  三、学生发展核心素养的内涵 …… 022
  四、核心素养导向的图式学习 …… 026
 第二节 图式学习的理论价值 …… 028
  一、知识本位课程走向经验本位课程 …… 029
  二、预成性课程走向生成性课程 …… 029
  三、教的课程走向学的课程 …… 030

第三节　图式学习的实践意义 …………………………………… 033
　　　一、图式学习的认知与建构 ……………………………………… 033
　　　二、图式学习的情感与审美 ……………………………………… 036
　　　三、图式学习的自我认知与社会 ………………………………… 039
　　　四、图式学习的创新与创造 ……………………………………… 042

第三章　图式学习的校本建构 ………………………………………… 051
　第一节　图式学习的研究历程 …………………………………… 052
　第二节　图式学习的课型样态 …………………………………… 055
　　　一、图式新授课学习流程 ………………………………………… 056
　　　二、图式复习课学习流程 ………………………………………… 059
　第三节　图式学习的工具开发 …………………………………… 063
　　　一、学习单的设计 ………………………………………………… 063
　　　二、学习手册的设计 ……………………………………………… 066
　第四节　图式学习的策略提炼 …………………………………… 067
　　　一、图式记录法 …………………………………………………… 068
　　　二、归纳联想法 …………………………………………………… 068
　　　三、反思质疑法 …………………………………………………… 069
　　　四、串点成线法 …………………………………………………… 070
　　　五、辐射聚合法 …………………………………………………… 072

第二篇

第四章　语文图式学习现场叙事 ……………………………………… 075
　第一节　核心素养导向的语文学习 ……………………………… 075
　　　一、语文教学问题诊断与分析 …………………………………… 075
　　　二、语文学科核心素养的内涵解读 ……………………………… 077
　　　三、图式学习促进语文学科素养发展的策略 …………………… 079
　第二节　阅读图式学习现场叙事 ………………………………… 087
　第三节　习作图式学习现场叙事 ………………………………… 090

第五章　数学图式学习现场叙事 ……………………………………… 097
　第一节　核心素养导向的数学图式学习 ………………………… 097
　　　一、数学教学问题诊断与分析 …………………………………… 097

  二、数学学科素养的内涵解读 …………………………………………… 098
  三、图式学习促进数学学科素养发展的策略 …………………………… 100
 第二节 概念图式学习现场叙事 ………………………………………………… 105
 第三节 计算图式学习现场叙事 ………………………………………………… 109
 第四节 图形与几何图式学习现场叙事 ………………………………………… 113

第六章 英语图式学习现场叙事 …………………………………………………… 119
 第一节 核心素养导向的英语图式学习 ………………………………………… 119
  一、英语教学问题诊断与分析 …………………………………………… 119
  二、英语学科核心素养的内涵解读 ……………………………………… 121
  三、图式学习促进英语学科素养发展的基本策略 ……………………… 122
 第二节 阅读图式学习现场叙事 ………………………………………………… 130
 第三节 写作图式学习现场叙事 ………………………………………………… 136

第七章 其他学科图式学习现场叙事 ……………………………………………… 144
 第一节 图式学习促进信息技术素养发展的现场叙事 ………………………… 144
  一、信息技术教学问题诊断与分析 ……………………………………… 144
  二、信息技术学科核心素养的内涵解读 ………………………………… 145
  三、图式学习促进信息技术素养发展的基本策略 ……………………… 146
  四、3D建模图式学习 ……………………………………………………… 147
  五、人工智能图式学习 …………………………………………………… 153
 第二节 图式学习促进科学素养发展的现场叙事 ……………………………… 157
  一、图式学习促进科学素养发展的教学策略 …………………………… 158
  二、图式学习促进科学素养发展的现场叙事 …………………………… 160
 第三节 图式学习促进音乐素养发展的现场叙事 ……………………………… 165
  一、图式学习促进音乐素养发展的基本策略 …………………………… 166
  二、图式学习促进音乐素养发展的现场叙事 …………………………… 170
 第四节 图式学习促进综合实践素养发展的现场叙事 ………………………… 174
  一、综合实践教学的问题诊断与分析 …………………………………… 174
  二、综合实践学科核心素养的内涵解读 ………………………………… 176
  三、图式学习促进综合实践学科素养发展的基本策略 ………………… 177
  四、图式学习促进综合实践素养现场叙事 ……………………………… 182
  五、基于项目的跨学科主题探索 ………………………………………… 187

第八章　基于图式学习的班队会活动现场叙事 …… 196
第一节　核心素养导向的班队会活动 …… 196
一、班队会活动问题诊断与分析 …… 196
二、班队会活动中图式学习促进核心素养发展的策略 …… 197
第二节　行为习惯养成的图式学习现场叙事 …… 201
第三节　政治启蒙教育的图式学习现场叙事 …… 205
第四节　健康心理引导的图式学习现场叙事 …… 208
一、图文解字 …… 209
二、看图体验 …… 210
三、跟图学做 …… 211
四、画面重现 …… 211
五、倾听之花 …… 212

第三篇

第九章　图式学习的未来样态 …… 217
第一节　图式学习的三种视角 …… 217
一、知识视角 …… 217
二、方法视角 …… 218
三、价值视角 …… 218
第二节　图式学习的价值追求 …… 219

第十章　知识图式 …… 220
第一节　陈述性知识图式 …… 220
一、主题点 …… 221
二、关键点 …… 221
三、困难点 …… 221
四、联系点 …… 222
第二节　程序性知识图式 …… 222
一、定义初描 …… 222
二、关系识别 …… 223

三、分析推理 ·················· 223
　　四、问题解决 ·················· 223
第三节　知识图式的案例探索 ·················· 223

第十一章　方法图式 ·················· 225
第一节　目标效用图式 ·················· 225
　　一、目标定向 ·················· 226
　　二、历史溯源 ·················· 226
　　三、拓展前瞻 ·················· 226
第二节　联想迁移图式 ·················· 227
　　一、触类旁通 ·················· 227
　　二、关联想象 ·················· 228
　　三、组合创造 ·················· 228
第三节　归纳演绎图式 ·················· 228
　　一、要义梳理 ·················· 229
　　二、本质提炼 ·················· 229
　　三、整合应用 ·················· 229
第四节　形象表征图式 ·················· 230
　　一、理解归纳 ·················· 230
　　二、类比举例 ·················· 230
　　三、多元表征 ·················· 230
第五节　方法图式的案例探索 ·················· 231

第十二章　价值图式 ·················· 232
第一节　认识价值 ·················· 233
第二节　德行价值 ·················· 233
第三节　美学价值 ·················· 234
第四节　价值图式的案例探索 ·················· 234

参考文献 ·················· 236

第 一 篇

执行主编 诸锦娟

编写人员 诸锦娟　祝菊荣　王　琛　谢晨曦
　　　　　　戴迎冬　郭　明　袁天祁　张　雨

第一章 图式与图式学习

第一节 图式与图式学习溯源

"图式"概念萌芽于古希腊哲学家柏拉图的"理念论",第一次由德国哲学家康德提出。英国心理学家巴特莱特(1932)把"图式"这个源于康德哲学的词汇正式引入了心理学。瑞士教育心理学家皮亚杰则把图式当作儿童认知过程的重要变量。自20世纪70年代,信息科学深入到心理学与教育学领域以来,逐渐发展形成了现代图式理论,并逐渐运用在教育与教学实践中。建立联系与形成联结是图式教学和学习的基本意涵,当前在基础教育阶段广泛运用的思维导图、图式学习、友善用脑等学习策略也基本上是建立在图式理论与图式认知的基础上,是一种具体的、形象化的运用。

一、图式及认知图式

图式概念来源于古希腊哲学家柏拉图的"理念论"。早在公元前4世纪,柏拉图从客观唯心主义的角度阐述人类的认识活动,其理念强调的是心灵的眼睛看到的东西,一类事物有一个理念,许多事物就有许多理念。理念实际上就是概念,是对事物的一般抽象。柏拉图把理念作为"单个的存在物",即理智的对象。柏拉图把理念纳入其哲学体系之后,进一步阐明理念是由一种特殊性质所表明的类,并且主张理念与个别事物相分离,概念是原型,事物是摹本,即客观事物来源于柏拉图所谓的理念世界,人们是通过理念来认识世界的。

19世纪,德国哲学家康德(1857)首次提出图式(schema)一词,他在《纯粹性概念之图型说》一书中描述:"此中间媒介之表象,必须为纯粹的,既无一切经验的内容,同时又必须在一方为知性,在他方为感性的,此种表象即先验的图型。"①康德突破了传统经验论和唯理论的思路,他不是简单地把感性经验和理性能力对立起来,而是另辟蹊径,在感性经验与理性能力之间确立了知性过程,并把人类的知性能力解释为"一切纯粹概念发展的线索",是得到一切分析判断和综合判断的最高原理。而在这个知性过程中,起主要作用的就是我们的"图式"。康德这样来说明他的这种"图式"概念:"我们称限制知性概念使用的感性之这种形式和纯粹的条件,为概念的图式。我们将称在这些图式中的知性进程为纯粹知性的图式论。"

英国心理学家巴特莱特第一次把"图式"这个源于康德哲学的词汇正式引入了心理学,并且使之真正成为心理学的一个基本术语,用以表达他的记忆图式理论。巴特莱特认为图式是"过去反应或过去经验的一种积极组织,这种组织必然对具有良好适应性的机体的反应产生影响","图式涉及对过去的反应或过去的经验予以一种积极的组织,这些过去的反应或过去的经验被假定在任何一种充分适应的有机体反应中起作用。这就是说,无论何时,都存在一种行为的顺序或规律,一种特殊的反应仅仅是因为它和其他相似的且已被系列组织的反应有联系才有可能发生。但是,图式并非单纯地作为一个接一个的单个成分在起作用,而是作为一个组块在起作用。图式的决定作用是所有方法中最根本的"。巴特莱特的图式理论较康德的图式理论已经有了比较明显的心理学特征,他更强调知识之间的联系、知识之间的相互作用。

20世纪60年代,瑞士心理学家皮亚杰系统研究了儿童认知的过程。他认为儿童的认知过程就是认知结构"同化"、"顺应"和"平衡"的过程,图式是儿童认知过程的重要变量。皮亚杰认为,图式就是动作的结构和组织,这些动作在相同或类似环境中由于不断重复而得到迁移或概括。皮亚杰认为图式最初来自先天遗传,之后在适应环境的过程中,图式不断得到改变,不断地丰富起来,也就是说低级的动作图式,经过同化、顺应、平衡而逐步建构出新的图式。同化与顺应是适应的两种形式,而同化和顺应既是相互对立的,又是彼此联系的。他还认为同化是知识数量上的变化,不能引起图式的改变和创新;而顺应则是质量上的变化,促进创立新图式或调整原有图式。平衡,既是发展中的因素,又是心理结构。平衡是指同化作用和顺应作用两种机能的平衡。新的、暂时的平衡,并不是绝对静止或终结,而是某一水平的平衡成为另一较高水平的平衡运动的开始。不断发展着的平衡状态,就是整个心理的发展过程。皮亚杰的认知发展心理学第一次清晰地将"图式"作为认知发展的重要

---

① 王兄:《基于图式的数学学习研究》,华东师范大学博士学位论文,2005年,第15—27页。

变量，为儿童认知发展的研究提供了新的视角。

现代的认知心理学家以皮亚杰的图式概念为基础，运用信息加工的分析方法发展起认知图式理论（cognition and schema theory）。信息加工论的另一些心理学家通过对认知表征的深入研究，也提出了"认知图式理论"，把认知表征理论提高到一个更高的水平。认知图式理论认为图式是一种贮存生活经验的抽象的知识结构，是人类贮存已有知识的一种结构，所贮存的知识决定了人类怎样理解和观察事物。图式是记忆中表征知识各个要素相互联系、相互作用形成的具有一定心理结构的网络。这一结构内含概念或命题的网络结构（陈述性知识）、解决问题的方法和步骤（程序性知识）和事物的表象，也是人类头脑中关于普通事件、客体与情境的一般知识结构。认为图式是知识的框架和结构，学习者认知图式的建构，根据不同的学习类型有增长、调整和创造三种方式。它实际上类似于皮亚杰的同化与顺应的概念，不同的是皮亚杰认为同化与顺应是两个对立的方面。

美国认知生态学家杜卡斯（1970）把认知图式分为象征的、操作的、执行的三种基本过程。他认为一套完整的图式被激活，就标志着一次认知活动的开始。在其工作过程中，首先是一般性的执行性图式被激活，在一般性执行图式指导下，选择若干特定的执行性图式，从而导致一连串象征和操作的图式被激活。这些图式是由离散的心理步骤构成的。图式的发展，或者说基本图式总和的不断改进，主要通过对旧图式的改造或重新组合，或对不同旧图式的协调这两种途径。美国当代著名的教育心理学家维特罗克（1974）提出人类学习的生成模式。其学习的生成过程就是学习者原有的认知结构，即头脑中已有的知识和信息加工认知策略，与外界刺激（新知识）进行主动的选择、注意信息，以及主动地建构信息意义的过程。

图式是认知图式，由变量构成，这些变量又称为槽，犹如一些空位，既可贮存已有知识，又可容纳新知识。变量时有变化，变量之间互相约束，并且有线性的序列，图式之间也可以嵌套，产生新的图式。它具有以下特征：第一，图式有许多变量或"狭槽"，必须用具体材料来填充或限定；第二，图式有网络，可以嵌套，即图式可以有亚图式，可以组成层次；第三，图式可以在各种抽象水平上表征知识；第四，图式又是一个主动的加工过程，是一个试图构成经验陈述的积极过程。它能够评价其自身对环境因素的适应情况，因而也可以说明这些因素的程序。

图式的主要功能是知觉和理解，影响了我们对信息的注意和解释，控制了我们对所呈现的材料中各部分的注意量，注意更多偏离图式的刺激。如已学会一种句式，若呈现一些与已有图式不同的句子时，其偏离图式的部分更受注意。图式也影响了我们对所呈现信息的理解，因为它可以提供有助于理解的背景知识。图式也可以使我们超越给定的信息,从而做出预测和推理,这种功能与"缺席赋值"有密切关系。图式也具有迁移作用,将图式应用于新情境,使人习得新知识。

现代图式理论是在汲取行为学派和认知学派优点的基础上,又在信息科学、计算机科学的发展以及心理学关于表征研究的基础上产生的。20 世纪 80 年代初,心理学开始了对信息加工的并行性质、单元分布表征和分布控制的研究,并于 1986 年提出了并行分布加工(PDP)模型。这一模型认为,大脑中的加工单元是相互连接的,每一单元对其他单元可以发送兴奋性和抑制性信号。信息的加工就是通过大量简单的加工单元之间相互作用来实现的。由于 PDP 模型的出现,现代图式理论又有了新的发展[①]。

二、图式学习

我国对于图式相关理论的学习和研究自 20 世纪 80 年代以来逐步发展。具体可分为以下三个阶段:

第一阶段(1980—1990 年),理论学习、传递阶段。研究内容主要是对图式的发展史的解读,涉及的学科主要是哲学范畴。

第二阶段(1991—2000 年),理论传递与实践运用并存阶段。人们除了对理论继续传递和学习外,已意识到图式理论的运用问题,开始把图式运用到阅读、翻译、信息技术等领域,但研究的方法主要是思辨性的,涉及的学科领域也从哲学扩大到心理学、认知科学和学科教学。

第三阶段(2001 年至今),理论运用阶段。这一阶段图式的研究者数量有所增加,并且图式的研究逐步从理论介绍到理论的运用,尤其是在外语教学方面的应用,且研究方法趋于严谨。比较有代表性的研究如:黄海燕、李瑛(2008)的《意象图式理论和隐喻性思维应用于英语介词教学中的实证研究》,胡志利、祝美宁、樊荣萍(2011)的《图式理论应用于大学英语听力教学的研究》,袁周敏(2012)的《图式理论应用于英语听力教学的实证研究》,刘海红(2017)的《图式理论应用于〈新标准大学英语〉阅读教学的实证研究》,向琴(2017)的《文化图式理论在高中英语听力教学中的实证研究》,成都医学院英语教学部的王洁、张芬老师(2021)的《图式理论应用于大学英语听力教学的实证研究》。上述研究一致指向英语教学的实证研究,着力解决以图式理论为基础提高大学英语听力教学水平,解决学生英语听力中的困难。研

[①] 马力仲:《图式理论与中学数学教学》,成都:四川大学出版社,2015 年,第 40—43 页。

究主要关注了如下两个问题：一是基于图式理论的英语教学模式是否优于传统的教学模式；二是在图式理论的指导下，如何运用有效的教学方法帮助学生提高英语整体水平。

随着图式理论在英语学科中的应用，南京师范大学教授单壿、喻平等研究了图式理论在中学数学教学中的应用，拓展了图式理论的学科实践宽度。在小学教育方面，除了一些散见于教师教学研究中的图式理论应用之外，南京市鼓楼区第一中心小学在语文、英语、数学、信息技术等学科教学中尝试探索图式理论的应用，探索了有关"图式学习""图式建构""图式优学"等促进和支持儿童学习的教学策略，取得了较好的教学效果。

南京市鼓楼区第一中心小学王学金校长带领的研究团队（2016）将图式学习的相关理论运用到小学教学中。在有关图式学习的论著《图式优学：支持儿童学习的课堂建构》中这样描述：以"图的形式"优化教与学的内容、过程和结果。图式优学中的图式，除了一般意义上的直观图，还包括思维导图、模型图、流程图、概念图、图片、图标、漫画、表格等一切与"图"有关的教学和学习形式，它们也是图式的一种。"图式学习"中的"图式"有三个方面内涵：首先，图式是学习的过程和途径；其次，图式是学习的结果与反馈；第三，图式也是学习的内容和素材。从学生学习的角度来看，图式优学支持学习中的儿童，重视学习的过程和学习的体验。图式优学是儿童在教师的支持与引领下，运用图式展开学习的过程，它是儿童自己的学习，更重视学习的过程与学习体验。图式优学具有以下四方面特征：图式优学是学生认知建构的自主过程；图式优学是活跃学生思维的有效方法；图式优学是促进学生建构性学习的有效策略；图式优学是培养学生创新能力的有效途径。

图式优学具有以下几个方面的优势：其一，直观、形象，较易引发学习的兴趣。图片、图表直观、形象，便于理解。作为注意力、意志力、理解力都比较欠缺的儿童，课堂上的图式学习能更好地帮助他们完成学习的过程，完成知识的建构和方法的引导，取得比较好的学习效果与成果。其二，图式优学指向的是学习方式与思维方式的培育。图式可以作为学习的起点与素材，在课堂呈现中，它还可以作为一种教学和学习的策略与方法，在知识建构的同时，实现学习方式和思维方式的引导与培育。其三，图式优学符合儿童学习的需要。以图式教学和图式学习为基础形成的优学课堂样式，涵盖了"建构主义学习"和"有意义学习"，而形象化的表征又更好地体现了儿童学习的特点。其四，图式优学的存在形态具有丰富性。在图式教学与图式学习当中，图式不仅以显性的文本形式存在，它还包括动态的合作的过程、思维的过程、行为与行动的过程等诸多策略化存在的学习活动隐性形式。其五，图式优学的范畴涵盖了一切"以图的形式"的学习。这种教学方式的一个显性特征是"以图的形式"学习,因此,在我们的认识与实践中,除了一般意义上的"图式",它还包括学习地图、思维导图、思维可视化、图式教学、概念图等一切与"图"有关的教学和学习形式。图式优学是一种支持儿童学习的教学方式[①]。

回顾反思近年来南京市鼓楼区第一中心小学围绕图式展开的研究,我们从儿童"图式优学"再出发,转向对儿童认知发展、思维发展和价值体验发展的研究与探索,在原有偏重"课堂"、"学科"、"教学"的基础上,基于学生发展核心素养的教育目标,从小学阶段学生的年龄特征和认知规律出发,以图式学习为基本路径与方式,更好地支持、推动和促进学生进行自主建构的学习,实现认知拓展、思维跃升以及能力进阶,获得积极的学习价值体验。

第二节　图式学习与儿童认知发展

瑞士心理学家皮亚杰将儿童从出生后到 15 岁的智力发展划分为四个阶段。我们都知道,小学生的年龄正好处于第三阶段,也就是运算思维阶段。具体来说就是从六七岁到青少年早期(大约 11、12 岁)。在这个阶段,儿童开始领会特定因果关系的逻辑基础。他们能够领会类别、归类系统和团体中的等级结构。相对于产生纯哲学和抽象概念的假设,他们在解决与物理现实有明显关系的问题时更容易取得成功。因此,在小学阶段我们对儿童逻辑关系、分类归纳、思维抽象等核心素养的培养就显得尤为重要。图式学习正是基于儿童认知发展的特点,了解儿童、关注儿童、解放儿童,为儿童积极主动地开展学习活动助力。

一、小学儿童认知发展特点

小学阶段是学生身体、认知和心理发展的重要阶段。在认知发展方面,起基础性作用的是观察能力和注意能力,核心是思维能力的发展。

小学生的观察能力一般从缺乏系统性的知觉逐步发展到有目的、有顺序的知觉。小学生尤其是低年级的学生,观察事物时常是杂乱无章的,缺乏系统性和目的

[①] 王学金:《图式优学:支持儿童学习的课堂建构》,南京:南京大学出版社,2016 年,第 5—10 页。

性,观察时受兴趣和情绪的影响很大,不能持续很长时间,常常偏离观察的主要目标。小学生的观察从模糊笼统的知觉发展到比较精确的知觉。小学低年级学生观察事物时,常常模糊不清,这和认识过程的发展有关系。低年级学生知识比较贫乏,观察事物时容易泛化,所以模糊不清,特别是对一些相类似的事物容易混淆。他们在知觉和观察过程中的另一问题是:不能把主要的事物和次要的事物分开,有时只抓住次要的事物,而把主要的事物忽略了。随着年龄增长和知识逐渐丰富,他们的观察才能由泛化到分化,比较精确地分辨事物。

小学生的注意能力一般从无意注意逐步发展到有意注意。对小学生来说,在学习过程中,教学手段的直观性、教师声情并茂的语言、对课业本身的兴趣等都能引起小学生的注意,这些都是无意注意的范畴。由于小学生主导活动不断发生变化,从无目的的游戏到有目的、有要求的学习,所以他们的无意注意已无法适应新要求,这一矛盾必然使小学生的注意力逐渐从无意注意向有意注意过渡。小学生注意的集中性和稳定性差。注意的集中性即注意指向一定事物时聚精会神的程度。由于小学生神经系统发育的特点,他们的注意力不易集中,很容易被感兴趣的事物所吸引而转移注意力,对于比较抽象的教学活动,注意集中就比较困难。注意的稳定性,指在一定时间内把注意保持在某一事物或活动上。关于注意保持的时间问题,有些心理学家认为:7—10岁儿童可以连续集中注意20分钟,10—12岁儿童约25分钟,12岁以上儿童约30分钟。小学生注意的分配和转移力不强。小学生在上课的同一时间内,既要用眼、用耳,还要动脑、动手,这就需要注意的分配。但是,小学生不善于分配注意力。对刚入学的学生,听讲和抄写不应同时进行。只有当抄写已成为他们较熟练的技巧之后,才有可能同时进行。小学生注意范围较小。注意范围大小,是指在同一时间内能看到(听到)事物的多少,它主要取决于个体过去的经验。小学生经验少,注意范围比成人狭窄。

小学生的思维特点一般以具体形象思维为主,逐步向抽象逻辑思维过渡。但在很大程度上,这种抽象逻辑思维仍然是直接和感性经验相联系的,仍然有很大成分的具体形象性。10—11岁是小学生抽象思维发展的关键时期。按照布鲁纳的理论,人的认知发展一般需要遵循动作映像、图形映像和符号映像三个阶段。这也是小学生认知发展的一般阶段。英国教育理论家怀特海认为智力发展有三个阶段:浪漫阶段、精确阶段和综合运用阶段。小学生的认知处于浪漫阶段,即小学生主要对未知的事物感到很兴奋,处于对事物的直接认知中,只是偶尔对认识的事实进行系统化分析。教育"必须对大脑最初的纷繁复杂的骚动、掌握精确的知识,以及学习的成果给予一视同仁的关注"[1]。

　　图式学习的教学关键在于以相对直观的方式呈现知识,便于学生调动多种感官,自由充分地感知,从无意注意逐步过渡到有意注意,并基于已有的认知经验开展分析、综合等思维活动,因而图式学习十分切合小学生的认知特点和认知需求。从信息加工的过程来看,人们在感知信息之后,会将信息依次进入感觉记忆、短时记忆、长时记忆通道进行选择和加工,短时记忆只有20秒左右的时间,图式教学因为采用了更便于学生感知的方式呈现信息,因而有助于学生进行高效的短时记忆,进而从长时记忆里提取必要的知识、经验和技能,对短时记忆的信息进行处理和反应。从思维发展的角度来看,图式学习的教学遵循儿童思维发展的特点,重视通过直观形象的"图"引导学生展开具体形象思维,主动建构新知,提高思维参与的积极性。同时,图式学习的教学还重视在直观形象思维的基础上,引导学生进行抽象概括和反省认知,以深化对抽象知识的认识和理解。知识越抽象,可利用度越大,比如概念、定理、法则等内容,正是因为它们的高度概括性,才使它们具备了广泛适用性。总之,图式学习的教学和怀特海的"浪漫"阶段的认知也有异曲同工之处。每个儿童都会有自己的个性化的认知图式,每个儿童也在不断创造适合自己的认知图式。

二、建构主义学习理论

　　图式学习的核心在于引导学生积极主动地建构属于自己的认识,这和建构主义的理论不谋而合。建构主义学习理论指出:儿童与环境的相互作用涉及"同化"与"顺应"两个基本过程。同化是指把外部环境中的有关信息吸收进来并结合到儿童已有的认知结构(也称"图式")中;顺应是指外部环境发生变化,而原有认知结构无法同化新环境提供的信息时所引起的儿童认知结构发生重组与改造的过程。可见,同化是认知结构数量的扩充(图式扩充),而顺应则是认知结构性质的改变(图式改变)。

　　与建构主义学习理论相适应的教学模式是以学生为中心,在整个教学过程中由教师起组织者、指导者、帮助者和促进者的作用,利用情境、协作、会话等学习环境要素充分发挥学生的主动性、积极性和首创精神,最终达到使学生有效地实现对当前所学知识的意义建构的目的。在建构主义的教学模式下,已开发出的、比较成熟的

---

[1] [英]怀特海:《教育的目的》,庄莲平、王立中译,上海:文汇出版社,2012年,第1—22页。

图式学习方法主要有以下几种：图式记录法、归纳联想法、反思质疑法、串点成线法、辐射聚合法。图式学习的教学，通过生动的问题情境和直观形象的各种方式，引导学生积极主动地投入新知建构的学习过程，符合建构主义学习理论的要求，有利于学生将新知融入已有的认知结构，实现对新知的同化或顺应。图式学习生动地体现了学生学习的建构主义理论。

三、学习迁移学说

迁移是学习的重要途径，从某种角度上说，图式学习也是学生主动建构图式并迁移运用图式的过程。早期的迁移理论主要包括形式训练说、相同要素说、经验类化说与关系转换说等。形式训练说是影响教学工作最早的迁移理论。它以官能心理学为依据，主张分别训练心理的各种官能如观察力、记忆能力、想象能力、推理能力等，以达到普遍迁移的目的。19世纪末20世纪初，心理学家用实验来检验形式训练说的可靠性。美国心理学家桑代克设计了更为严密的实验来检验形式训练说。在一系列实验的基础上，桑代克否定了形式训练说，提出共同要素说。贾德(1908)利用"水箱击靶"实验提出经验类化理论，强调概括化的经验或原理在迁移中的作用。格式塔心理学家从理解事物关系的角度对经验类化的迁移理论进行了重新解释，并通过实验证明迁移产生的实质是个体对事物间的关系的理解。柯勒(1919)所做的"小鸡(或幼儿)觅食"实验也支持了转换理论[1]。

现代的迁移理论以美国教育心理学家奥苏贝尔为主要代表。奥苏贝尔提出认知结构迁移理论，认为一切新的有意义的学习都是在原有学习基础上产生的，不受学习者原有认知结构影响的学习是不存在的，即一切有意义的学习必然包括迁移。因此，在有意义的学习中，学生的认知结构始终是一个最关键的因素。

对比现代的迁移研究与传统的迁移研究，我们不难发现迁移实质上是新旧经验的整合过程，学习者通过分析、抽象、综合、概括等认知活动，使新旧经验相互影响，从而形成在结构上一体化、系统化，在功能上有稳定活动的一个完整的心理系统。整合可以通过同化、顺应与重组来实现。

迁移是学习的一种普遍现象，平时我们所说的举一反三、触类旁通、问一知十即是典型的迁移形式。一般来说，学习迁移是指一种学习对另一种学习的影响，或已经获得的知识经验对完成其他活动的影响。迁移不仅发生在知识和技能的学习中，

---

[1] 教师资格认定考试编写组：《教育心理学》，北京：北京师范大学出版社，2010年，第97—112页。

还体现在态度与行为规范的形成中；不仅表现为先前学习对后继学习的影响，而且表现为后继学习对先前学习的影响，这种影响可以是积极的，也可以是消极的。所以，James(1890)认为迁移是"在一种情境中获得的技能、知识或态度对另一种情境中技能、知识的获得或态度的形成之影响"。迁移可以分为：正迁移和负迁移；水平迁移和垂直迁移；一般迁移和具体迁移、同化性迁移、顺应迁移与重组性迁移。

图式学习的教学过程中，教师一般都会重视新旧知识之间的内在联系，知识习得与知识应用之间的联系，引导学生在迁移已有认知图式的过程中，尝试同化或顺应新知，尝试解决问题，尝试将已有的经验概括化、系统化，实现图式的调整、增生和扩充。

图式学习还注重让学生与同伴合作学习。辽宁师范大学董成文博士对此进行了实证研究，在《小学生小组合作规则样例学习的迁移效果》一文中明确指出："自由讨论式对低水平学生简单和复杂规则样例学习近迁移成绩的促进作用较好；其次是同年级小先生辅导；问题清单式较差。同年级小先生辅导更有利于促进低水平学生简单规则样例学习的远迁移成绩的提高。"这些小组合作学习的方式，也与图式学习的教学实施不谋而合。

第三节 图式学习的支持理论

图式学习一方面遵循儿童认知发展的年龄特征，另一方面和建构主义的认知观点高度契合，有助于学生在主动的探索与实践活动中建构新知。图式学习得到了认知发展的相关实证研究的支持。东北师范大学张向葵等老师在《儿童图式特征的认知发展研究》一文中研究图式存在重要的年龄阶段倾向，11.3—12.1岁和14.4—15.3岁儿童对三类图式特征的认知都表现出凸起倾向。这可以用Piaget的同化与顺应理论来解释。在他们的研究中，11.3—12.1岁儿童处于小学四、五年级，属于小学高年级，他们在前三年知识、经验积累之上，对知识结构的把握有了极大的提升，可以说达到了一定质变。这种过程随着学习任务与要求而改变，到了小学六年级，相对初中学习来说，儿童又进入把新知识纳入已有知识系统中的量变过程，即处于吸收、消化知识阶段。进入初中一、二年级，随着学习内容与要求的提高，儿童又进入一个新的质变过程。也就是说，儿童随着学习任务与要求的改变，对知识的获得与掌握表现出由量变向质变不断变化的特点。这个特点反映在该研究中就是出现了两个重要年龄阶段的倾向。

图式学习不仅有传统的教育心理学的研究理论作为支撑,而且在最新的脑科学研究、思维科学研究中都得到了理论支持。

一、脑科学研究

友善用脑是新西兰教育家克里斯蒂·沃德(Cristine Ward)应用最新的神经学、心理学研究成果,与她一生的教育实践相结合,总结和倡导的教育理念与方法。"友善用脑"教学的核心是认为每个孩子都能成功,教师在施教过程中要把握和有效地调整孩子的心理反应、生理兴奋峰值,使其兴奋期充分反映在课堂上,极大地提高课堂的效率,做到事半功倍。友善用脑课堂教学模式是以学生为主体,以自主、合作、探究为主要学习方式,着力使用音乐、运动、思维导图、冥想、多种感官参与活动,以自己的方式记忆等教学手段和策略,以学生轻松、愉悦、高效地学会学习为目标。这与我们倡导的图式学习的方向是一致的,学生真正成为学习的主体,以自主探索、自我总结、学习提问、展开联想等范式开展深度学习。

北京师范大学校长董奇说:"未来教育的重要特征之一就是要基于脑、适于脑、促进脑。"脑科学研究表明:学习是一种经验的联系,所谓的大脑学习,是大脑内部很多突触的联系。脑科学将从神经元(神经细胞)上伸出的许多突起称为突触。在图式学习中,学生善于联系新旧知识、不断接受新的信息和刺激,其大脑突触的联结较之其他人更多,脑神经网络之间的联系也更加复杂。脑科学研究成果显示:当把文字转化为"图式"时,不论是左脑优势的学生,还是右脑优势的学生,都可以利用这些图全面掌握知识。图是激发思维和促进学习的有效工具,它以图文并茂的方式让知识之间的关系一目了然,"图式"进行教学的整个过程集视觉活动与语言活动于一体,它不仅能吸引学生的注意力,还能提高学生的理解力和记忆力。

在脑科学的教学中,强调主动加工。所谓主动加工是指学习者以对于个人有意义的、在概念上关联的方式巩固和内化信息。主动加工是通向理解的途径,常常是学生赋予经验以意义的唯一途径。美国脑科学家凯因夫妇认为,主动加工的策略首先是反思。反思对于所有高层次思维和学习都是很重要的。凯因夫妇把反思分为三种主要类型:反思他人的反馈、没有他人帮助的反思、个人对于深层意义的意识。反思他人的反馈又有行动中的反思(reflection in action)和行动后的反思(reflection on action)。前者指专家在现场进行指导,这对于处理真实情景中的多样性和不确定性是非常重要的。后者是对行动以后的检视与分析,这种反思在广泛的思考和教育性反馈之后导致进一步的行动。这两种情况中,学习者都可以根据他人或专家来检验他们的思考和表现,这类学习高度依赖于有指导的示范和模拟法(approximation),学生运用可以获得的信息与他人进行比较和对照。体育和音乐教练常常采用这种反思,教育人员在运用时可以借助录像和电脑。

　　教学原理是指教学工作要遵循的基本要求,是在教学实践经验的基础上总结出来的。由于教育家的哲学观点和对教学过程规律的认识不同,人们提出了不同的教学原则。基于脑的教育人员在研究大脑学习规律的基础上,提出了与以往不同的教学原则。在教育领域,图式学习既可以作为一种"图"来研究,也可以作为一种"工具"来研究。作为"图",它有重要的美学研究价值和语言学研究价值。因为它是人脑思维和认知的形象表达,符合"图式理论"的假设,能够将人的线型语言、逻辑思维转化为空间图形,弥补了语言在思考表达上单一性和线性的不足。作为"工具",图式学习具有很高的实用价值,它可以在所有需要人们思考决策的领域内使用,不仅仅在学生学习、教师教学、教师培训,也可以在个人知识管理和个人发展等方面应用。作为"工具",图式学习还特别重视反思。图式学习强大的可视功能和思维功能使其在教育中发挥重要作用,也是图式学习的一项重要理论支撑。

二、思维科学研究

　　2006年,斯坦福大学的行为心理学教授卡罗尔·德韦克公布了自己30多年的研究成果——人如何才能取得成功,其核心是她发现的简单而有力的两种思维理论,她将它们命名为固定型思维与成长型思维(两种思维模式的区别见图1-1)。德韦克教授通过研究,认为只有用正确的思维模式看待问题,才能更好地达成学习发展和学生成长的目标。选择何种思维方式会对一个人的一生产生巨大的影响。拥有"成长型思维"的孩子能够沉着应对挑战,他们不怕犯错或难堪,而是专注于成长的过程。而拥有"固定型思维"的孩子倾向于回避挑战与失败,从而剥夺了自己过上富于体验与学习的生活。她所揭示的成功法则在国外已被很多具有发展眼光的父母、老师和管理者应用,并在实践中得到了验证[①]。

　　图式学习本质上是通过有意义的学习,创设认知的联结,形成认知的结构与系统。展现和经历学生个别化的发展与成长过程,能比较好地促进成长型思维模式的形成。爱学习、会学习是教学秉持与追求的方向,爱学习是兴趣与动机,会学习是方法与习惯,使这两者有机统一到一起的,则是学习的思维模式与品质。在图式学习

[①] 杨正:《〈成长型思维训练〉释放孩子无限潜能》,《郑州日报》2018年7月18日(第11版)。

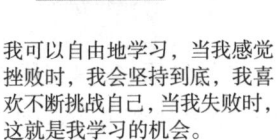

成长型思维模式 | 固定型思维模式

我可以自由地学习，当我感觉挫败时，我会坚持到底，我喜欢不断挑战自己，当我失败时，这就是我学习的机会。 | 我不擅长学习，当我感觉挫败时，我选择放弃，我不喜欢挑战，当我失败时，说明我不够优秀。

图 1-1　成长型思维与固定型思维对比图

的教学过程中，教师逐渐关注学生自觉自主图式学习意识的培养，关注学生伙伴学习的合作协同交往意识的养成，关注学生学习过程中自我反思、自我纠正的批判意识的培养，关注激发学生图式学习自主性、兴趣力的培养，关注学生图式学习学习方法、学习习惯的养成，有利于学生逐步形成成长型思维。

图式学习具有坚实的学理基础，有助于学生核心素养的发展，培养学生适应终身发展和社会发展需要的必备品格与关键能力。图式学习的探索与实践是南京市鼓楼区第一中心小学落实立德树人根本任务的一项重要举措，也为新一轮基础教育课程贡献校本智慧。

第二章 核心素养导向的图式学习

随着学习型社会的到来以及现代科学技术的发展，很多工作都有人工智能的广泛参与，"知识劳动者"将不能很好地适应社会发展的需求。在图式学习的研究过程中，我们从运用图式辅助和促进教师教学转向对儿童认知、思维和价值体验的研究与探索，在偏重"课堂""学科""教学"的已有基础上，进行进一步探索与实践，以图式学习为基本路径与方式，以必备品格和关键能力为培养指向，根据认知图式、道德图式和行为图式的基本理论，借助与运用图式的工具和方法，支持儿童学会学习、健康生活、实践创新，养成科学精神，发展核心素养，培养有完整个性的人、心智自由的人、有道德情操的人。

第一节 从知识导向转向素养导向

知识与技能、过程与方法、情感态度与价值观是我国基础教育的"三维"课程目标。然而，基于我国教育教学的传统，教师在实际教学中仍然更多地关注知识与技能目标，而忽视过程与方法、情感态度与价值观目标。"知识导向"的课堂教学，认为教学的主要任务是认识性任务，即"教学的主要工作就是传授和学习人类社会历史经验"，"学生德智体诸方面的发展都是在这个基础上围绕着这个中心通过或结合这个过程而实现的"。知识导向的教育认为"教学过程是一种特殊的认识过程，也是一个促进学生身心发展的过程"，"教学过程从本质上来说是一种有组织的认识过程。在这一过程中主要是通过知识的传递和掌握来促进学生身心发展的"。知识导向的教学特别看重教师的教，认为"教学在整个教育体系中居于中心地位，发挥着核心作用。它既是教育的主体部分，又是教育的基本途径（或形式）"。与之相联系的教学方式是以"传递—接受"教学模式为主。知识导向的教学结构具有鲜明的线性特征，通常分为激发学习动机、复习旧课、讲授新课、巩固复习、检查评价等几个阶段。

知识导向的教学仍然坚持"分数至上"，重结果，轻过程。这一方面与"知识就是力量"的传统认知观有关,另一方面也与"知识改变命运"的时代发展对人才的要求有关。但必须认识到,走入误区的知识导向催生了应试教育,考试成为学生快乐成长的负担,家长过分关注孩子的成绩,教育者一味重视知识的传递与灌输,普遍采取讲授式、"满堂灌"等教学方式,忽视了培养学生运用知识、解决实际问题的能力,也漠视了学生自主探究的兴趣。当分数成了学习的风向标,学习就偏离了求知的本质,削弱了学生独立思考的能力和创新意识。学生只在乎自己的回答是否符合标准答案,却很少独立思考、大胆质疑。学校和教师为了让学生取得好成绩,往往只重视具体知识的讲解、做题技巧的传授和大量重复、机械的练习,忽视了学生综合素质和健全人格的培养,导致学生普遍"高分低能"。"高分低能"中的"能"主要指以下四种能力:实际操作能力、心理承受能力、自主学习能力、创新能力。

党的十八大以来,党中央、国务院多次强调把立德树人作为教育的根本任务。立德树人是发展中国特色社会主义教育事业的核心所在,是培养德、智、体、美全面发展的社会主义建设者和接班人的本质要求。要把立德树人根本任务落到实处,必须首先回答好"立什么德、树什么人"这一关键问题,必须把党的教育方针的宏观要求细化为具体的人才培养目标。发展核心素养的根本出发点就是为了立德树人。教育应关注学生的全面发展,促进学生核心素养的发展。

一、核心素养是时代发展的必然要求

教育始终围绕着要"培养什么人、怎样培养人"这一问题,而历史变化的长河中国家和社会对于公民所应具有的基本品质也随着时代的发展而不断转变。如今,在全球化和信息化不断深入的世界格局中,各领域对于人才的需求和竞争也在不断加剧,映射到教育改革中,各国都在积极探索:什么才是21世纪学生所应具有的最核心的知识、能力与情感态度?怎样才能促进学生在未来的人生中更能满足自我实现和社会发展?

我国对于学生培养的基本内容自古有之,其中包括:仁民爱物,倡导爱人如己、心怀天下和奉献社会;孝亲爱国,注重激发个体的乡土情感和家国情怀;重视个人修养,倡导"重义轻利"和"诚信自律"精神;关注文化修养,重视人文历史知识、求学治学方法和文字表达能力。如今,党的十八大报告指出,"坚持教育为社会主义现代化建设服务、为人民服务,把立德树人作为教育的根本任务,培养德智体美全面发展的社会主义建设者和接班人"。核心素养是21世纪个体应具备的、能够适应终身发展和社会发展需要的必备品格与关键能力。

（一）学习型社会的到来，使学习本身成为素养

我国已经全面建成小康社会，学习型社会作为小康社会的重要文化特征被提出。所谓学习型社会，就是有相应的机制和手段促进、保障全民学习与终身学习的社会，其基本特征是善于不断学习，形成全民学习、终身学习、积极向上的社会风气，其核心内涵是全民学习、终身学习。学习型社会是时代发展和社会进步的产物，它对学习的要求比以往任何时候都更强烈、更持久、更全面，全社会的人只有不断地学习，才能应对新的挑战。

影响学习效果和终身学习能力形成的，从来都不仅仅是所学知识内容的逻辑化、结构化、渐进化的科学设计，还包括学习者的学习动机与兴趣、学习方法与习惯等，更为重要的是思维模式与思维品质。德韦克教授通过研究认为，只有用正确的思维模式看待问题，才能更好地达成学习发展和学生成长的目标。她所揭示的成功法则在国外已被很多具有发展眼光的父母、老师和管理者应用，并在实践中得到了验证。南京市鼓楼区第一中心小学研究的儿童图式学习中的价值体认与建构，企图通过对小学生数学学习思维模式的了解与改善，在教师的支持与引领下，运用图式展开学习的过程，明晰学习的路径，调整与完善学习的思路，呈现学习的结果，帮助儿童发现学习的乐趣和发展的可能。我们期望学习是学生自觉主动的行为，期望每个学生都能获得个性化的学习过程体验。只有如此，学生才能形成愿学习、能学习、会学习的核心素养。

（二）人工智能的飞速发展，带来对教育目标的深刻反省

随着计算机科学的飞速发展，人工智能逐渐成为一门新的技术科学。它是研究与开发用于模拟、延伸、扩展人的智能的理论、方法、技术和应用系统。目前已经应用在语音识别、图像识别、自然语言处理等方面。人工智能可以对人的意识、思维的信息过程进行模拟。人工智能研究的主要目标是使机器能够胜任一些通常需要人类智能才能完成的复杂工作。人工智能的发展和应用使得很多工作不需要人来参与，人工智能机器就能完成。这就意味着，未来很多工作都可能被人工智能代替。那么，人的价值和作用应如何体现？让人的智慧超过人工智能是理所当然的选择。人的智慧就是人的核心素养。因而，培养能够适应人工智能发展的未来人才，既需要扎实全面的知识基础，更需要善于分析和解决问题，具有实践能力和创新精神。培养创新人才已经成为当代中国教育最重要的历史使命，我们必须站在实现创新型国家的战略高度认识时代对人才培养提出的新要求。

如此，我们就需要深刻反思，传统教学只注重基础知识、基本技能的传授和操练是远远不够的，还需要关注学生的学习过程，培养学生的思维品质，提升学生解决实际问题的能力。教师需要尝试以大观念、核心概念统领教学，打破学科知识的壁垒，组织项目化学习、主题实践活动，让学生在真实情境中发现和提出问题、分析和解决问题。教师需要认识到：指导学生学习的方法比教给知识更重要，今天的教是为了明天不需要教；激发学生学习的兴趣比强制学生学习更重要，重在提高学生学习的内动力；养成学生的科学精神比传播科学更重要，努力培养严谨、求实、探索、创新的学术品格；引导学生学会应用知识比单纯传授知识更重要，学习的目的是为了应用。我们研究的图式学习是一种以问题为主线的探索和发现式学习，重在引导学生利用丰富的图式，在教学中引导学生探索和研究问题。同时，图式学习还重视在班集体营造民主和谐的学习氛围，通过个体与同伴相结合的学习形式，相互启迪智慧、激发灵感，这是一种有利于培养创新精神的学习。正是因为图式学习的基本理念，学生在课堂学习中成为学习的主体，他们积极思考、大胆尝试，勇于突破已有经验的桎梏，获得很多具有创新意义的发现和认识。这样的学习对学生终身可持续发展是极为有益的。

（三）核心素养的发展，使得学科之间的壁垒被打破

自从夸美纽斯创立班级授课制以来，大班集体教学大大促进了教学效率的提高。与之相同步，分科教学逐渐成为教学的主要形式。分科教学的优势是一位教师负责一个班级一段时间的教学，因而有利于学生理解并掌握某一学科的知识本质。其不足在于，不同学科的知识只是教育的内容和载体，理解和掌握学科知识本身并非教育目标的全部。而且，不同学科知识之间是密切联系的，分科教学无形中割裂了不同学科知识的练习，使得学生无法从整体上理解知识的全貌。更重要的是，核心素养的发展目标是一个着眼于人的整体发展的目标，过于强调分科教学，而不重视学科之间的联系，显然不利于人的核心素养的发展。因此，适度打破学科之间的壁垒，建立不同学科之间的联系，成为促进学生核心素养发展的必由之路。

在实际教学过程中，图式学习有利于从整体的角度促进学生的学习。建立联系与形成联结是图式教学和学习的基本意涵。一方面，图式学习有助于学生联结生活经验与学习经验，将日常生活中非正规学习的经验运用到课堂学习中，有利于培养学生解决实际问题的能力。另一方面，图式学习有利于学生形成超越学科的一般思维方式，便于实现不同学科学习的迁移应用。同时，图式学习还能为学生提供自由

交流、思维碰撞、反省认知的广阔时空,有利于学生在理解知识的过程中逐步形成学习能力,促进学生从认知学习走向更深度的思维、情感、道德层面的发展。总之,图式学习有助于真正将"知识本位"的学习转向以学生的发展为中心的学习,促进学生全面、和谐、可持续发展。

二、核心素养是教育改革的内在要求

从长远来看,核心素养可以为教育教学变革方式提供十分有意义的借鉴,可以转变学生的学习方式、教师的教学方式以及学校的管理方式,为社会教育的变革标明了前途、指明了方向。

(一)落实立德树人根本任务的迫切需要

从党和国家层面来看,核心素养体系是党的教育目标的具体体现,是连接宏观教育理念、培养目标及课程与教学目标的关键环节,也是构建科学的教育质量评价体系、推进教育问责的重要基础和依据。党的教育方针从宏观层面明确了我国教育的培养目标,即"培养德智体美劳全面发展的社会主义建设者和接班人"。十八大报告指出"把立德树人作为教育的根本任务",十八届三中全会要求"加强社会主义核心价值体系教育,完善中华优秀传统文化教育,形成爱学习、爱劳动、爱祖国活动的有效形式和长效机制,增强学生社会责任感、创新精神、实践能力"。这些教育方针政策对人才培养起到重要的指导作用。

然而,这些方针政策是宏观的教育目标,要落实到具体教育教学过程中,需要将它们进一步具体化和系统化,转化为学生应该具备的、适应终身发展和社会发展需求的素养要求,进而贯穿到各个学段,融合到各学科,最后体现在学生身上。党的教育方针需要通过核心素养体系这个桥梁,转化为教育教学实践可用的、教师和教育工作者可以感知的具体教育目标。此外,还应该看到,随着时代变迁和社会发展,"德智体美全面发展"的内涵也在发生变化,而更加准确地理解和贯彻党的教育方针,迫切需要结合我国当前国情和当今时代特点,根据学生的成长规律和社会对人才的需求,把学生全面发展这一教育目标细化,构建一套科学的、有中国特色的学生核心素养体系,从而深入地回答"培养什么人"的问题。

(二)对于全面推进素质教育具有重要意义

从素质教育改革的角度来看,学生发展核心素养研究体现了以"学生发展"为核心的教育视角的变化，是深化教育领域综合改革的迫切需要和必然趋势，对于全面推进素质教育具有重要意义。素质教育（quality-oriented education）是相对于应试教育提出的、具有宏观指导性质的教育思想。"素质"对应的主体是"教育"。素质教育是指教育要训练和培养学生，使其获得内在的、相对稳定的、长期发挥作用的身心特征及其基本品质结构。"素养"（competency）对应的主体是"人"或"学生"，学生发展核心素养主要是指在教育过程中逐渐形成的知识、能力、态度等方面的综合表现，是相对于教育教学中的学科本位提出的，强调学生素养发展的跨学科性和整合性。

从这一角度而言，核心素养是对素质教育内涵的解读与具体化，它的提出让素质教育有了可操作的载体与内容，是全面深化教育改革的一个关键方面。推进素质教育需要对学生发展的核心素养体系进行全面系统的凝练和描述。素质教育改革已取得了显著成效，但不可否认，当前学生也表现出身体素质滑坡、社会适应能力不强、实践和创新能力不足等问题，背离了促进学生"全面发展"这一教育目标。同时，受我国长期发展形成的重视中高考成绩和升学率这一片面的教育质量观念影响，以素质教育为导向的教育可以真正实现应试教育向素质教育的转变。

（三）引领课程改革进一步深化

课程是教育思想、教育目标和教育内容的主要载体，是学校教育教学活动的基本依据。2001年启动的新课程改革，从"双基"走向"三维目标"，当今的教育改革从"三维目标"走向"核心素养"。可以说，核心素养引领着当前深化课程改革的脚步。当然，核心素养的提出，与"双基"和"三维目标"有着密切的联系。

"双基"是外在的，主要是从学科的视角来刻画课程与教学的内容和要求。三维目标是由外在走向内在的中间环节，而素养是内在的，是从人的视角来界定课程与教学的内容和要求。从双基到三维目标再到核心素养，其变迁基本上体现了从学科本位到以人为本的转变。核心素养从全面发展的人的角度，提出教育目标的具体任务和领域，它的确立是将深化课程改革向"以人为本"推进。因此，基于核心素养的课程改革，能够有助于实现课程从"以学科为中心"向"以学生全面发展为中心"的转变。

（四）满足学生的全面发展需求

核心素养研究的重要目的之一是为了扭转教育实践中存在的学科本位现象，尤其是当前普遍存在的重学科、重知识、忽略儿童青少年天性和发展需求的现象，推动教育改革由过去的以学科为中心向以学生发展为中心转变。

教和学的关系是贯穿教学活动的基本问题,是教学论和教学改革的永恒主题,学科核心素养导向的教学转变了教学方式和学习方式。传统的课堂教学是以教师的教为主,教师是课堂的掌控者,学生只能听从、配合和被动接受。而学科核心素养导向的课堂教学不再是教师掌控课堂、学生被动接受,而是让学生拥有学习的权力和责任,给学生更多自主学习和自主发展的空间,以学生的学为主,坚持少教多学、先学后教和以学定教。在教师教之前,学生应当自主学习,在学习中遇到困难的时候应独立解决,不能独立解决时再由教师进行引导和帮助。这样,学生不仅可以把知识掌握好,还可以提高学习能力和独立解决问题的能力。随着学生学习能力的提高,教师可以越教越少,学生可以越学越多,这也是教师教学的最终目的。逐渐由教师的教向学生的学转变,注重学生思维的培养,鼓励学生进行自主学习、合作学习和探究学习,培养学生的团队协作能力,让学生爱学、乐学,获得进步与发展。同时,学生自主学习、独立解决问题也助于培养学生的学科核心素养。

以核心素养培育为本的教学,从来不排斥知识学习,也不应该排斥知识学习,它所强调的是将知识学习的过程转化为人的发展过程。换句话说,就是从"知识本位"真正转化为"学生本位",体现以人为本的教育理念,实现人的全面发展。具体来说,素养为本的教学是以培育对象正确价值观、必备品格和关键能力的形成为出发点,遵循学科核心素养的培养逻辑,创设真实、陌生、开放的问题情景,采用结构化的思维方式,在各种教学活动中,促进学生学科核心素养的养成。

三、学生发展核心素养的内涵

核心素养是学生在接受相应学段教育过程中,逐步形成的适应个人终身发展和社会发展需要的必备品格与关键能力。它是关于学生知识、技能、情感、态度、价值观等多方面要求的结合体;它指向过程,关注学生在其培养过程中的体悟,而非结果导向;同时,核心素养兼具稳定性、开放性与发展性等特性,核心素养的内涵与时俱进地动态优化,是个体能够适应未来社会、促进终身学习、实现全面发展的基本保障[1]。

中国学生发展核心素养,以"全面发展的人"为核心,包括自主发展、社会参与和文化基础三个领域,6项核心素养指标。整体综合表现为:学会学习、健康生活、责任

---

[1] 林崇德:《构建中国化的学生发展核心素养》,《北京师范大学学报》(社会科学版)2017年第36期。

担当、实践创新、人文底蕴、科学精神(详见图 2-1 和表 2-1)。

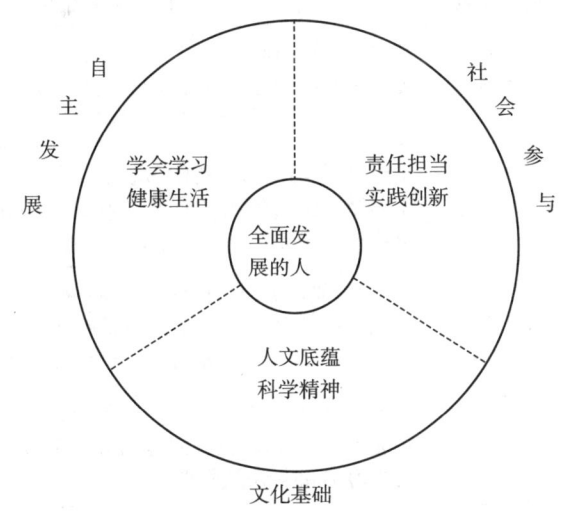

图 2-1 中国学生发展核心素养体系总框架

(图中内容：自主发展、社会参与、文化基础；学会学习、健康生活、责任担当、实践创新、人文底蕴、科学精神；全面发展的人)

表 2-1 核心素养各个指标的主要表现

维度	核心素养	基本要点	主要表现描述
文化基础	人文底蕴	人文积淀	重点是,具有古今中外人文领域基本知识和成果的积累,能理解和掌握人文思想中所蕴含的认识方法、实践方法等。
		人文情怀	重点是,具有以人为本的意识,尊重、维护人的尊严和价值,能关切人的生存、发展和幸福等。
		审美情趣	重点是,具有艺术知识、技能与方法的积累,能理解和尊重文化艺术的多样性,具有发现、感知、欣赏、评价美的意识和基本能力;具有健康的审美价值取向;具有艺术表达和创意表现的兴趣、意识,能在生活中拓展和升华美等。
	科学精神	理性思维	重点是,崇尚真知,能理解和掌握基本的科学原理、方法;尊重事实和证据,有实证意识和严谨的求知态度,逻辑清晰,能运用科学的思维方式认识事物、解决问题、指导行为等。
		批判质疑	重点是,具有问题意识,能独立思考、独立判断,思维缜密,能多角度、辩证地分析问题,做出选择和决定等。
		勇于探究	重点是,具有好奇心和想象力;能不畏困难,有坚持不懈的探索精神;能大胆尝试,积极寻求有效的问题解决方法等。

(续表)

维度	核心素养	基本要点	主要表现描述
自主发展	学会学习	乐学善学	重点是，能正确认识和理解学习的价值，具有积极的学习态度和浓厚的学习兴趣；能养成良好的学习习惯，掌握适合自身的学习方法；能自主学习，具有终身学习的意识和能力等。
		勤于反思	重点是，具有对自己的学习状态进行审视的意识和习惯，善于总结经验；能够据不同情境和自身实际，选择或调整学习策略和方法等。
		信息意识	重点是，能自觉、有效地获取、评估、鉴别、使用信息；具有数字化生存能力，主动适应"互联网＋"等社会信息化发展趋势，具有网络伦理道德与信息安全意识等。
	健康生活	珍爱生命	重点是，理解生命意义和人生价值；具有安全意识与自我保护能力，掌握适合自身的运动方法和技能，养成健康文明的行为习惯和生活方式等。
		健全人格	重点是，具有积极的心理品质，自信自爱，坚韧乐观；有自制力，能调节和管理自己的情绪，具有抗挫折能力等。
		自我管理	重点是，能正确认识与评估自我；依据自身个性和潜质选择适合的发展方向；合理分配和使用时间与精力；具有达成目标的持续行动力等。
社会参与	责任担当	社会责任	重点是，自尊自律，文明礼貌，诚信友善，宽和待人；孝亲敬长，有感恩之心；热心公益和志愿服务，敬业奉献，具有团队意识和互助精神；能主动作为，履职尽责，对自我和他人负责；能明辨是非，具有规则与法治意识，积极履行公民义务，理性行使公民权利；崇尚自由平等，能维护社会公平正义；热爱并尊重自然，具有绿色生活方式和可持续发展理念及行动等。
		国家认同	重点是，具有国家意识，了解国情历史，认同国民身份，能自觉捍卫国家主权、尊严和利益；具有文化自信，尊重中华民族的优秀文明成果，能传播、弘扬中华优秀传统文化和社会主义先进文化；了解中国共产党的历史和光荣传统，具有热爱党、拥护党的意识和行动；理解、接受并自觉践行社会主义核心价值观，具有中国特色社会主义共同理想，有为实现中华民族伟大复兴中国梦而不懈奋斗的信念和行动等。
		国际理解	重点是，具有全球意识和开放的心态，了解人类文明进程和世界发展动态；能尊重世界多元文化的多样性和差异性，积极参与跨文化交流，关注人类面临的全球性挑战，理解人类命运共同体的内涵与价值等。

（续表）

维度	核心素养	基本要点	主要表现描述
社会参与	实践创新	劳动意识	重点是，尊重劳动，具有积极的劳动态度和良好的劳动习惯，具有动手操作能力，掌握一定的劳动技能，在主动参加的家务劳动、生产劳动、公益活动和社会实践中，具有改进和创新劳动方式、提高劳动效率的意识，具有通过诚实合法劳动创造生活、成就人生的意识和行动等。
		问题解决	重点是，善于发现和提出问题，有解决问题的兴趣和热情，能依据特定情境和具体条件，选择制定合理的解决方案，具有在复杂环境中行动的能力等。
		技术应用	重点是，理解技术与人类文明的有机联系，具有学习掌握技术的兴趣和意愿；具有工程思维，能将创意和方案转化为有形物品或对已有物品进行改进与优化等。

"核心素养"是一个多维度、多功能的概念。核心素养是知识、技能、态度情感的集合，具有整体性，不能孤立地单独培养或发展。尤其是当核心素养作为课程目标时，须更加强调其综合性和整体性。同时，核心素养能够发挥多项功能，是对每个人都具有重要意义的素养。一方面，核心素养可以帮助个人满足各个生活领域的重要需求，有助于个体的升学、就业、融入社会、终身发展与自我实现；另一方面，它还可以帮助个体进行社会参与和与异质性群体互动，以达成共同目标，促成社会经济繁荣、政治民主、尊重人权与世界和平、生态持续性发展等人类理想的实现。

核心素养的获得是一个持续性的、终身学习的过程，具有以下五个方面的特点：

第一，核心素养具有整合性。核心素养不是简单地对"三维目标"中的某一维度目标所做的进一步提炼和概括，没有一一对应的关系。核心素养本身就具有整合的特点，每一个核心素养均涵盖了知识、能力以及态度等多个维度和领域。

第二，核心素养同时具备促进个人发展与社会发展两大功能。一个拥有核心素养的人，更容易在不断成长与自我完善的过程中，成为一个"全面发展的人"，获得优质的生活与幸福的人生。对于社会来说，核心素养有助于培养健全公民和世界公民，增进社会福祉，促进社会经济繁荣、政治民主、生态可持续发展等人类理想愿景的实现。

第三，核心素养具有超越学科、超越学段的特点。核心素养指向学科的关键概念与个人的关键能力品格，能统整个人一生的学习、生活；它还具有跨越不同社会场域边界的作用，能协助人有效参与学校、社会、家庭、工作等不同场景。

第四，核心素养有利于培养高阶思维能力。例如，在布鲁姆的目标分类学说中，由低到高分为识记、理解、应用、分析、评价、创造等六个维度。其中,前三个维度对应着低阶思维能力,后三个维度对应着高阶思维能力。教育不应只培养学生记忆、理解知识的能力,更应关注其自主解决问题、创新能力和沟通交流等所需的高层次心智的塑造。现在课堂教学的主要问题,就是在以知识为导向的低阶思维训练方面花费了大量的时间和精力,而高阶思维能力的培养,无论是氛围的营造还是时间的安排,都远远不够。

第五,核心素养的培育是一个一以贯之的过程,是贯穿终身的学习历程。要让核心素养真正落地,达到对学生终身发展有益的目的,需要构建完备的以核心素养为导向的教育制度体系,建立从始至终的培养目标,明晰每一个阶段的培育重点和任务,有计划、有组织地加以实施。还要注意学校教育、家庭教育、社会教育形成合力。

当然,学生核心素养的发展并不是一蹴而就的,更需要各个阶段教师、家庭和社会的共同努力。针对学生各个年龄阶段的特点,在教育实践的过程中"核心素养"的具体表现也逐步变化。因而,在"核心素养"的落实与推行过程中一般分为小学、初中、高中和大学四个学段,根据各学段学生的心理和生理特点而制定、细化不同层级的教学目标,设置不同维度的教学内容。现代的课程体系一般涵盖具体化的教学目标、内容标准、教学建议和表现标准四个部分,每一门学科根据"核心素养"的内涵来设定该学段的具体教学内容,形成各个学科内的价值素养;而学科间可以相互迁移、融会贯通,形成学科间共同的素养能力,为学生适应个人终身发展和未来社会发展需要提供助力。值得注意的是:教师是"核心素养"落实环节中的重要因素,作为学生个人发展过程中的"转化者",教师扮演着重要的角色。因此找到切实有效的落实方法、创建有利的学习环境,是促进教师专业发展从而带动学生"核心素养"形成的关键方面。

四、核心素养导向的图式学习

在多年研究和实践的基础上,我们认为:图式学习是基于儿童认知特点和图式理论,引导学生自主展开知识探索、方法习得、思维进阶,并形成积极情感态度价值观的学习。图式学习既是儿童运用图式自主学习的过程,也是儿童建构发展图式的过程。图式学习既是学习内容,也是学习方式,图式学习是学习内容与学习方式的整合体,因而,图式始终处于动态发展、不断完善的过程中。儿童是图式学习的主角,教师是图式学习的引导者、支持者和促进者。不同学生在学习过程中形成的图式既有共性,也有个性。一般而言,图式学习的理想教学模式是:以学生为中心,在整个教学过程中由教师起组织者、指导者、帮助者和促进者的作用,利用情境、协作、会话等学习环境充分发挥学生的主动性、积极性和首创精神,最终达到使学生有效地实现对当前所学知识的意义建构的目的。"图式学习"倡导培养学生的表达、反思、倾听、提问、创新等能力,而这些学习能力具有跨学科的通用性,它们是儿童各学科学习必备的学习素养。图式学习的教学不仅关注学生的认识活动,还关注学生在认识过程中逐步形成的方法、习惯、素养等更隐形更具力量的部分,培养有完整个性的人、心智自由的人、有道德情操的全面发展的人。它们的养成是支撑起学科类、个性化学习的深层土壤与根基。图式学习的内涵包括以下几个方面:

一是知识探索图式。和其他任何学习理念与学习方式相类似,图式学习也是以各学科知识为主要载体的学习。图式学习直接作用于学生的知识探索过程。教师在教学过程中常常利用直观的图式,引导和启发学生感受、体验新的知识,充分激活已有的经验图式,并在与同伴的思维碰撞中逐步建构新的认识。这一基本的认知图式符合学生以形象思维为主的思维特点,顺应了学生从直观形象出发,逐步形成抽象认识的一般认知规律。知识探索图式的价值在于引导学生经历自主探究的过程,获得对知识的深度理解,并逐步形成结构化的认知。

二是方法习得图式。我校的图式学习研究由原先的"关注学习"过渡到今天的"支持学习",是意识的转变。"关注学习"侧重于研究老师怎样把知识"教下去",而"支持学习"则侧重于探索怎样让学生"学起来",重点在于让学生掌握自主学习的方法。图式学习的目标不只在于深度理解相关知识,更在于在知识学习的过程中,伴随知识的发生、形成、发展和应用,引导学生感悟和体验学习方法,诸如猜想—验证的归纳图式、已有事实—具体例证的演绎图式、由已知探索未知的转化图式、由未知倒推已知的溯源图式,等等。这些方法图式具有一定的普适性,体现在各门学科的学习中,有助于提高解决实际问题的能力。

三是思维进阶图式。图式学习的核心是发展高阶思维。因此,图式学习追求的是深度学习,即以发展学生批判思维、反思能力、信息整合能力、迁移应用能力和真实复杂问题解决能力等高阶思维能力为目标,注重学生应用分析、综合评价等高层次认知水平的培养。运用具体形象的方法传授知识,是使小学生理解掌握知识的科学方法,也是培养小学生发展抽象思维能力的必要手段。有时在课堂上经历了思维激发的过程之后,获得了大量的思维材料,但是停留在这个阶段是没有意义的,因为琐碎的思维材料并不能构成意义并形成价值。因此,我们需要利用图式进一步学习,做深层次的整理、归类、合并或舍弃,让思维从"有物"走向"有序"。图式学习需要学生自主面对具有挑战性的问题情境,综合运用已有的知识经验,迁移应用所学知识解决问题。图式学习是在应用中展开高阶思维,在分析评价中达成深度学习。

四是情感态度价值观图式。一个完整的人性结构是认知、情感和身体紧密联系的一种生命体征。认知是脑发展的自然机制,情感是脑活动的必要因素。认知不能剥离情感,也不能剥离身体。在相互联系之中,人的学习才能爆发出更强的潜力。因此,学生学习不单是认知行为,更是"实践—感知—思考""手—脑—心""身体—心理—灵魂"共同参与的"具身活动"。达玛西欧(Damasio)在其1994年出版的《笛卡儿的谬误》一书中这样写道:人脑和身体的其他部分构成了一个不可分离的有机体,有机体作为一个整体与环境互动,互动既不是仅涉及身体,也不是仅涉及大脑。这意味着,学习与行为的所有方面都在彼此互动着。底线就是,大脑、思维和身体构成了一个动态的统一体。对于教育工作者来说,这意味着,学习者是一个生命系统,具有脑学习原则所阐述的所有特征。图式学习关注学生参与学习的情感态度,努力帮助儿童形成图式学习的方法与能力,感受学习成功的情感体验。情感态度图式指向健康的审美取向,调动学生的自我效能感,培养正确的道德感,最终达到知情意行的统一,实现教育效果的最优化。

基于图式学习的展开,学生自主学习与合作学习的学习方法和习惯,以及成长起来的思维模式,将爱学习和会学习有机地统一在一起,形成积极的情感态度价值观,这就是从认知到思维,进而实现价值体验的跨越。通过循序渐进的图式学习,潜移默化地发展学生的核心素养,使其成为更具独立思考、勇于探索、善于创新等优秀品质的综合发展型人才。

第二节 图式学习的理论价值

随着时代的发展和科技的进步,儿童始终处于动态变化、不断创新的环境中。以往,课堂、教科书是儿童学习的全部,而今新媒体、新技术、多元的文化已成为学生面对的丰富学习资源。以往,课堂、教科书是一个大大的世界,而今偌大的世界已成为课堂、教科书。图式学习是跨越时空的学习,试图打破课堂时间和空间的限制,引导学生走进更全面、更宽阔的学习世界。图式教学与图式学习的持续研究,让我们对促进儿童思维发展和学习能力培养形成了相对完整的实践经验,既创造性地实践了前人对课程的认识和研究思想,也大大丰富了现代学校课程实施的路径。

一、知识本位课程走向经验本位课程

无论是把课程界定为"教学的科目""内容",还是"学习计划"或"预期的学习结果",事实上都是把课程当作名词来使用,而把课程定义为"学习的经验",则明显地倾向于把课程当作动词来使用。在杜威看来,经验是有机体与环境之间的一种相互作用,它同时包含主动的因素和被动的因素。在"主动"的方面,经验就是"尝试"和"行动";在被动的方面,经验就是"承受(行动带来的)结果",两者的联结构成经验。杜威进一步指出,经验不同于单纯的活动,它还包含着思维或反思。"所谓思维或反思,就是识别我们所尝试的事和所发生的结果之间的关系",杜威进一步指出,"经验即实验"。因为"实验"同样包含着"尝试",包含着对实验结果的"承受",而要识别实验尝试与实验结果的关系,同样需要"反思"。

原有的教学模式中,我们更注重知识的传递,如何在教学中运用现有的图式或者教师的智慧,根据所学的知识,创造图式呈现给学生。所谓的"知识",主要指那些经过严格检验,被证明是真实可靠的、能够用文字符号加以明确表达的认识、信念或行之有效的做法。这样的过程确实优化了教学模式,达到了一定教学效果。而现在,我们在"图式优学"的基础之上,提出了更利于学生形成自我的学科素养的"图式学习"。素养导向下的图式学习更关注儿童核心素养的形成,关注儿童"经验"的获得。经验意指个体与环境的相互作用,以及由此而产生的各种认识与心理体验。知识通常只涉及认知的层面,而经验(或体验)则不仅仅是个人认知的问题,它常常渗透着人的情感、意志、态度等心理因素。尽管从终极的意义上讲,知识源于经验,是对个体经验的抽象与概括,但个体原始经验一旦被概括化、符号化,上升为"逻辑化的经验"后,它的性质就开始发生某种变化。即从原来具体、鲜活、有生气的东西,转变成为某种抽象、概括而理性的东西。一般来讲,能够称之为"知识"的东西往往是比较客观和确定的,最好能够加以普遍化和形式化,而经验则通常是主观的、模糊的、不确定的,与特定的个体、特定的时空情境联系在一起。

二、预成性课程走向生成性课程

所谓预成性课程,即把"课程"看作在教学之前业已规定好、计划好、编制好的某种现成的东西,如"课程计划"或"教材"等。按这种课程观,课程实际上是以预定的"结果"或"产品"的形式而存在,这种课程是封闭的、固定的、静态的。"生成性课程"

则不然,它把"课程"看作在教学过程中,学习者通过与环境的交互作用,特别是通过与教师、同伴的交往互动逐渐生成和建构起来的某种东西,如学习的"经验"或"体验"等。按这种课程观,课程实际上是以"活动"或"过程"的形式而存在,因此,这种课程是开放的、灵活的、动态发展变化的。图式学习追求的课程不是在课堂之外先于实践就规定好的,而是师生在从事创造性的课堂实践中创造出来的。图式学习更好地把握了"生成性课程"的性质与内涵。首先,我们把"课程"当作动词使用,看作"学习经验"(包括学习的经历与体验)的总体。若把"课程"当作名词使用,理解为"教材知识体系",自然就不会有所谓生成的课程。其次,我们的生成性课程并不排斥"教材"的使用,只不过它对"教材"的功能定位发生了变化:在预成性课程中,"教材"就是课程本身;而对生成性课程来说,教材只是供学生建构、创造学习经验的一种媒介、素材或工具。同样,生成性课程也并不排斥教学"计划""方案"的使用。为了帮助学生在学习过程中更好地生成、建构、创造有价值的学习经验,教师在教学之前制订教学活动的"计划"或"方案"是完全有必要的,因为没有"预设"就没有"生成",课程的创造不可能"无"中生"有",只能"有"中生"有"。这里所讲的"有"不仅仅包括"教材""教学活动方案",还包括教师对学生已有知识经验、能力倾向、个性特点的了解,对学生行为意义的剖析与理解,对普遍性、长期性教学目标的宏观把握等,这些都是生成课程的基础。同样,仅有"预设",不见得就有良好的"生成",课程的动态生成(也即有价值的学习经验的获得)是有条件的。学生学习经验的获得既不取决于教材上写了些什么,也不取决于教师教了些什么,而是取决于学生在学习活动中实际上做了些什么,强调学生自主学习、主动学习的过程,取决于学生是如何与教材、教师、同伴及周围的环境交往互动的。只有在教学过程中,师生之间、学生之间具有充分的交往互动(特别是对话与交流),学生积极主动地投入学习、参与学习,学习活动富有创造性的时候才有"学习经验"的生成。

三、教的课程走向学的课程

以往的图式优学把"课程"定义为教学的"科目""内容"或"计划",这显然是着眼于教师"教"的课程,而不是着眼于学生"学"的课程。教的课程较少考虑学生的学习需求与学习方式,其基本特征是"以教定学",教师支配和控制学生的学习:教师教什么学生就学什么;教师怎么教学生就怎么学。在这里,学习内容的选择主要考虑文化遗产的传承,教学方式的选择主要考虑教师自身的特点。而图式学习中,学的课程则更多考虑学生的学习需求和爱好的学习方式,其基本特征是"以学定教",主张学习者支配自己的学习,也即教的内容应切合学生的兴趣与需要,教的法子应根据学生学的法子。教的课程往往是预设的、计划的课程,它侧重于考虑教师应当教什么,而学的课程是学生实际经历、领悟和体验到的课程。"教的课程"往往混淆教师教的行为和学生学的行为,以为教师教的东西就是学生要学的东西或能学会的东西,其实两者常常是不一致的,因为学生实际上学到什么,不仅仅取决于教材,还取决于教师怎样教、学生怎样学,取决于学生自身的准备状态。与此相对照的是,现在的图式学习是学的课程,是以有意义的学习经验的获取为核心的课程,由于学习经验的获得不可能靠教师的单向传递与灌输,只能诉诸师生之间、学生之间的交往与对话、实践探索而生成。

图式学习能够真正实现课程标准的目标——培养完整的人。课程标准是国家课程的基本纲领性文件,是国家对基础教育课程的基本规范和质量要求,是教材编写、教学、评估和考试命题的依据,是国家管理和评价课程的基础。它体现国家对不同阶段的学生在知识与技能,过程与方法,情感、态度与价值观等方面的基本要求,规定各门课程的性质、目标、内容框架,提出教学和评价建议。新课程明确提出要实现三维目标:知识与技能,过程与方法,情感、态度与价值观,真正对知识、能力、态度等进行有机整合,体现对人的生命存在及其发展的整体关怀。而学校从图式优学到图式学习的发展,也体现了对学生的存在及发展的无限关怀。我们尊重学生个体,课堂内外给予其无限机会与自然、社会水乳交融,并和谐共处,尊重个体是完全的人,个体生成的终极价值是学会做人,人的发展是智力与人格的和谐发展的过程。图式学习的进程正在冲破原有的僵化思维,贯彻个体与自然、社会有机统一的原则,旨在促进整体的人的发展培养目标。

教育所成就的是人的人格塑造和人的精神转变。教育的价值首先在于使人成为人,然后使人成为人才。因此,新课程中把改变过于注重知识传授的倾向,统整学生的知识学习和人格构建作为具体目标。在图式学习过程中我们为学生的经验进入教学领域洞开了方便之门,使知识学习和个体学习发生意义联系,彰显对学生的精神建构和人格建构的重要意义。正如杜威所说:"只有当相继出现的经验彼此结合在一起的时候,才能存在充分完整的人格。只有各种事物联结在一起的时候,才能形成完整的人格。"[①]

图式学习有助于促进教师的教学创新。从教学内容看,我国课堂教学以系统的知识传授为主,教师的主要职责就是将表层的学科知识符号传递、灌输给学生。其

---

① 张荣伟:《三新鼎立:历史谱系与本真意义》,《校长阅刊》2005年第3期。

实,课堂教学不仅要"教知识的符号",还要"教知识的意义"。任何知识都由符号、形式和意义组成,知识的意义性存在使学生通过知识习得建立价值观成为可能。新课程赋予教师参与课程开发、课程管理的权力,在实施图式学习的过程中,教师必须从被动的课程解释者转变为主动的课程开发者,从教科书的忠实执行者转变为学习的组织者和引导者。教学活动的主体是学生,图式学习中倡导把教学的中心归还给学生,教学不是优秀老师展示其娴熟授课技巧的表演活动,而是每个学生实现其正常的人生发展的一种心路历程。

图式学习使得教师关注学生对知识理解的发展变化,并开始分解学习标准,真正理解教学内容。它描述了学生在对核心概念理解过程中所经历的多个中间水平以及各个水平上的成就表现,教师能清楚地了解到终极目标该如何分解细化,前后连贯、层层递进地设置于不同的学段之中,才能使学生对科学概念的理解沿着既定的轨道不断深化、拓展。

图式学习对于学生发展的价值着力点是支持学生的学习。学习是学习者主动地与客观世界对话、与他人对话、与自身对话的过程,这是一种文化的、社会的、理论的实践。通过这三种对话实践,我们建构知识和经验的意义,建构人际关系,形成自身的内心世界的意义。良好的认知图式对小学生思维发展的积极影响具体体现在提高小学生对知识抽象和概括的思维习惯,促进小学生思维能力的发展和培养创新性思维,提高创新能力。图式具有构建和推论的功能,能够使人们透过现象看到本质,从偶然中见到必然。小学生认知图式形成的过程伴随着小学生抽象和概括能力的发展,以及建立一个相关知识的认知结构。它能够培养学生对新知识的抽象和概括能力;当面临复杂情景时,能够迅速捕捉到问题的关键。可见,图式学习可以促进学习者思维的发展。

图式学习的结构化学习方式促进学生学会学习。在图式学习过程中,更尊重学生的自主探究、自我思考,展现得更多的是学生个性化的学习成果,有利于学生理解学习的价值,促进学生培养积极的学习态度和浓厚的学习兴趣,改善学生的学习状态,有利于学生养成良好的学习习惯,初步掌握适合自身的学习方式,能促进自主学习的意识,逐步培养终身学习的意识和能力。图式学习关注学生的倾听、表达、反思,让学生逐渐养成对自己的学习状态进行审视的意识和习惯,不断提高总结经验的能力,能够根据不同情境和自身实际,选择或者调整学习策略和方法,这也是学会学习素养的重要表现。

图式学习中的情感与审美的培养符合核心素养人文底蕴中审美情趣的培养。借助图式学习,让学生具有发展、感知、欣赏、评价美的意识和基本能力。图式学习能帮助学生形成积极的情感态度价值观,并且始终处于不断完善的过程,这一学习过程有助于培养学生具有健康的审美价值取向,让学生能逐渐在生活中拓展和升华美。图式学习的自我认知符合核心素养中社会参与这个维度中的责任担当核心素养的社会责任的发展要求。社会责任要点中的团队意识和互助精神,对自我和他人负责,明辨是非、尊重自然,维护社会公平正义等主要表现,在图式学习的自我认知中都可以得到渗透,清晰的、有组织的、用积极术语描述的图式能唤起自我的积极情绪体验,促进社会素养的发展。

第三节　图式学习的实践意义

运用图式展开学习的过程是儿童自己的学习,是儿童建构式的学习,更是发展核心素养的学习。核心素养导向下的图式学习影响学生的认知与建构,有助于提高结构认知和知识体系的建构能力,能够有效地改善学生的学习状态,实现学习方式和思维方式的引导、培育;能够唤起学生积极的情绪体验,促进学生审美情趣的培养。实践表明,图式学习具有积极的实践意义。

一、图式学习的认知与建构

(一) 运用图式提高结构认知

结构认知是指对学习内容、呈现对象的结构特殊的知觉,具有一种结构化思维的惯性、定势。图式能建立学生的原有认知结构同学习内容之间的相互联系与作用,打开思维的密码,删繁就简,寻得一定的学习规律。

首先,图式预期认知结构。在现实生活中我们无须经历每一件事即能够指出很多事情的结果,图式可以使我们预测某些尚未观察到的东西。例如,在语文阅读课的教学中,运用助学图式,抓住关键词提炼呈现对象的特点,能帮助学生更快、更有效地对语文知识进行梳理,从而内化成一定的知识框架图式,形成结构化的惯性思维。

其次,图式选择知识架构。个体对信息的加工并非被动接受的过程,而是主动建构知识。每个人的认知图式存在差异,即便是面对同样的信息,建构的结果也会不同,这是因为图式对信息有选择和过滤的作用。

例如阅读一篇课文之前,图式能够帮助学生根据一定线索对课文的内容进行预期,即用课文标题或开头的一段话甚至开头的一句话作为线索,根据自己的图式,让学生猜测课文可能写的内容。猜测的过程,其实就是激活学生原有知识(旧图式)的过程,学生已有的阅读图式告诉他,如果让他写这样的文章,他就会怎样写、会写哪些内容。"图式"是学生加工课文中信息的基本知识框架,它直接影响着学生对文本的主动发现、积极构建的质量。

(二)运用图式提升建构能力

学科素养指导下的图式学习关注学生的能力发展,通过培养学科素养来构建知识体系,从而最大限度地提高知识应用能力,更加关注学生的学习品质的提升。

建构主义认为,所谓知识理解或知识建构是指人们根据自己已有的图式对信息做了重新的组织,这里的信息组织包括对新信息的组织和对新旧信息的组织。根据图式理论,新信息的表层意义随时间的推移会被遗忘,而深层的意义已经融进了原有的图式。

图式组织知识重构。下面以苏教版小学数学五年级上册《多边形面积的复习》一课的教学为例,呈现数学复习中基于学习者视角开展的"图式建构"的实践操作。课始,让学生回顾本单元学习了哪些知识点,根据学生的回答出示相应的板贴,再引导学生把这些知识点排一排、分分类,并用线连一连,构建单元知识框架图(图2-2左)。然后进行第一课时具体内容的复习,即多边形面积的整理与练习。在梳理、提醒、总结的过程中,学生多次运用相关数学思维方法,教师及时进行相应的板书。课尾对复习的内容进行提升,在原有知识框架的基础上进行二次补充,构建出思维框架(图2-2右)。通过复习课的知识内化与思维提升,引导学生进行认知动态的生成建构,让他们的数学思考更有深度。

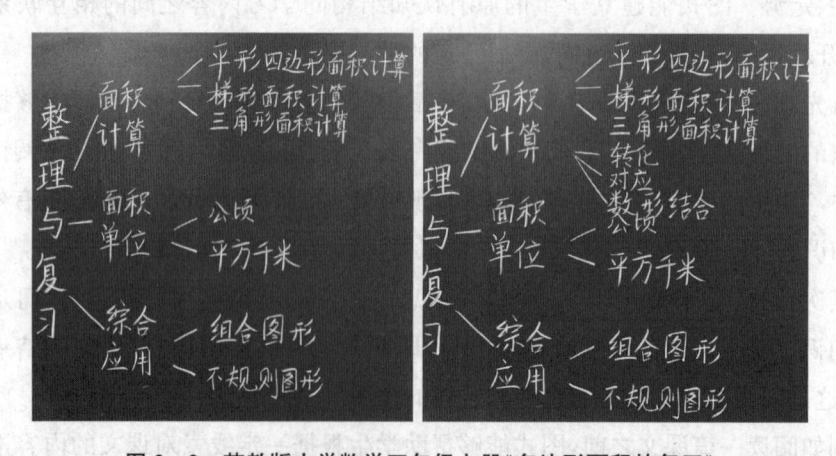

图2-2 苏教版小学数学五年级上册《多边形面积的复习》

《普通高中数学课程标准》修订组组长王尚志教授认为,数学学科的核心素养应该包括数学抽象、逻辑推理、数学建模、数学运算、直观想象、数据分析六个方面。数学的核心素养指向的是数学学习的关键能力,是经过数学学习而形成的人的终身能力。图式学习的数学课堂和数学学习,其中心是儿童,终点是儿童的学习发展,而学习发展的显性指标就是学科的核心素养。图式学习支持下的数学学习通过课始学习的优学图式、课上展开自主学习和合作学习的行为图式、形成知识结构的认知图式、课后进行学习整理和再现的思维图式来完整地对儿童的数学学科素养进行辅导、训练、巩固和发展。

(三)运用图式改善学习状态

教师要根据有趣的"图式"分析出学生的实际学习情况,不仅要分析学习能力强的学生的学习情况,更要分析中下层次学生的学习状态,从他们的"图式"中分析出本课教学的起点到底在哪,哪里是学生学习中的重点、哪里是难点等。教师根据学情分析,就可以创造性地设计和实施教学方案。把教学重点放在分析和解答在学习过程中存在的疑难问题上,还要适当补充一些新的教学内容或学生需要的、感兴趣的知识等。对于学生在学习过程中出现的一些问题,教师要根据学生的知识和能力水平,尽力地引导学生进行自我再分析、再讨论、再归纳,使学生逐步登上最后一个台阶,得出正确的结论,最终自我解决问题。

例如教学《不含括号的三步混合运算》(图2-3)时,请学生先尝试自己解题,不同学生的解题方法有明显的差异,这就让老师准确地了解到对于这个知识点学生现有的解决能力,教师再选择不同类型的代表解法,将教学重点放在图式辨析上,引导学生观察发现虽然这些解法的过程形式有所不同,但可以挖掘出共同点是都要分别计算出象棋和围棋的钱数,再相加求总钱数,从而深刻理解为什么不含括号的三步混合运算要"先乘除后加减",最后通过图式对比,优化出三步混合运算最简便的写法步骤,本课算理和算法两个学习难点也就迎刃而解。

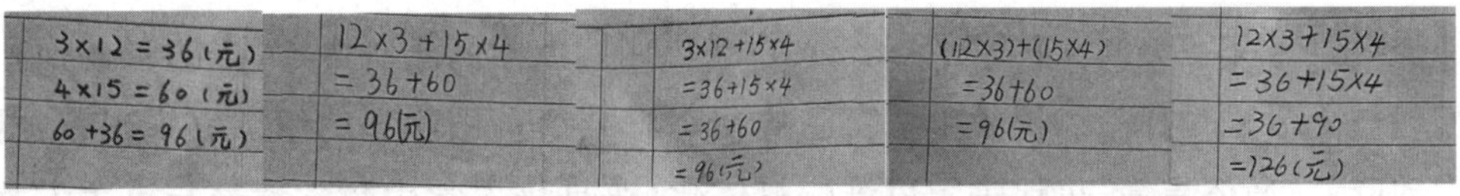

| 3×12=36(元)
4×15=60(元)
60+36=96(元) | 12×3+15×4
=36+60
=96(元) | 3×12+15×4
=36+15×4
=36+60
=96(元) | (12×3)+(15×4)
=36+60
=96(元) | 12×3+15×4
=36+15×4
=36+90
=126(元) |

图2-3 苏教版小学数学四年级上册《不含括号的三步混合运算》

二、图式学习的情感与审美

图式学习是基于儿童认知特点和图式理论,引导学生自主展开知识探索、方法习得、思维进阶,并形成积极的情感、态度、价值观的学习。图式学习中的情感与审美塑造符合核心素养人文底蕴中审美情趣的培养。借助图式学习,让学生具有发展、感知、欣赏、评价美的意识和基本能力。图式学习中形成积极的情感、态度、价值观,并且始终处于不断完善的过程。这一学习过程塑造学生积极的情感体验,培养学生健康的审美取向,逐渐在生活中拓展和升华美,促进学生知情意行的统一,达到教育效果的最优化。

(一)图式学习的审美感

审美感是对美的感受力、欣赏力。法国艺术大师罗丹曾经说过,美是到处都有的。对于我们的眼睛来说,缺少的不是美,而是发现。教学活动中,美体现在语言美、境界美、内容美、教态美和情感美等方面,每一种都能激发学生的审美体验和情感共鸣。图式作为内容美的核心表现形式,以直观、易理解的特征,被广泛使用。图式结合颜色、形状、图片、文字、标记等元素聚焦关键点和视觉效果,凸显"形象性",具有形象生动、直观美感的特点,能促进对学生审美价值的培养,让学生看到不同学科中所蕴含的美,学会发现美、欣赏美、创造美。图式的类型有很多种,例如简笔图、脉络图、概念图、联想图……各不相同的图式因其结构、形体、逻辑不同,都具有其本身的美学价值,借助这些图式可以提高学生的审美感,充分激发出学生审美的情趣。以"形象性"为特点的图式学习,能利用为学生感官所感知的图形、图像、图式等形象性的符号,很好地帮助学生完成由具体到抽象、由感性到理性这一认知过程,富有感染力,为学生感知、体验课文创设一种情境,指向素养导向,诱发学生全身心投入学习。例如部编版小学语文六年级上册《负荆请罪》一课课后练习运用图式进行生字扩词,巧妙唤起学生对语言文字的认知,让学生在欣赏汉字的形体美、词义美中加强对语言文字美的欣赏水平(图2-4)。再例如数学六年级上册《多边形的面积整理与复习》中的图式,让学生把自己的动态思维活动用静态的组图表现出来,既生动形象、通俗易懂,也促进了思维的整体化,兼具培养学生数学素养与审美素养两种功能(图2-5)。

图式不仅是一种学习工具和方式,它本身也是一种审美素养,是对美感的培养,具有一定的美学价值。因此,教学应做到两者融入结合,关注学生的情感发展,让学生受到美的熏陶,培养他们自觉的审美意识和高尚的审美情趣,使学生获得"感受美、鉴赏美和创造美"的能力,引起学生的情感共鸣。

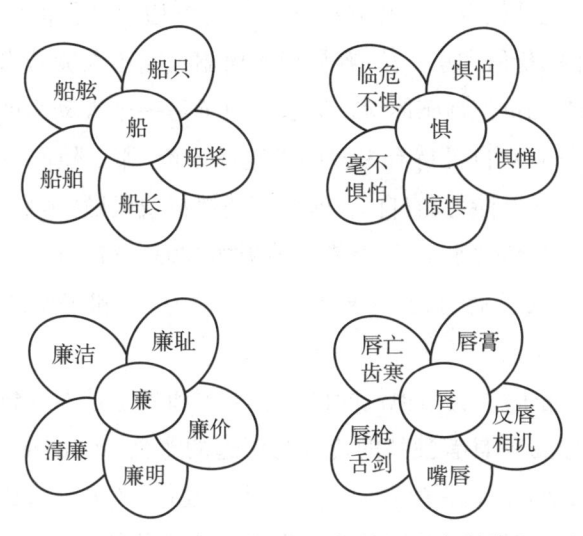

图2-4 部编版小学语文六年级上册《负荆请罪》

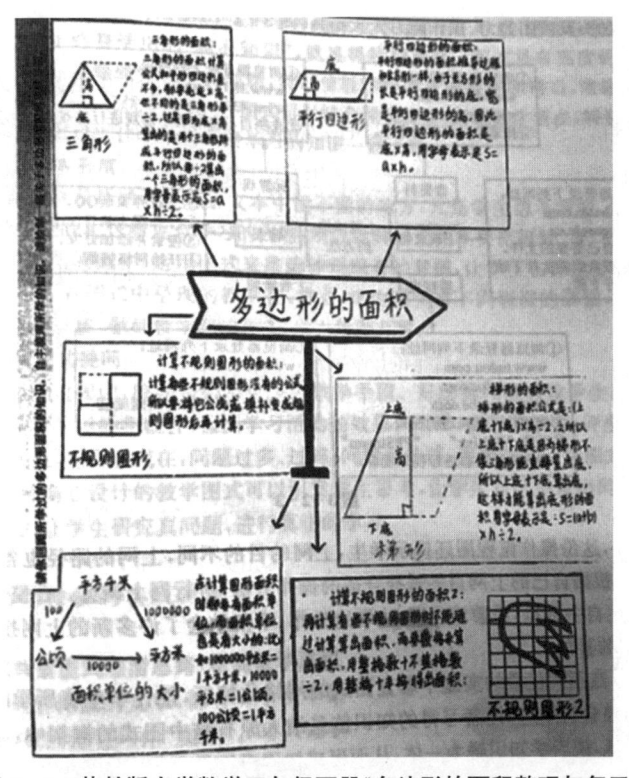

图2-5 苏教版小学数学五年级下册《多边形的面积整理与复习》

（二）图式学习的价值感

傅树京教授说过："教育的真谛在于让学生有价值感。"价值感是指个体感受到自己在这个世界中的价值和重要性，容易形成内驱力而不断完善自己。也就是一种被他人、被世界需要的价值情感体验。追求价值感是一个人动力的源泉。如果学生的自我价值感水平高，对自己持有更多的肯定性评价，那么他们一般拥有积极向上的价值体验，认为自己有能力、有自信，即使遭遇挫折或失败，他们也很少否定自己。相反，如果学生自我价值感水平低，经常从消极的方面看待自己，认为自己几乎没有价值，就很难产生自我发展、自我完善的信心和动力，不利于发展成为一个完善的人，并且一旦遭遇挫折或失败就容易一蹶不振。

学生是具有不同个性的人，他们的价值感来源和程度是不一致的、因人而异的。此种情景下，图式学习就具有独特的价值与深远的意义。它能促进学生价值体验、自我评价结果的改变，能提高学生的自信心，达到教育"效果+"，让学生的情感优势尽情发挥，不断进步。我们要关注满足学生多元化的价值需要，让每个学生都有发掘自身潜能与价值的机会，调动学生的参与积极性，培养其主人翁意识，让每个学生都成为自己的小主人、班级的管理者、家中的小帮手。

以"逻辑性"为特点的图式学习，能充分调动学生的情感体验能力与抽象思维能力，诱导学生发挥想象，实现个人的价值与潜能。例如，在平时的班级管理中我们经常会遇到这样的难题：放学铃声一响，学生们背起书包匆匆就走，课桌一片狼藉；上体育课时，班级风扇、电灯无人关；值日时，有的孩子边打扫边偷懒……这种现象正反映了班级管理中，学生以自我为中心，缺乏主人翁意识和价值感。针对上述现象，我们可以巧妙运用图式，增强学生的价值感、责任感。例如，班级设立"值日班长"轮换制度，每天都有一位同学担任班级的"值日班长"。一学期下来，每位同学都有好几次担任"值日班长"的机会。利用图式，引导学生通过实践，自我反思和改善，在不断构建重组学生情感认知态度的同时实现他们的价值感。

价值感虽然是人内心较高层次的需求，但是天生就隐藏在人的潜意识中。年龄越小对价值感的需求越单纯，越有利于引导。如果教师能巧妙利用图式培养学生的价值感，就会增强学生的责任心与自信心，让学生获得自我效能感，形成不断进步的内驱力，从而促进学生的价值体验与健康成长。

（三）图式学习的道德感

道德感是人类所特有的一种高级情感，是道德品质的一个重要组成部分。它是一个人对自己或他人的动机、言行是否符合社会一定的道德行为准则而产生的一种内心体验。例如对符合道德行为准则的行为，即会产生满意、愉快、心安理得等内心体验；反之，则会产生愤怒、厌恶、羞愧等内心体验。这类内心体验就是道德感。道德感既是一种道德的主观意志，也是一种见诸行为的道德冲动。作为一种主观形态和冲动形态的道德，道德感具有得道感、敬重情感、义务感三个方面的基本特质。道德感是架设在道德认知和行为之间的桥梁，随着认知的提高而发展，反过来又对道德行为起着调节作用。要想提高学生的道德感，光靠灌输道德理论知识收效甚微。我们可以灵活依托图式学习的优势，发展个人道德力量，使个人逐步实现由"他律"向"自律"的转化。

利用图式学习促进培养学生的道德感，途径是多样的。例如，我们可以宣扬名人伟绩或典型社会事例，利用榜样图式的效能，激发学生的敬佩之情，从而帮助学生构建道德图式，激发学生树立道德目标，自觉模仿学习。我们还可以利用道德两难图式，帮助学生通过思辨，构建高级道德认知结构。例如，在执教小学道德与法治二年级上册《我们排好队》一课时，学生已经具备了在公共场所自觉排队的基础道德经验，但我们可以进一步利用道德图式，引导学生思辨两难情境——如果遇到有人因为急事要插队或为老弱病残主动让队，是否可以？这种图式学习模式不仅能够让学生自主地学习道德知识，体验道德情感，而且能够引发学生积极主动地进行思辨、判断、冲突，从而形成正确的道德感，为道德主体完善建构道德能力奠定坚实基础。

但在运用图式进行德育的过程中要注意，选取的图式要贴近学生的实际生活，使学生理解更容易、印象更深刻。选取的图式要积极向上，对学生有一定的启发效果。还要运用学生喜闻乐见的图式学习方式，如漫画、辩论等，引导学生直观对比道德层面的好与坏、对与错，将正确的道德观传播给学生，使不良的道德行为得到否定，不断完善个人的道德体系。让学生主动参与道德图式的建构也是十分重要的，学校可以定期举行以爱国、友善、感恩等为主题的班会课或主题教育活动，学生们或是将搜集到的道德规范、道德知识进行归类整理，绘制知识导图；或是根据不同的主题对自己进行评价，绘制评价导图；或是明确自己未来行动的目标，绘制计划导图……充分调动学生利用图式自主构建道德感的积极性，有效渗透道德与法治的核心素养。

三、图式学习的自我认知与社会

图式与心理健康相联系的根本原因是它会影响人的行为。

图式加工参与社会知觉过程。图式是社会知觉过程中信息组织方式以及信息来源，图式能够提供预期、说明事物之间的联系，图式加工可以对行为进行归因。人们通常会保持行为与自我图式的一致，并且也会选择、进入、参与反映自我图式的生活情境，会回避与自我图式不一致的情境。

（一）运用自我图式改善自我发展

根据图式理论，人们使用自我图式与图式的清晰性、组织程度、重要性有关；社会心理学中对于与自我有关的动机的研究表明：人们追求准确的自我概念，寻求保持自我概念的前后一致。为了达到积极心理健康教育的目的，教育者应该清楚、明白、系统地表达对学生的期待，并且将这些期待与不同的生活情境联系起来，帮助学生形成清晰的、有组织的、用积极术语描述的自我图式，这些图式能唤起自我的积极情绪体验。

我们对皮格马利翁效应非常熟悉，即对学生的期待变成现实。但事实上皮格马利翁效应的实现是有条件的，在教师与学生相互作用的过程中，教师的期待必须明确，学生能明确知觉到教师的期待。皮格马利翁效应实现的条件与图式理论研究的结论一致，根据图式加工对自我认识的影响，教师还必须将对学生的期待与学生关于自我的经验联系起来。

（二）运用图式改善对他人的认识

准确认识他人是适应社会生活的能力的组成部分。根据图式理论，在社会相互作用过程中，人们容易根据图式组织和解释他人的信息、形成关于他人的假设、填补关于他人的信息空缺，因此运用于他人的图式是否适当对于认识他人就很重要，如果图式不准确或者图式不适用于他人，都会导致社会知觉偏差。因此可以根据图式理论改善对他人的认识。

提高学生对图式加工过程的认识就是帮助学生认识他们的图式以及图式是如何在他们的社会生活中起作用的，帮助他们比较彼此之间图式的差异。有时图式起作用了，但是个体没有觉察，这时会产生自以为正确而实际存在很大偏差的社会判断；对彼此图式的差异缺乏认识会降低人际敏感性。

（三）运用图式改善群体间关系

群体间行为，如合作、竞争等都受图式加工影响。不同群体的成员对相同的人或事可能持有不同的图式，这导致不同群体会对同样的人或事有不同的态度、情感、处理方式，表现出群体间的差异；两个或更多群体间的关系受这些群体成员所持有的图式的影响，如果一个群体的图式和另一个群体的图式从根本上完全不同，那么这两个群体在寻求共同合作的基础时就会出现困难，理解彼此的图式与图式加工过程会促进群体间的交往。

群体所拥有的图式是群体思维风格、价值观、经验的体现，群体间不同的图式对群体间的关系有重要影响，有时甚至是根本性的影响。图式完全不同的两个群体，在寻求共同合作的基础时往往会出现困难。由于不同群体的成员对相同的人或事可能持有不同的图式，而熟悉和把握彼此的图式是群体间合作的基础，因此在改善群体关系时可以根据群体生活的客观实际选择一些事件、主题、情境让群体成员进行讨论、角色扮演等，使之明白彼此的图式。熟悉彼此的图式以后，群体就能获得彼此吸引的基础，彼此就可能一起解决问题。

（四）运用图式改善对社会事件的判断

在社会生活过程中，人们会很频繁地对社会事件作出判断，一个健康的人应该作出与现实相符合的判断。然而人们不可避免会受到既有图式的影响，因为图式的激活是自动发生的。在图式理论指导下，可以降低图式对社会事件判断的消极影响。

刻板印象是关于社会群体的图式，它将关于某一社会群体的知识和信念以及假定该群体拥有的典型特征组织成一个认知结构。刻板印象与偏见和歧视的关系到现在为止仍然是一个有争议的问题。刻板印象作为图式证明了负面图式对社会事件判断所产生的消极影响，刻板印象与偏见之间存在关系，偏见会激活负面的刻板印象，刻板印象会使人倾向于加工支持偏见的信息，导致社会判断偏差；但是个体如果意识到刻板印象在社会判断过程中的作用，人们就会对自己的社会判断根据事情发生的情境作出调节，从而提高社会判断的准确性，避免图式的负面效果[1]。

首先，教师要认识到自我社会认知过程中图式的影响。教师有关于他人和社会事件的图式，这些图式一方面有利于对社会信息的加工，另一方面可能会产生各种偏差，对图式加工过程有了认识之后可以减少这些偏差。尤其重要的是教师要提高对自身自我图式的觉察，因为我们的行为总是与自我图式一致，缺乏自我觉察就很难减少那些对学生心理健康有害的行为。其次，教师要理解学生的图式和图式加工。不管多大年纪的学生，图式和图式加工都会在他们身上有意识或无意识地起作用，理解了学生的图式和图式加工就能够更好地理解学生的行为及行为对于学生的

---

[1] 吕全国：《图式理论对心理健康教育的启示》，《十堰职业技术学院学报》2011年第5期。

意义,并帮助他们改善自己的行为。由于成长过程中获得的经验、情绪体验不同,学生的图式与老师的图式存在很大差别,理解师生之间图式差异有利于师生沟通和提高教育的效率。

四、图式学习的创新与创造

人的现代化是教育现代化的根本,而人的现代化,其根本又在人的"核心素养"的培养上。注重创新能力的培养,要求对现代化的学校课堂教学模式的根本性改革,图式学习其中心在于对教学内容的整体或者部分重构,改变教材的学科知识体系的呈现模式,采用板块化的学习方式,真实改变课堂教学结构,淡化学科知识体系,强化以学生活动为脉络的教学体系;淡化程序化教学环节,改善师生之间的浅表性教学对话,强化学生产生自主学习、独立思考与合作学习、合作探究的学习欲望,促进学生高阶思维能力的提高。

(一)创造性提出问题

课堂上,教师会让学生进行提问,有的时候学生只能问出浅层次、低质量的问题。而提问,又是学生的一种重要的学习方式。在学生发现问题、提出问题的基础上进行的教学,是一种以儿童为中心的教学。这种教学方式难以实现或广泛推动的原因之一,就是因为学生往往提不出有价值的问题,所以培养学生创造性提出问题或者提出创造性的问题是创新能力培养的首要问题。

1. 基于图式学习,重视学生创造性提问的意识培养

原来的教学结构是复习旧知、讲授新知、练习巩固、布置作业这四个主要过程,这样的环节容易以知识的传授为主,学生的独立思考、合作探究、深度学习的空间容易被忽视,采用图式学习,变碎片化学习为板块化学习,给学生留有一定的创造性学习的时间和空间。

例如,目前数学图式学习的新授课范式设计四个板块:我的研究、我的结论、我的问题、我的联想。针对一个数学问题,学生先进行自主研究,可以通过画图、列表、列举、计算等方式研究数学问题,然后针对自己的研究过程,进行几句话的总结。根据研究过程中自己的疑惑或者无法解决的问题,提出自己的问题,可以再研究解答,也可以提出问题,与同学讨论解答。最后有能力的同学可以联系新旧知识或者同一类型知识进行联想(图2-6)。这个板块式教学把学生的自主性放在首位,强调学生的问题意识。

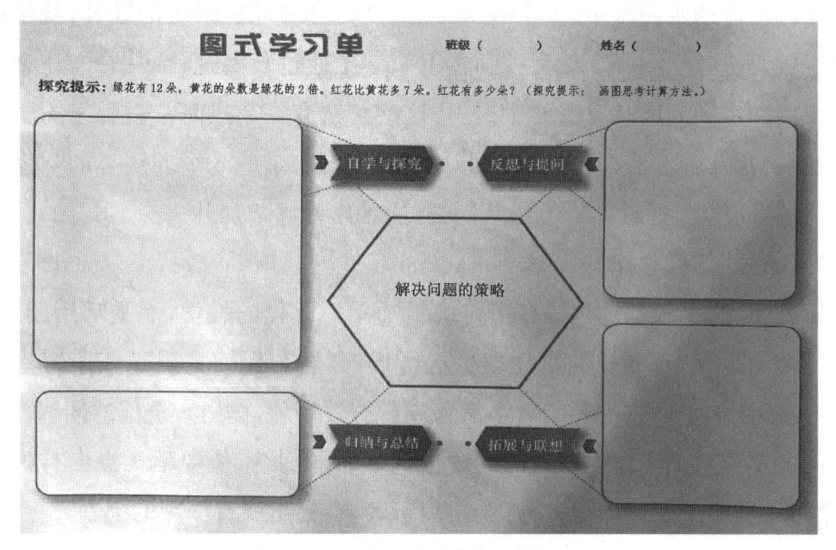

图 2-6 数学 新授课图式学习单

2. 基于图式学习,实现学生创造性提问的策略方法

通过图式学习过程,让学生学会提出有价值的问题。

例如,在教学《9+几》时,给学生布置了用图式来表示自己计算 9+4 的过程。于是学生有以下图式(图 2-7):

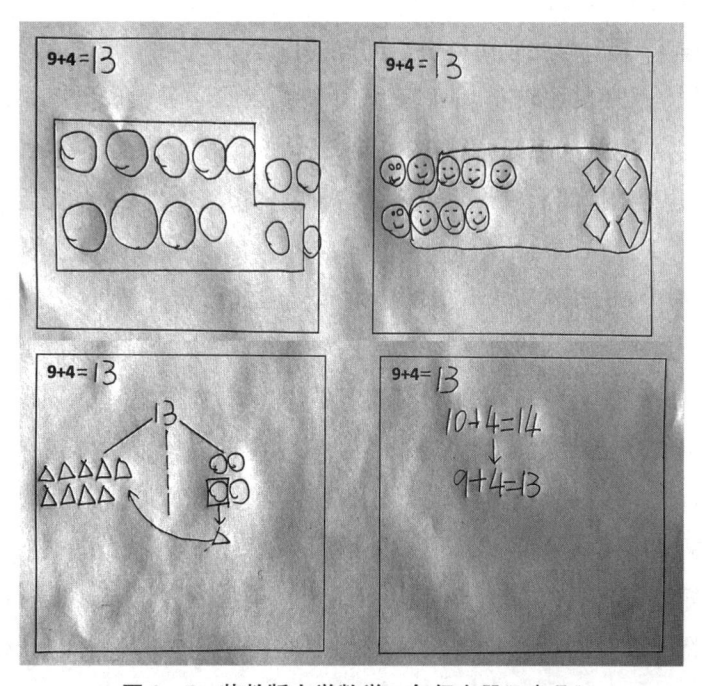

图 2-7 苏教版小学数学一年级上册《9+几》

学生用已有的画图凑十、整十数加4的计算经验解决9+4的计算，就是用已有的学习经验解决数学问题。然后教师再组织学生通过观察这几幅图式，让学生提出自己想要弄明白的问题。有的学生提出：这些解法有相同点吗？教师组织学生进行比较，观察出这几种方法都是先圈出10个，再加上剩余的3个。还有的学生直接提出：怎样计算9+4？通过比较方法共同性，能看出计算9加几，先想10加几，从而教师提出"凑十法"的概念。

可以看出，这个教学过程改变了传统教师单一流程的教学，而是巧用图式学习，在解决问题的过程中，更多的是让学生进行提问，这个提问主要是依据解答的过程来进行，可以让学生抓住主要的数学信息进行有效处理，提出有价值的问题。

提问的本质就是在建立联系的同时进行本质的归纳，从中学会提出有价值的问题，这个过程需要不断地训练，否则会游离于表层，提出没有深度的问题。

（二）创造性分析问题

传统的凯洛夫模式的学习注重的是知识与技能、理解和记忆的结果，如何转变为学生的深度学习，应该重视的是分析问题的过程性学习，在这个过程中，培养的是学生建立表象和本质联系的思考力、分析问题的方式等，以促进学生学习从"知识时代"到"素养时代"的转变。

1. 图式学习，提升学生创造性分析问题的广度

低年级的学生年龄比较小，他们对多个知识点的学习表现出单一性，很难形成知识的系统性，加上个人感知、思维的差异，在认知结构上更是零散状态居多。用图式学习的方式，帮助他们形成单元知识结构，促进其认知结构逐步完善，提升创造性思维的广度。

例如，在教学《长方形和正方形的整理和复习》时，首先学生要了解这个单元比较分散的知识点有：长方形、正方形的特征，各部分名称和周长的计算方法。通过图式学习方法，概括能力有限的学生会有初级数学图式，把这些单元知识点进行罗列。通过图式课堂的补充，在数学活动中我们触动学生往高级数学图式上进一步发展，要让学生进行进一步的概括、对比，产生以下数学图式的学习：对比两个知识点，共同点在两个概念中间显示，不同点可以归纳到两边（图2-8）。

经过这样的复习图式梳理，学生既归纳了本单元的知识点，又进行了长方形特征和正方形特征以及周长计算方法的对比，进一步明确知识的认知脉络和逻辑关系，为创造性、个性化地解答数学问题做好准备。

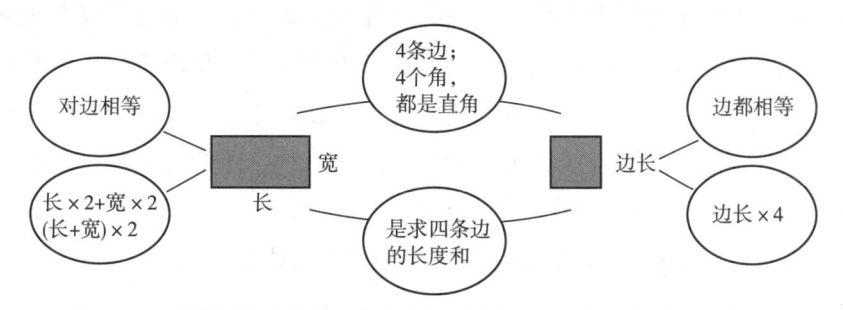

图 2-8 苏教版小学数学三年级上册《长方形和正方形的整理和复习》

2. 图式学习，提升学生创造性分析问题的深度

让学生经历学习过程，深刻理解知识内涵，主动构建个性化知识系统，并迁移应用所学知识解决问题。同时运用想象，主动加工处理新信息，建构知识，培养学生知识整合能力，使得新旧知识联系成系统，并能归纳出本质，提升原有知识系统，最终运用这些新旧知识，高效解决复杂问题。

例如，在学习《小数乘整数》中，0.8×3怎样进行计算，教师将学生个性化的学习图式呈现在全班学生面前，兼顾不同层次的学生已经有的学习经验，引导学生给这些数学图式"归归类"、"起起名字"。这样的学习过程促进学生反思这些解法的本质、共同点、局限性、优势等问题，从而沟通算理之间的联系，为小数乘整数的笔算、理解算理搭建了有力的"脚手架"（图 2-9）。

图 2-9 苏教版小学数学五年级上册《小数乘整数》

这里展示了学生的图式学习过程，展示了学生分析 0.8×3 这个问题如何解决的过程：有的学生利用加法和乘法的关系，将这道乘法题目转化成已经学习过的加法来进行正确计算，有的学生则把 0.8 赋予一个实际数量的意义来进行思考，还有的学生利用整数计算的方法进行迁移来进行小数的计算……课堂充分展示学生创造性分析这个数学问题的过程，并在教师的点拨下理解所有方法，最后归纳出小数加减法的计算方法，并且理解知识之间的联系，使得学习过程更深刻。

（三）创造性解决问题

在学生日常学习、生活中会遇到各种各样的问题，而寻找解决问题的途径是学生在学习过程中解决问题、培养基本素养的关键阶段。在传统的学生教育中，教师一般通过引导学生通过自主学习、发现问题、注重实践这几点来解决各种问题，而在过程中也就能够习得并总结出解决问题的各种方法，从而迁移到其他问题的解决，同时提升他们解决问题的能力，培养他们在各个学科学习的过程中应该掌握的具有这一门学科特色的基本素养。

解决问题、难题，是基于学生在学习、生活中遇到了亟待解决的各种疑问。在现有知识储备和技能水平的基础上，学生能够自主、自觉地解决这些问题，以内部驱动力促使他们想要寻找到问题的答案，那么这样的问题的解决才是有意义的。想要创造性地解决问题，我们要带领学生能够明确学习问题的指向，设立富有创造性和挑战性的学习目标，将任务逐层分解，进行活动设计，体现知识探索过程、规律发现过程、问题解决过程；在操作和思考的过程中，积淀实践和理性思考的经验，发展思维素养，提升思维的独特性。探索形成能有效促进儿童成长型思维创新能力持续发展的课堂范式与学习策略，促进成长型思维的发展。

1. 将图式作为连接新旧知识的桥梁

对于"迁移"一词大家都不陌生，如果学生都能够将已有的储备知识和解决问题的技能方法"举一反三"式地迁移到其他科目新知识的学习过程中，那么学生的能力一定会得到很大程度的提高，然而现实情况是想要完成这样的迁移是比较困难的，学生往往不能将新旧知识连接起来。该怎样做呢？图式或许可以提供帮助。

利用图式搭建起新旧知识的支架，可以让学生在已有的知识和新知识之间构建起桥梁，从而在解决问题的情景下能够快速地做出反应。以陈馨老师的《紧扣基本原理　引领主动探究——"圆的面积计算公式"教学新探》为例，学生在学习"圆的面积计算"时会想到用一个个小方格来分解圆，这样的想法不是一蹴而就的，而是基于学生们会利用直尺量课桌却不能一次性测量出课桌的长度，需要分几次进行测量而每次测量时就需要将直尺相互衔接且没有重叠。基于这一点经验,学生在思考如何测量圆的面积时也就会想到这些小方格在衔接的过程中也是必须没有重叠的,这样一来学生就会将圆分割为几个小方格或者长方条来尽可能地占满圆的每一个地方,以此来估算圆的面积。

想要完成以上的切割和估算,一定要借助图式来对图形进行划分从而搭建起新旧知识的桥梁,帮助学生思考将旧的知识引入到新的知识点上,对于有些学生而言图式也能更好地帮助他们理解如何切割和估算。

2. 借助图式搜集解决问题的素材

以周娟娟老师的《搭建支架 精准习作》一文为例。在习作课上或是考场上,我们常常会看到学生面对作文题目抓耳挠腮,眉头紧锁,一副百思不得其解的样子。确实,巧媳妇难为无米之炊,没有丰富的素材,学生如何能写好文章?针对学生选择困难,教师可借助图示支架搭建气泡图,先确定中心意思,再借助气泡图选择事例,从而搜索选择合理的写作素材。

延伸到学生遇到的其他学习、生活问题,气泡图作为一种发散式的图示支架,能够有效帮助学生调动自己的生活经验,围绕中心意思搜索,整合散落在各处的素材,让学生的头脑从问题一开始就有一种"打开—聚焦"的过程,即打开生活经验的大门,然后再把思维聚焦到中心话题上去。在这个过程中,学生要结合生活经验事件,在有针对性地展开深挖之后,走上理性化、规范化的思维路径。

在学生日常的学习、生活中,有效地搭建学习支架是构建主义学习理论在学习实践中的生动体现。师生之间、儿童与学习之间各种信息资源都在关键支架上相互建立。重组点滴的进步,汇聚起来就是一个阶段性的提升。支架的建立让学习中所有在场儿童变成了观众,他们共同借助支架进行攀登,依托支架组建学习共同体,在学习过程中相互关注、共同进步。搜集好解决这些问题所必需的素材,从而将它们搭建成一个主题,进一步将问题不断延伸。

3. 借助图式习得解决问题的方法

寻得各种因素、构建知识桥梁,那么就要以特定的方法来试图解决问题。解决问题是关键,寻找有效的解决问题的方法更是其中至关重要的部分,想要习得解决问题的方法,图式同样可以提供助力。同样是以周娟娟老师的这一篇论文为例,在写作的时候,作文教学最适合的范文就是课文例文,"课文"是写作教学中常见的支架,具有示范作用。在习作教学过程中教师直接提供例文这样的支架,能够有效帮助儿童学会欣赏、反思、模仿、分析。教师引导学生回顾学习方法,然后借助支架选择实例,引导学生进行模仿,在范文的基础上可以进行再创作和联想,将自己想要表达的内容在这样的框架下不断地充实、丰富。学生在多维的学习评价过程中不断理解、掌握学习要素。与此同时，教师根据学生的学习进度，适时提供学习范例，指导学生掌握从不同的方面或者选择不同的方法来解决问题。如果单纯用讲述的方式而缺少学生可视化的结构加入，很难在学生思维中形成有效的知识架构，这样低效的教学意味着对儿童思维的视而不见，而习作中学习支架的搭建和组合，则是在重新唤醒儿童的思维。儿童习作思维支架的组合运用，起到了思维引领的作用，防止学生解决问题时缺乏思维过程而一路滑行，解除了学生在困难面前放弃思维、停滞不前的困境。

4. 借助图式破解问题难点

在解决问题的过程中我们往往会遇到一些"关键点"，或者我们可以把它称为本节课的基本"重难点"，它们是学生学习过程中的重要节点，能够突破它们，就能对本节课的知识和技能掌握达到"一通百通"的效果。那么，如何来突破这样的重难点呢？这一直是教育者和学习者尤其关注的。以戴迎东老师的《运用图示引导学生探索应用题解题策略研究》一文为例，运用图式可以破解问题的难点。"图式"理论表明，在学生对知识理解的过程中，其对知识的内在联系把握越紧密，结构化程度越高，实际运用和存储效果就会越好。"图式"中所包含的知识都是简约化的，知识表达能够成为实际的支撑点。简约化知识点表达之间的联系可以成为理解的线索，提高学生对知识的抽象、概括水平，这些都是在知识的运用和图示的表达联系中实现的。而在"长方体和正方体表面积的变化练习"中，图式导学就可以有效降低解题难度，将原本抽象的"表面积"转化为：有6个面，每个面都是正方形或者长方形，再由先求出各个面的大小进一步形成空间上的结构，将6个面组合起来，正方体和长方体的表面积就是这6个面的总面积。学生经历了应用问题由抽象到具体的过程，深刻理解"图式"后，可以把具体再转化为抽象，最终自觉地形成脑图，深深地印在学生的大脑中。

5. 借助图式优化认知结构

对于一些较为复杂的概念或者更加抽象、难以理解的地方，图式还能够帮助对认知结构进行优化。在一些教师精心设计的复习课应用练习中，综合性的考点可以让学生一点或一题串一线，使学生理解一题能多变、一题能多解，但万变不离其宗是对基础认知关系的理解。同样是在"长方体和正方体应用题复习"中，图式教学策略就可以优化学生的认知结构，学生以一个"长30厘米，宽10厘米，高20厘米"的长方体为基本元素条件，不断添加限制条件和所求问题，形成8种典型题型，通过对比、分类、综合，形成关系图。它可以更有效地促进学生抓住重点，理解其"究竟要求什么",快速回溯到基本的体积公式关系,从而找到解决问题的最短途径,并且"举一反三"、通汇贯通。通过学生小组合作交流、查漏补缺、梳理知识并完善网络图,学生能够更好地弄清知识的内在联系,发现知识的系统性和连贯性,形成合理的认知结构,并以提纲挈领的图式形式表达出来,方便记忆与应用。虽然学生的图不尽完整,小组交流后形成的图也是各种各样的,如概念图式、表格式、组合式等,但都能阐明长方体和正方体表面积、体积的基本概念和关系。这样一个从"归纳得不完全"到"建构一个单元知识网络"的过程,有利于促进学生推理能力和模型思维的发展。

(四)创造性分享成果

科学家们在取得一定研究进展后都会在学术界发表自己的观点,让更多的人来了解和认同自己的想法。同样,在学生的问题得到解决后,研究得出的结论或成果更应该进行分享和交流,这样一个交互的过程更是一个互相评价和完善的过程,学生可以通过他人的评价和质疑来发现自己结论中的不足之处,同时加以修整和完善以求最优结论。如何更好地同别人分享和交流呢?可视化和图形式的表达对于小学阶段儿童而言更易理解和进行深入思考。

图式可以将学生研究的成果可视化,以便在分享过程中更能展示自我,发现闪光点和不足之处。将自己的结论以图式的方式进行呈现,这本身对于儿童来说就是一个富有创造性的挑战,如何用最简洁的图、符号或辅助文字来表达自己的想法,这需要极大地调动儿童的各方面能力,这一呈现的过程也是对儿童综合素质的一项挑战。而在分享的过程中,也同时增添了结论或者成果展示的创造性,这样的分享也能够更加有效地提高所有学生对于这一图式化结论的研究与思考参与度,在情感上也能够增加被分享人员的体验感。单纯的文字或表达是单调的,而对于那些文字理解能力较弱的儿童来说,这样非常不利于他们理解和参与评价,以图形可视化来表达就能够增加儿童的参与度,同时让儿童在脑海中形成图像概念,便于后续的理解和修改。

1. 分享的不一定是结论

针对某一问题的研究或许有结论、有理论、有数据结果,但是对于情感上的认知、心灵上的碰撞,这样的东西是不存在特定的结论的,这时我们的分享也就不会仅仅局限于某一个想法或者理论了。在南京市鼓楼区第一中心小学,一年一度的特色心育节是孩子们翘首以盼的自己的节日之一,在这个系列活动中不同年龄段的儿童会接收到与他们本身身心发展阶段相适应的不同任务,比如:低年段的儿童语言表达能力不够强,利用纯文字或者叙述的方式并不能够完整地表达出他们对于别人的

"爱",此时一个亲手制作的小小礼物就成为传递爱意的介质,我们分享的就是一个充满爱意的小礼物。而中年级的儿童则处于自我意识的重要形成时期,他们开始有了自己的主见和想法,与父母之间的矛盾和冲突也明显增多了,在这样的情况下学校设计了为爱"一诺千金"的活动,即鼓励家庭成员聚在一起,平心静气且真诚友好地换位思考、平等对话,就家庭中常常出现的矛盾达成解决共识,并制定温暖的家庭契约,通过分享契约来制定家庭行动指南,让家庭更加温暖。相比之下,高年级的儿童自我意识迅速发展,逐渐步入青春期,与父母之间不仅会有冲突,更会产生他们口中的代沟与隔阂。为此,学校设立了"爱的储蓄罐"活动,由家人们共同装扮一个瓶子或盒子,将生活中点滴的爱的小事写在便签上,投入储蓄罐内,如"今天爸爸下班回到家在沙发上睡着了,我给他轻轻盖上被子""每天妈妈很早起床为我们做早饭",等等,此时的分享就是写在便签上的点滴爱意小事。

2. 以实物为载体分享

在课堂上,或者在学习过程中,学生间、师生间较多地以结论、文字、知识点等形式分享所得,但在一些富有创造性的课程当中,如音乐课、美术课、科学课、信息课等,学生可以将自己的情感和思想附着在实际的创新创造作品上来进行表达。比如在黄燕老师的 3D 打印课上,学生学习到基本的 3D 打印建模方法后着手开始设计自己的作品,而在设计的过程中为了避免孩子们的想法空洞或者过于天马行空,黄燕老师则引导学生通过交替提问来实现学生旧知识和新知识的迁移与融合,从而创造出属于自己的优秀作品。而在这一节 3D 打印课中,学生各自需要阶段性地汇报展示自己设计的作品,有的学生在创作过程中出现小的失误,教师则通过图式来进行展评,对学生个性化的作品和出现的问题进行分析,大部分学生因为自己有了成功的经验,就能够很快给予失误的学生解决问题的思路和方法,而学生自己则根据这些意见在原有的图式学习单上进行总结和改进,最终形成作品创造的个性化图式。在最后的作品汇报环节,学生以小组为单位开展自评和互评,同时推荐小组内进步最大或者最努力的同学的作品,在整个过程中让每一位学生都有充分展示的机会,从而获得成功的喜悦和认同感。在分享的过程中,学生利用自己的 3D 创意设计可以充分表达个性,以一件创造性的实物作品来分享自我意识,而教师则借助图式教学充分激发学生的想象力和创意思维,调动学生学习的主动性和探究性,形成 3D 建模的概念和意识。这样的意识也可以在今后其他科目的学习中实现迁移,为学生培养个性化思维发展和创造性成果分享这一基本素养的形成创造条件,也使得学生的创造力逐步由个性化向智慧化发展。

第三章　图式学习的校本建构

南京市鼓楼区第一中心小学以"图式"学习为主题的校本研究已近二十年。确立这一研究主题,是学校在多年的教育实践中对儿童教育不断探索和理解的结果,也是学校独具特色的校园文化传承与创新的结晶。

早在1963年,著名儿童文学作家张天翼的童话故事《宝葫芦的秘密》被上海天马电影制片厂拍摄成同名电影。这是新中国的第一部童话电影。影片的取景与摄制全部在我们的校园里实景拍摄完成,作为群众演员,当年的很多学生都把这段经历当成了最珍贵的人生记忆,以"宝葫芦"为标识的童话教育就成为我校儿童教育的重要基础。

2002年,学校提出了优势教育的办学理念,确立了"每一个孩子、每一名教师都有自己的优势"作为教育的基本假设与逻辑起点,从而"发现优势、发挥优势、发展优势",促进人的优势发展,带动人的全面发展,营造适合师生优势成长的和谐校园。2006年,学校成立了"华夏优势教育研究中心",联合全国多所联盟学校开展了多次全国优势教育论坛,并出版了一批反映优势教育成果的书籍。2012年6月,学校复名为"南京市鼓楼区第一中心小学",并举办盛大的更名纪念仪式,恢复学校的文化记忆与人文精神。

2016年5月,学校提出"立壹教育"的主张,倡导尊重每一个儿童的个体,基于每一个儿童的发展;倡导努力实现每一个儿童的优势发展,为社会培养人才;更关注培育儿童的意志品质与精神底色,关注提升儿童的道德人格与气质修养。立壹教育是我们关于完整的儿童教育实践的办学智慧与办学期待,既是过往的办学积淀,也是当下的办学架构,更是未来的办学追求。基于此理念下的"图式"教学努力帮助儿童提高自主学习能力,享受学习的快乐。

这些办学历程中的事件与信息,就像学校教育文化的基因编组,经过几代教育人的丰富与弘扬,使我们的图式教育愈发贴近儿童,支持儿童学会学习、健康生活、实践创新,养成科学精神,发展核心素养。

第一节 图式学习的研究历程

"十一五"期间,面对新时期素质教育与课程改革"办好每一所学校、教好每一个学生"的历史使命,要走出"高分低能、千校一面"的培养误区,改变"单一注入、厌学低效"的学习方式,我们从现代先进教育理论提炼出"优势教育"生长点,引进发达国家"学习的革命"中生成的"学习地图",启动了江苏省教育科学"十一五"规划重点课题——"基于'学习地图'的小学优势教育的校本研究"。经过五年的实践与探索,初步确立了善于发现学生"优势链"与善于开发学生"可能性"的两种跨越的价值,明晰了教学中的"学习地图"与"优势教育"、"图式教学"与"多样化教学"、"显性图式"与"隐性图式"、"优势率先成长"与"带动劣势成长"等四对关系,在实践层面总结出"指导小学生善用'学习地图'趣学高效的操作方案",提炼出"基于'学习地图'的小学优势教育校本实施的八项重点策略",总结了利用图式为课堂教学增效的新路。具体包括教师利用图式创设趣学情境,用图式突破教学难点,利用图式弄清知识联系;学生利用图式,激发思维潜能,如以线索图式构思文章脉络、以插图图式唤醒生活积累等。通过对比调查,全体学生图式趣学程度与语文、数学、英语、科学多学科会学能力明显提高,实验班学生"优势成长小能手"与教师专业化成长的提高明显加快。学校"以图扬优"的研究成果及其"个性化素质教育——优势教育办学特色的跨越发展"成绩喜人(图3-1)。该课题于2011年4月顺利结题。

图3-1 优势教育研究丛书

"十二五"期间,学校再次以"基于优势教育的小学图式教学的深化研究"为课题,深化图式教学课题研究。研究以"发挥学习优势、优化学习活动、发展学习能力、促进个性成长"为目标,尊重个性与差异,构建富有校本特色的优学课堂。经过五年的探索,图式的观念和思维已经走进每一位教师的课堂;图式的教学行为和教学方式正在一步一步建构,并走向完善。学校通过不断的探索,逐步完整地从儿童主体出发,支持以儿童学习的视角整体构建图式优学。在理论层面,我们首先进行了图式优学的内涵解读、课堂建构和特征探索;在实践层面确立了注重目标落实、注重课型特征、注重情景时宜、注重体系构建、注重图式启智的操作要义;提炼出运用图式创设趣学情境、运用图式突破教学难点、运用图式理清问题层次、运用图式优化教学程序、运用图式梳理知识脉络、运用图式发展学生思维想象、运用图式妙导拓展运用、运用图式开发课程资源八个"图式优学的实施策略";探悟出语文、数学、英语、美术、音乐、信息、科学等"图式优学的学科教学范式";通过学科资源的挖掘,从珠心算、足球、葫芦画等校本教材开发,到主题性微课程的设计,和网络环境下的图式资源及交互式白板技术的应用等数字化资源建设,动态建构了丰富的图式优学资源库。基于优势教育的图式教学深化研究的过程中,逐渐凸显图式优学明显的实践意义,使得学生的优势尽情发挥、学习真正发生、创想得到开发、个性得以展现;学校形成了图式优学课堂观察、教学红黑辩等极具特色的校本研修形式,有效促进了教师个人与团队专业化成长,校图式教学深化研究的成果成绩喜人(图3-2)。该课题于2017年6月顺利结题。

图3-2 "交锋·争论"课堂教学红黑辩现场

课题研究期间,在南京市教学工作会议上作《图式优学:支持儿童的数学学习》的专题课改经验交流(图3-3)。

图3-3 南京市教学工作会议上作专题课改经验交流

《图式教学:建构新的学习方式》被《中国教育报》报道;研究专著《图式优学:支持儿童学习的课堂建构》(图3-4)出版发行,并获得南京市教育科研创新成果一等奖。举办了市级数学学科"图式优学"主题教研活动、市级美术学科"图式优学"主题教研活动、鼓楼区课堂教学改革"图式优学"专题现场会。

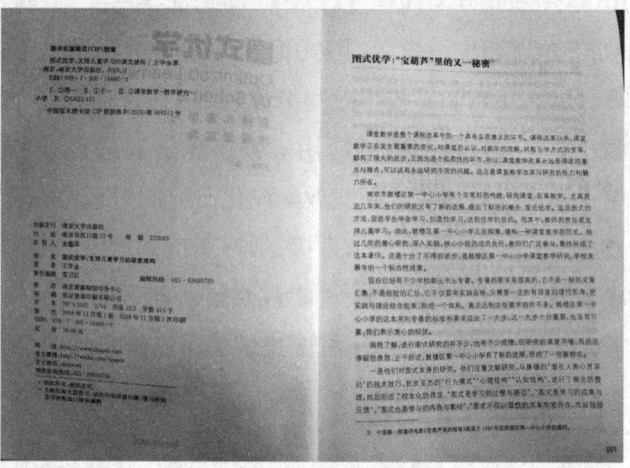

图3-4 研究专著《图式优学:支持儿童学习的课堂建构》

"十三五"期间,学校回顾并反思围绕图式学习展开的研究,由原先只关注"课堂""学科""教学",只关注教师教,逐步转向对儿童学的研究与探索上,期望以图式学习为基本路径与方式,通过儿童图式学习更好地支持学生自主学习,支持促进核心素养发展的、更儿童的、深度的、跨学科的以及生活事件的学习。

近四年来,图式学习项目被立项为南京市前瞻性教学改革项目,在全市开展了3次市级以上展示观摩活动(图3-5)。

图3-5 市级展示观摩活动

发起并主办了首届"支持儿童学习"全国高峰论坛,进行了学术与实践成果的推广和辐射(图3-6)。

图3-6 首届"支持儿童学习"全国高峰论坛活动现场

第二节 图式学习的课型样态

有意义的学习应该是利用多样化的学习方式,在真实情境中基于问题的深度学习促进学生思维方法的进阶和关键能力的提升。美国缅因州的国家训练实验室曾经提出著名的"学习金字塔"理论[①],显示了学习者采用不同的学习方式在两周之后取得的学习效果(两周后还可以记住多少)。从"学习金字塔"可以看出,能被较长时间记住的知识,学习效果在50%以上的,都是在团队学习、主动学习和参与式学习获得的。而记忆知识的时间较短的、学习效果在30%以下的几种学习方式,也是我们最熟悉最常用的方式,基本都是被动学习、静坐听讲。由此可见,学习方式不同,学习效果也大不一样(图3-7)。

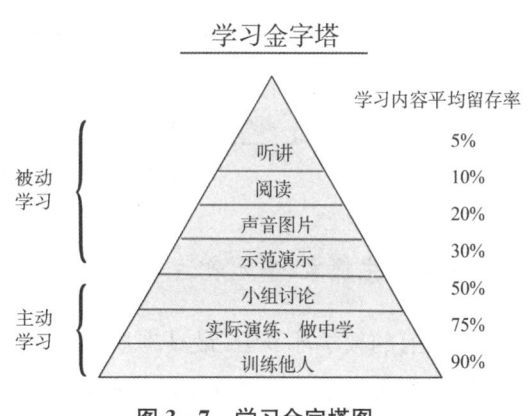

图3-7 学习金字塔图

基于这样的思考,我们通过广泛丰富的课堂探索与学习研究,根据不同的课型和

---

① 学习金字塔是美国缅因州的国家训练实验室的研究成果,最早它是由美国学者、著名的学习专家爱德加·戴尔1946年首先发现并提出的。

学习内容,形成了图式学习的一般学习流程,积累了图式学习的学科经验,开发了一些培养和指导学生学习方法的学习工具,并梳理总结了图式学习的策略和学习路径。

学是教学的出发点、落脚点,教学的重心在学而不在教,教学应基于学生的学和促进学生的学。图式学习应努力构建以学为本的课堂教学结构,让学生学会独立思考,勇于挑战自我;与他人合作交流,培养团队精神、规则意识;懂得尊重与包容,形成积极的情感态度价值观。我们努力寻找一种有规律可循、便于教师和学生操作的,能最大限度发挥图式学习作用的系统完整的学习策略体系。通过对上百节不同学科新授课、复习课的切片分析,经过多学科教师一次次研讨修改、反思碰撞,根据新授课、复习课的课型特点,总结出了以下两种课型的基本学习流程。

一、图式新授课学习流程(图3-8)

新授课是最常见的课型。它包括新知的引出、讲解和操练等三个部分。新授课的特点是"新",因此教师要采取一切有效的方法,让学生卷入学习,经历学习的过程,从而理解和运用所学知识解决实际问题。针对新授课的这一特点,基于我校图式学习的研究,我们总结出数学图式新授课的基本学习流程,分为以下三个环节。

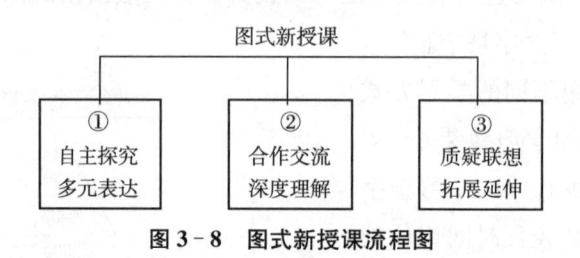

图3-8 图式新授课流程图

(一)自主探索,多元表达

在所有的教学环节中,最具本质意义的就是学生先经历自主探究知识的环节,它是任何有效课堂都不可缺少的。此环节可以在课堂上教师引导下进行,也可以按照"学习提示"的要求在课前完成。学生通过教师提出的问题、探究提示和路径对新知进行先学,用不同的方式对新知进行多元的表达。我们鼓励学生自己发现问题,用多种方法解决问题,提倡方法多元,意在培养学生思维的广阔性、发散性,能够从多角度思考问题。

真正精彩的课堂不是一枝独秀,而应百花齐放。我们注意为每一个学生提供富有个性的思考的空间,鼓励、调动学生的积极性和主动性。每个学生学习起点不同、视角不同、繁简不同,正是这种不同,才使得学习素材更加多元、思维方法更加丰富多彩。我们从儿童的立场出发,让个性化的思维路径得以展现,让不同的想法都有表达的机会,顺学而教,把学习的发球权交给学生,让学生的思维从不同维度向"四面八方"打开,学生才会真正开始学习。这为理解知识提供了丰富的直观支撑,让学生主动思维、积极思维,自主主动地学习,使学生数学思维的幼苗逐步成长起来!

在苏教版小学数学五年级上册《小数加减法》例题 2.75＋1.4 教学时,课前老师给出了自主学习的路径:"用你喜欢的方法计算 2.75＋1.4,并把思考的过程记录下来。可以写一写或画一画。"学生通过探索研究,出现了多种解答方法(图 3-9)。

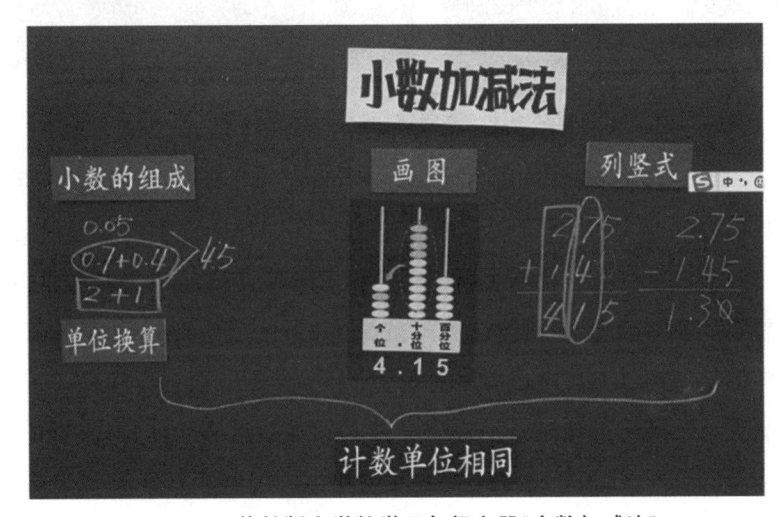

图 3-9 苏教版小学数学五年级上册《小数加减法》

虽然起点不一,但班级 95% 的学生都会解答。学生喜欢用各种图来呈现解题思路,表征的方式越丰富,对数学知识的认识和理解就越全面、越丰盈,越接近其算理本质。通过对多元素材的相互评价、质疑创新,实现学习互补,在思维碰撞中加深了对小数加减法算理的理解,在这样的学习过程,学生的思维得到茁壮成长。

(二)合作交流,深度理解

新授课第二个环节,我们组织学生进行合作交流,对学生在之前呈现出的多元表达进行一一展示,让学生个体呈现出的思考结果转化成课堂信息交流的资源,学生经历充分的讨论、补充、对比的过程,让不同的方法相互验证、相互启迪、相互激荡,通过教师的引导,进一步理解不同方法之间的内在联系,深刻理解知识的内涵(图 3-10)。这一过程中,学生从不同的角度去理解新知,也正体现了多维理解。经历了课前的初步体验,课堂上,教师组织小组讨论,让学生在自己的四人小组内先互相分享、互相补充、互相提醒,既保证了每一位学生都有发言的机会,又培养了他们团队合作的意识。

图 3-10　学生合作交流,自主讨论

课堂上,学生交流的素材不再是"书本的""老师的",而是"学生自己的",这就让学生有了更强烈的存在感、成就感。学生更愿意在同伴面前展露自己真实的想法,表达自己、表现自己。同时,团队的合作交流、思维碰撞既是一种积极的学习方法,也是一种重要的学习能力,这种学习方式被誉为"当代最伟大的教育改革"之一。我们采用这样的学习形式,设计合理的、有价值的探究问题,引导学生围绕一个或几个问题展开研究、交流辩论,通过思维碰撞促进对问题的进一步认识,这样的过程可以让学生对知识的掌握更细致、透彻,使学生对知识的理解更加丰富和全面。学生在直观对比中理解知识,在分析归纳中优化方法,在学习活动中进行思考、表达,发现规律,循序渐进地发展学生的素养。

当学生的每一次自主思维受到他人的认同,每一个观点得到同伴的鼓励,就会激励每一个学生更加自主参与学习,在学习中表现自己。这样的学习一定是真正的学习,这样的学习学生才会更加投入,也更加喜欢。

(三)质疑联想,拓展延伸

这是新授课的第三个环节,直指学习方法和思维深度的进阶。在此环节,教师营造和谐宽松的氛围,引导学生大胆提问、质疑问难,同时,鼓励学生充分展开联想,拓展延伸,把对知识的理解向纵深推进。

图式学习的课堂教学,其目标绝不仅仅停留于知识的传播,还包括生成创造知识的探究过程,彰显出理性思维。当然,探究的过程离不开批判性思维。从心理学的角度来讲,思维的批判性就是指思维活动中善于严格地估计思维材料和精细地检查思维过程的智力品质。思维的批判性品质来自对思维活动各个环节、各个方面所进行的调整、校正的自我意识；这种批判性的思维品质在创造性活动和创造性思维的过程中是不可缺少的因素。质疑，是创新的基础。我们鼓励学生及时记录研究中的问题，对所学的知识联系生活或前后所学的知识展开联想，从而搭建知识体系。

近年来，我们一直站在儿童的角度去思考，去研究我们的课堂。随着研究的不断深入，我们的图式学习新授课看到了学生的巨大变化：爱表达、会合作；爱思考、会探究；爱提问、会联想，学科素养全面提升。

二、图式复习课学习流程

复习课是小学课堂教学重要课型之一，在小学教学中占有重要地位。复习课的任务首先是引导学生对知识进行归纳、整理与构建，并体现出知识间的联系、拓展和延伸，帮助学生构建知识体系。其次，复习课还要帮助学生查缺补漏，针对学生的疑难困惑重点解析，帮助学生扫清知识盲点、深度分析易错点，明晰知识理解。但是，以往的复习课教师常常是主角，从头到尾逐题讲解，尽管有师生对话，但教师霸占话语权，学生只是"听众"，学生学习的主体性得不到发挥，教师缺乏对典型试题和典型错误的深度挖掘、拓展，更忽视了学生的真实困难和个性需求。为了解决这一问题，充分发挥学生自主学习的能力，我们对图式学习复习课进行了改进，把它分为以下几个环节（图3-11）。

图式复习课
① 自主整理 构建体系
② 错例辨析 深化理解
③ 题组优练 思维延伸

图3-11 数学图式复习课教学流程图

（一）自主整理，构建体系

在复习课前，教师引导学生对某一单元或某一板块的知识，按照知识点间内在的联系进行梳理、归纳，搭建框架，把原本相对分散和比较凌乱的知识点串联成线、编织成网，绘制成一幅知识脉络图，形成对所学知识的"图式"认知，进而内化为较系统的知识框架图。这是儿童主动建构知识结构，并把新知和旧知自觉对比，纳入原有知识体系中，深化认知结构。

课堂上，教师引导学生围绕各自整理的"复习图"展开交流，学生在与同伴分享、切磋、比较的过程中，不断丰富、改进、优化自己的知识脉络图，并在这一过程中逐步意识到整理知识可以从知识的全面性、简洁性和知识之间的联系来考虑，既激发了学习的主动性，又培养了学生思考、归纳、总结的能力，更让他们在交流讨论中学会了尊重他人，提升了与人交往、团队合作的能力。在评价时，我们从不用所谓的最好的思维图来定义学生作品，也不用"这个好""那个一般"等语言来进行评价，因为那样做，只能扼杀学生的创造个性，把学生变成流水线上的产品。我们鼓励个性化的图式梳理，给每个学生创造成功的机会，使每个学生都能在自身基础上最大限度地发挥潜能，通过这样的方式，在促进个性化发展的同时，培养学生学会学习的能力，逐渐培养学生的终身学习观。例如：英语、数学课上学生都能用个性化的绘图对单元重点知识进行归纳复习，让抽象的语言点、知识点具象化、生动化、童趣化（图3-12）。

（二）错例辨析，深化理解

这一环节分为两个层次：(1) 单元复习课前，教师要求学生先对本单元中自己出现的错题进行整理，从中寻找出典型的错例，结合自己的理解对错误原因加以分析；或精选出自己觉得有价值、对小伙伴有启发的题目带入课堂，与他人分享。(2) 课堂上，通过小组合作和全班交流共享这些错误资源，教师引导学生对自己提供的错例进行交流、解读和矫正，相互提醒借鉴，诊断错误原因，在生生互动中扫清障碍，从而达到明晰概念、提炼思路、深化理解的目的。

我们这样的设计优点在于：学生课前梳理错题是一个主动学习的过程，是对本单元自己所完成的各类练习的一个主动回顾。即使自己没有错题的学生也会主动去思考哪些练习有价值，值得重点强调，这也是一个学习方式的潜移默化的渗透。学生的错误是一种教育资源，有一句谚语说得好：傻瓜缴学费学习，聪明人拿傻瓜缴的学费学习。借他人的错，养自己的正，那一定是聪明人。在我校的图式学习课堂上，学生能大方自信、从容分享自己的错例，并提出一些为避免这些错误的合理化的建议。当自己的分享能给别人带来帮助，并让他人受到启发时，他们能体会到成功的愉悦和深深的成就感，而这些恰恰是学生主动学习的动力。

（三）题组优练，思维延伸

在这个环节里，教师围绕单元学习的重难点精心设计一或两组有坡度、有层次的题组练习，引导学生在练习时通过对比、归纳、联想，达到对单元知识的深度理解，培养综合运用本单元知识的能力。教师设计的题组练习一般分为几个层次：(1) 与

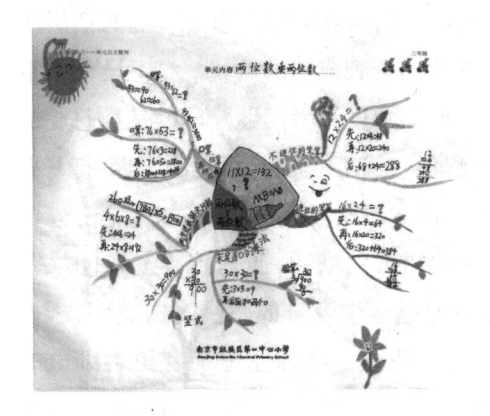

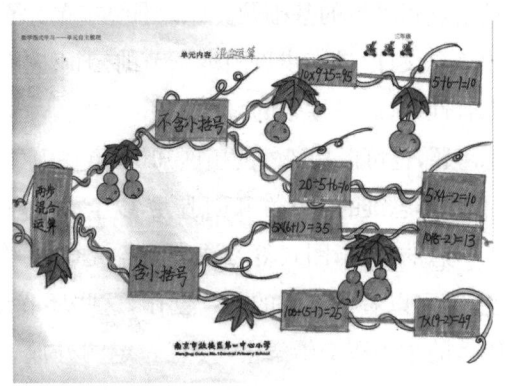

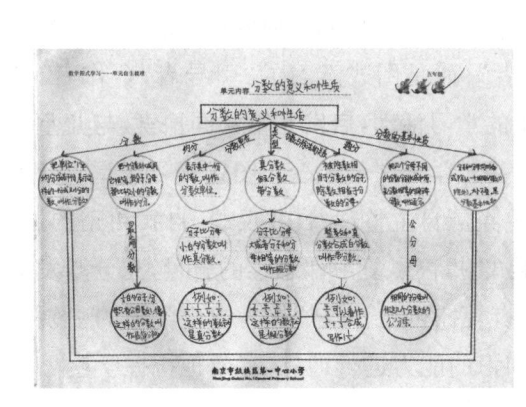

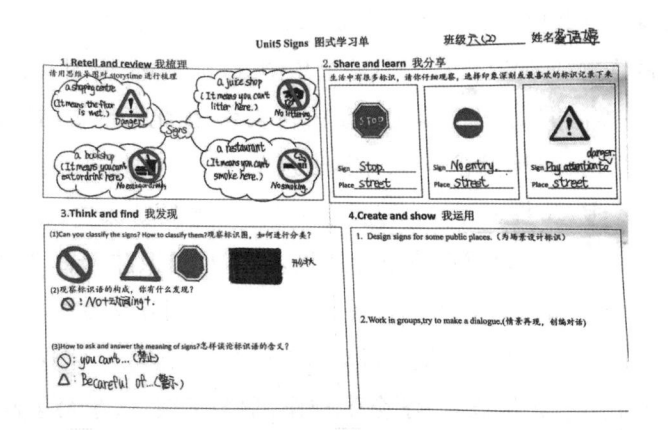

图 3-12　学生图式作品

易错点相平行的基础题。(2)围绕本单元重难点知识的辨析题。通过以上两个层次的练习设计,进一步巩固本章节的知识,并让学生体会到成功的愉悦。(3)设计一组综合性强、思考性强的习题。引导学生从多方面、多角度思考问题。可以是教材中的思考题,也可以是课外的拓展知识,意在为学生提供广阔的思维空间,开阔眼界,打开思路,培养思维的灵活性和创造性,以全面提高学生的学习能力和核心素养。

总的来说,图式复习课中无论是学生整理的知识网络图,还是精心选取的易错题,都可以看作学生的"微"创作,这些环节注重通过学生自身的感受来构建图式,把解读的主动权交给学生,具有一定的开放性,使全班学生在课堂上能有更为细微的感受,并根据每个人不同的经验,彼此启发、相互补充,使学生对所学知识的内涵不断丰富。我们坚持图式复习课,是让学生学会学习,形成学习意识,选择学习方法,调控自我评估,是寻求自主发展的有效途径。

图式复习课让我们看到了教师的转变:一是教学意识的改变。图式复习课改变了以往只重结果、不重过程的教学观。教师关注学生的全面发展、关注知识的同时,更关注人。教师不再是课堂的"领导者",而是图式学习的"引导者、合作者、参与者",他们以平等、尊重的态度参与学生的学习活动,启发儿童共同探索,与儿童一起感受成功与失败,分享发现和成果。二是教学方法的改变。图式复习课堂改变了传统复习课"讲+练"的模式,而是让学生经历自主整理、自我反思、自我纠正的过程,这种以多样性、开放性为主导的教学形式,提高了复习课思维的含量,充分激发了学生的创新精神,也让教师有方法可依、有规律可循。教师作为学生学习的引领者和设计者,能有意识地对学生自觉建构知识的能力进行训练,有效地把握学生思维训练的节奏。

图式复习课也让我们看到了学生的成长:其一,学生实践了"学习新方式"。儿童是图式学习的主角,儿童在图式复习课上想图式、画图式、用图式、说图式,自己创作、构建图式。一幅幅图式作品,既沟通了内在联系、优化了认知结构,更通过"自主梳理""错例辨析""对比归纳"等学习方式,促进儿童思维的发展,逐步形成具有普适性的学习新方式。其二,提升了"学习新能力"。儿童沉浸课堂,逐步形成了"带得走"的学习能力:每一个梳理图式的设计过程,需要对知识进行思考、梳理与个别化的认知建构,就形成一种主动学习的过程,当学生经过相互交流的共同学习之后,会形成有内驱力的改善与调整的愿望和行动,使学习更好地在个体身上完成。图式复习课堂,儿童深刻参与、积极投入,学会了合作、学会了表达、学会了倾听、学会了反思,最终"学会了学习"。其三,培养了"学习新素养"。图式复习课堂,儿童用图式的方式进行知识梳理,直观、形象、开放、多样的任务得以实现,儿童不断形成探索与创造的经历及体验，变得更爱思考、更加自信、更加阳光。儿童用数学的眼光观察现实世界，用数学的思维思考现实世界，用数学的语言表达现实世界。图式复习课，最终指向儿童数学素养的全面养成。

第三节　图式学习的工具开发

在日常教学中，"学习单"是一种非常普遍的支持儿童学会学习的工具。从使用时段、内容设置、学习方式、设计特点等不同角度出发，以各种不同形式被应用于小学教学中。有用以探测学情的"预习单"；有用以驱动学习进程的"任务单"；有用以引领问题思考的"探究单"；有用以复习巩固的"练习单"；等等。这些学习单或开放，或灵活，或具备一定的挑战性，通过小组交流、全班讨论、教师引导等，促使学生思维向更深处漫溯。

而在图式学习中，设计一份标准的、值得依赖的，能够指引学生课前自主学习，课上在小组内顺利开展合作交流、质疑反思、拓展联想的"学习单"是非常重要的。传统意义上的学习单自然无法满足图式学习开放的、富有挑战的需要，所以必然要做出一些改变。我们根据不同学科的特点设计了不同的学习单，下面以数学和语文学科为例。

一、学习单的设计

（一）数学图式新授课学习单

根据数学新授课的特点和学生知识水平、年龄特点的不同，我们设计了两份不同的学习单。其内容主要分为四个板块，每一板块都不是固定不变的，且可以根据学习内容的不同，选择其中的几个板块展开学习。1—3 年级分为：我探究、我总结、我提问、我联想（图3-13）。4—6 年级分为：自学与探究、归纳与总结、反思与提问、拓展与联想。

学习单的第一个板块通过教师设计一个开放的大问题，给予学生明晰的学习路径，学生结合所学，用自己擅长的方式，自主开展问题研究。教师可以提供一些学习素材（比如图形、计数器图、表格，等等），辅助学生展开探究。第二个板块引导学生用简洁的语言对之前探究的结果进行概括，表达自己的想法。这个结论可能不够完整、措辞不够准确，但经过课堂中的学习，学生会针对自己的结论有一个自我学习、自

让过程呈现 让思维可见 让学习发生

图式学习单　　班级（　　）　　姓名（　　）

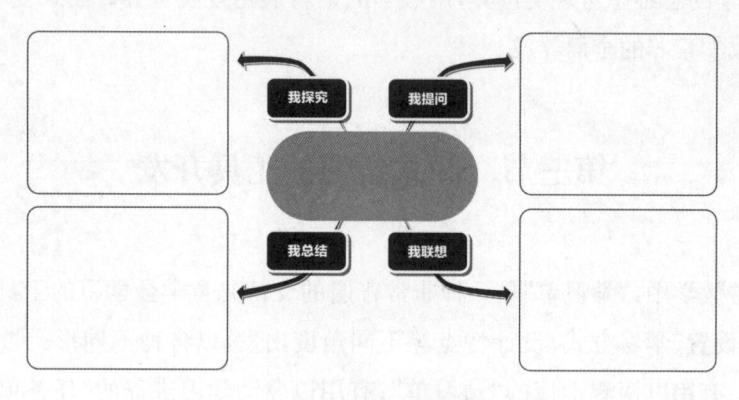

我探究　我提问

我总结　我联想

图 3-13　数学图式新授课学习单

我反思的过程,不同的学生都会有自己个性化的理解,会选用自己独特的方式去表达。

《义务教育数学课程标准(2011 年版)》中指出：学生独立发现问题和提出问题是培养创新精神的基础。问题是思维的起点,问题是创造的前提,问题是深度学习的开始。可见,提问力已成为新时代创新型人才必备的条件和基本技能。学习单的第三个板块,我们设计了"反思与提问"环节,鼓励学生记录下自己在研究过程中遇到的问题、产生的困惑,或不清楚不明白的地方,有目的地训练学生提问表达,有计划地教会学生提问方法,有阶段地递增学生提问本领。

第四个板块鼓励学生借助学习单中的"拓展与联想"环节,在完成学习单的过程中关注知识之间的联系和异同,在脑海中不断搜索知识链接,不断打破思维链接,不断重构网络链接。我们鼓励学生对前后知识的联系展开联想,鼓励学生对学习方法和策略展开联想,比如,在数学学习中学习"解决问题的策略中用到了什么策略",联想到还有什么策略,发现这一策略也可以解决什么样的问题,等等。

(二)语文图式阅读课学习单

我校的语文团队通过不断研究、调整,设计了语文阅读教学图式学习单,共分为四个板块：

自学与提问：尊重学生已有的学习基础,鼓励学生自主探索。

共学与交流：引导学生整体感知文本,梳理文章脉络。

展学与感悟：围绕重点问题,感悟语言,展开学习的旅程。

延学与运用：联想与延伸,进行拓展性学习与阅读指导。

例如,图 3-14 是执教二年级的《我是一只小虫子》老师设计的学习单。

图3-14 语文图式学习单

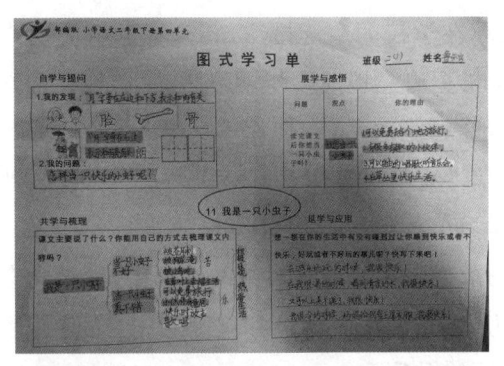

各学科图式学习单在学校的广泛推广,转变了学生被动的学习方式,在图式学习单的引导下,学生能够更有意识地参与学习活动,自主建构学科知识,在探究与合作中习得知识技能,提高思维水平,在使用图式学习单的过程中,激发兴趣,促进自主,学会质疑,建立自信。尤其对于注意力、理解力比较欠缺,性格内向,心理承受力比较差的儿童,图式学习单的使用能更好地帮助他们完成学习的过程,完成知识的建构,达到较好的学习效果。在完成学习单的过程中,学生学会了独立自主、挑战困难;锻炼了合作的能力,培养了团队精神和规则意识,懂得了理解与包容他人,学生的核心素养得到了全面的提升。

二、学习手册的设计

我们都知道,帮助学生形成学习方法、学会学习是课改的方向,图式学习的最大价值也正体现在这一点上。图式学习复习课上,教师引导学生绘制单元知识图,学生对单元知识自主梳理后自主完成,课上学生再以组内交流知识图的方式补充完善,这样的方式可以帮助学生逐步形成学习的方式与习惯,让他们学会用图形、图表、图像形象化地把纷杂的知识、抽象的思维呈现出来,用自己的方式,用主动思考和创意呈现,把学习变成一件有趣的事。

我们设计的图式复习学习单分为三大板块:我梳理、我提醒、我总结(图3-15)。

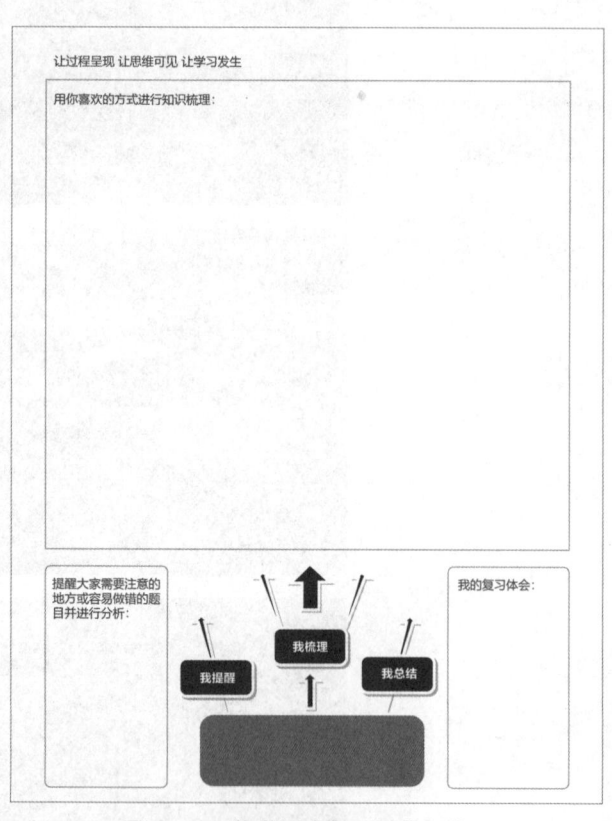

图3-15 数学图式复习课学习单

我梳理:此板块学生自主整理单元知识,通过梳理、分类、构建知识体系,绘制一幅完整、简洁、知识点全面、突出知识之间联系的网络图。

我提醒:图式复习课中所有练习均来源于学生的体验与分享。通过学生推荐经典易错题,并加以温馨提醒,让学生深刻体会到用图式分析,有助于分析问题、解决问题,引发学生的多元思路,进行智慧碰撞。

我总结:在自主梳理出知识框架与思维框架之后,学生可以谈一谈自己复习过程中的体会,这个体会既可以是对知识内化的再认识,也可以是思想方法的再提升,借此环节引导学生反思归纳,促进素养的提升。

我们让学生把绘制的单元学习单整理在"图式学习手册"里,像这样的"图式学习手册"(图 3-16),4—6 年级的学生人手一本,这些富有个性的图式是他们学习成长的过程,也是学习的助手和资料。图式学习支持下的学科学习通过课前儿童前置学习的知识图式,课上展开自主学习和合作学习的行为图式、形成知识结构的认知图式,课后进行学习整理和再现的思维图式,来完整地对儿童的学科素养进行辅导、训练、巩固、发展。图式学习,其中心是儿童,终点是儿童的学习发展,关注的就是学科的核心素养。

图 3-16 数学图式学习手册

第四节 图式学习的策略提炼

图式学习运用图式的方法,支持儿童自主学习、学会学习、创造性学习,实现学习方法、学习过程、学习效果的最优化的学习路径方法与课堂建构策略。学生可以在图式学习的过程中经历一个真正的、有效的学习过程,他们就可以通过自主学习,和同伴合作从而收获很多:表达变得更流畅,方法变得更多元,理解变得更清晰,思维变得更开放。在研究过程中,我们进行了仔细梳理,总结出了图式学习的策略。

一、图式记录法

根据小学生思维发展和年龄水平的特点,我们提出图式记录法,即用简洁易懂的符号、文字提纲挈领、简明扼要地把书本的主要内容及其知识记录下来。

这是道德与法治四年级下册《我们的衣食之源》一课中,学生运用图式记录法记录下的知识点(图3-17),既重点突出,又形象生动、富有童趣。

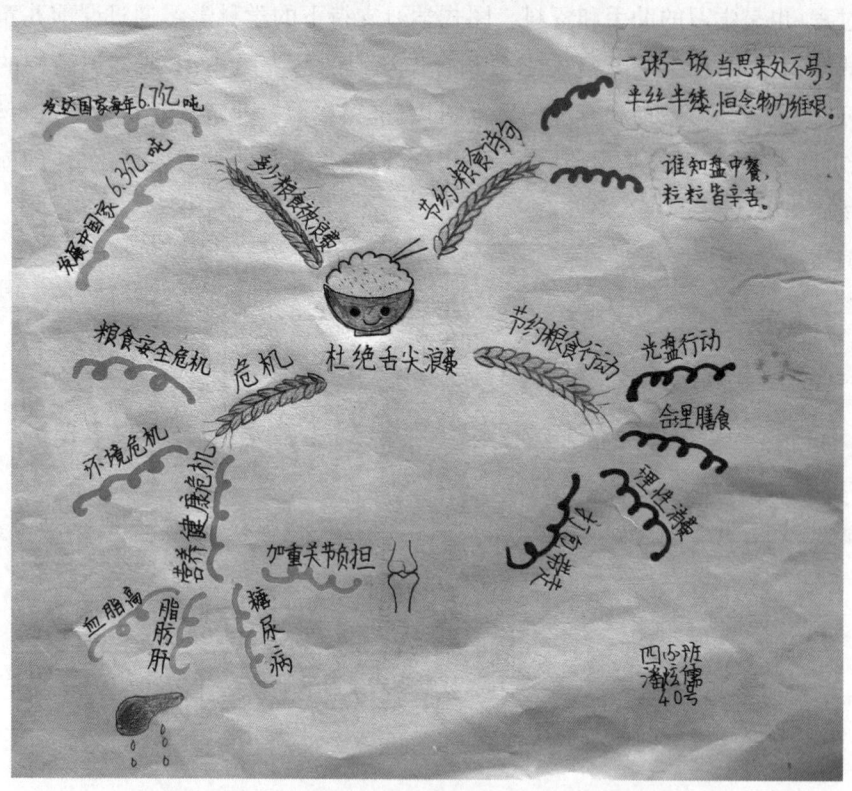

图3-17 道德与法治四年级下册《我们的衣食之源》

二、归纳联想法

建构主义理论认为:学生是信息加工的主体,是意义的主动建构者。在教学中,教师可以围绕某个知识点引导学生对所学知识进行一定的归纳和联想,从而促进学生主动建构更加开放、更加丰富的图式。比如:由绿色图片或图式联想到环保,联想到生命;由童谣中"麻屋子,红帐子,里面住着个白胖子"文字联想到花生的外形。再如：可以引导学生链接关联知识，展开归纳联想。在新旧知识生长链接上归纳联想，在不同知识方法链接上归纳联想，在类比知识异同链接上归纳联想。

给予学生一些归纳联想的方法指导（图3-18），如：

1. 知识A与知识B之间有什么联系？
2. 知识A与知识B有哪些相同，哪些不同？
3. A方法也适用于B吗？

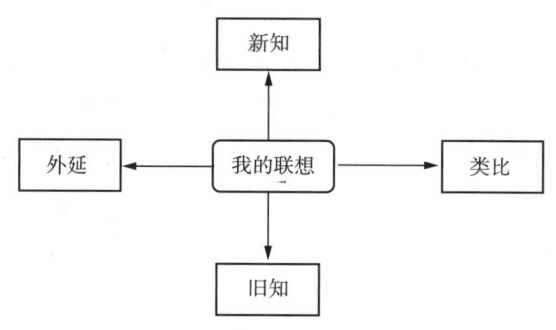

图3-18 "归纳联想法"思考图式

通过这样的归纳联想，能够促进学生积极主动地展开思考，从而对学习的知识进一步地拓展和提升，同时帮助学生逐步形成发散性思维，提高自主学习的能力。

三、反思质疑法

反思质疑是思考的起点，也是创新的开始。我们鼓励学生积极反思、大胆质疑，引导他们对学习过程和思考方式进行反思、批判、质疑。希望借此帮助学生对自己的学习更具有批判性、反思性和分析性，同时培养勇于挑战、不怕失败、乐于学习的积极的思维模式。

（一）提供反思质疑的路径

我们给学生提供一个反思质疑的路径，引导学生聚焦学习内容，从同伴的思路中、从方法的对比中、从知识的链接中打开思路，并由此展开充分讨论，在思维碰撞中丰富知识内涵、深化理解。我们设计了这样一个学习思路启示图（图3-19），帮助有困难的学生积极反思、大胆质疑。

（二）指明反思质疑的方向

紧扣这节课的学习目标，围绕本课的学习内容积极反思，提出质疑。围绕同伴

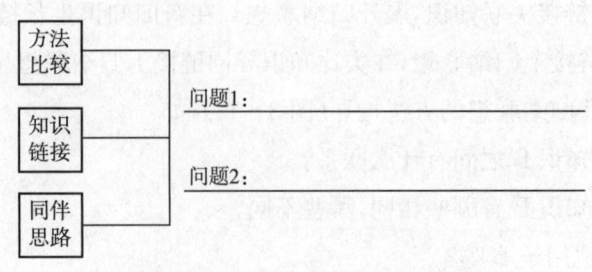

```
┌─ 方法比较
├─ 知识链接    问题1：_____
└─ 同伴思路    问题2：_____
```

图 3-19 "反思质疑法"思考图式

思路中与本节课重点知识相关的内容和疑惑展开反思，提出质疑。如：在聆听同伴的探究方法时，深入思考，结合自己的理解，提出自己的不解和疑问。从同伴的方法探究中，寻找他人的创新、借鉴之处，对比自己的方法，思考可以从哪些地方改进。

四、串点成线法

每一个知识、每一种解决问题的方法都不是孤立存在的，它们之间有着密切的联系。这之间时常有一根无形的"线"将它们串联起来，这根无形的"线"就是知识的联结点，要引导学生去发现。在图式学习过程中，引导学生关注知识之间的联系和区别，多做横向比较，在不同的方法链接上进行对比，找不同、找相同，揭示知识间最本质的联系。把零碎的知识点串联起来，帮助学生理清知识体系，这对知识的联系与构建，融会贯通、深化理解所学知识有一定的帮助。

每个同学用自己喜欢的方式来表述对概念、方法、法则的理解，虽然形式、图形、表述各自不同，但是其中必定在本质上有着关联。通过比较不同的方法异同，从而揭示知识本质间的联系。

在小学数学《小数加减法》这节课前，老师抛出任务："用你喜欢的方式计算小数2.75+1.4，把你计算思考的过程记录下来。可以写一写或画一画。"学生的各种方法纷纷产生，粗略地数一数，竟达十多种，仅"单位换算"这类方法，学生就各有不同，有的换算成米和分米、分米和厘米，也有换算成圆角或者角分的。儿童的学习起点、知识水平是有差异的，他们的视角不同，有繁有简，课堂上，我们引导学生在多种表达的基础上找联系、找异同，从而抽取出不同方法之间最本质的联系：相同计数单位才能相加减（图3-20）。在这样的训练和培养中，学生的认知不断迁移、增长、发散，对具体的学习内容而言，无论知识还是技能都不断丰富，对数学思维的发散性、广阔性和创新性更是有价值的促进。

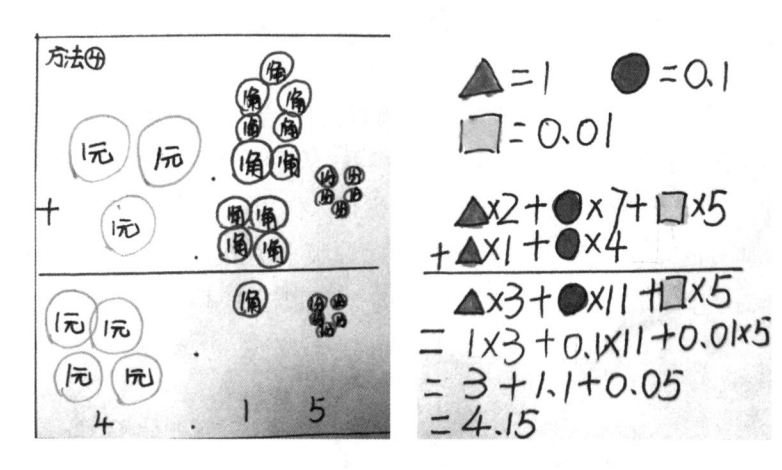

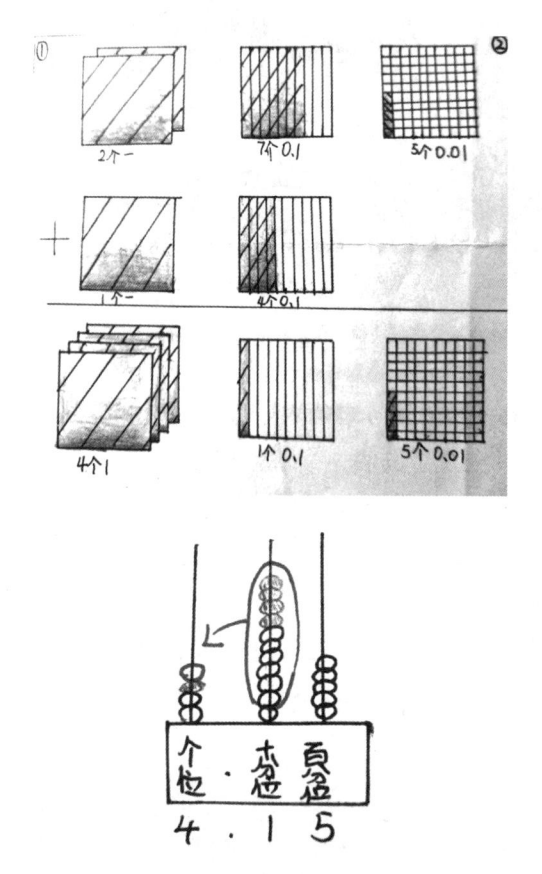

图 3-20 苏教版小学数学五年级上册《小数加减法》板书图

五、辐射聚合法

学生在接触一个新知识前,将已有生活经验或获取知识的方法向新知识辐射,不仅可以触类旁通,获取新的知识,还能聚合成知识规律。比如语文学科中学习说理性文章时,先让学生读课文,找出文章的中心句,然后寻找归纳证明中心的事例,从整体上形成课文脉络图式。仔细研读事例时,引导学生将说理性文章的事例与一般记叙文事例进行比较,进一步丰富图式内容。从而形成说理性文章的一般结构、写法特点的学习结构图式,对今后学习起到优化的作用。

例如:《真理诞生于一百个问号之后》是部编版小学语文六年级下册一篇精读课文,也是一篇议论文。学生根据辐射聚合法绘制了以下图式(图 3-21)。

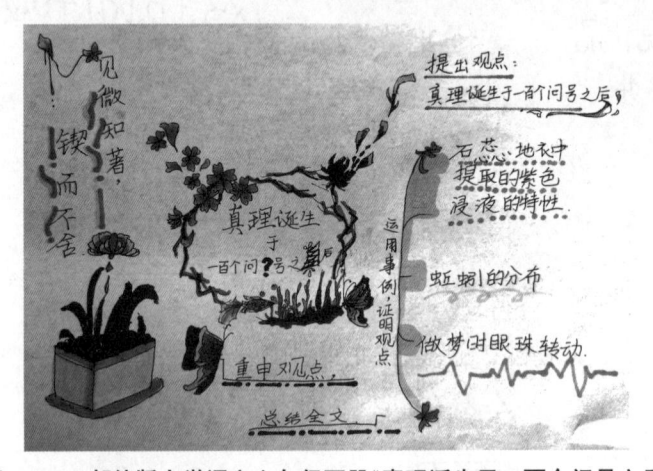

图 3-21　部编版小学语文六年级下册《真理诞生于一百个问号之后》

课题"真理诞生于一百个问号之后"也是课文的主要观点。从绘制的图中可以看出:全文结构清晰,首先观点鲜明——"真理诞生于一百个问号之后"本身就是"真理"。主体部分引用科学发展史上的三个有代表性的事例:谢皮罗教授从洗澡水的旋涡中发现问题,通过反复试验和研究,发现水的旋涡的旋转方向和地球的自转有关;德国地质学家魏格纳从蚯蚓的分布,推论地球上大陆与海洋的形成;奥地利医生从儿子做梦时眼珠转动这个现象,经过反复观察和分析,推断出凡睡者眼珠转动时都表示在做梦,论述了只要善于观察,不断发问,不断解决疑问,锲而不舍地追根求源,就能在现实生活中发现真理。

第 二 篇

执行主编 王　媛

编写人员 王　媛　张　珺　彭洁莉　周娟娟
　　　　　　张　帆　黄　燕　卢　山　陈　馥
　　　　　　孔令芳　唐　艳　吴若宇

第四章　语文图式学习现场叙事

学科核心素养是核心素养在特定学科(或学习领域)的具体化,是学生学习一门学科(或特定学习领域)之后所形成的、具有学科特点的成就(包括必备品格和关键能力),是学科育人价值的集中体现。学科核心素养是各门学科对核心素养的独特贡献,准确把握学科本质和学科特性是构建学科核心素养的前提。

第一节　核心素养导向的语文学习

一、语文教学问题诊断与分析

(一)学科知识的表层化

学科知识的表层化指的是:教师对学科教材和实际教学内容的理解缺乏应有的深度,教学游离于学科知识的内核之外。主要表现在:偏重知识的表层(符号),而不是知识的深层(本质);偏重知识的数量(容量),而不是知识的质量(内涵);偏重知识点,而不是知识的结构;偏重知识本身,而不是其蕴含的思想方法;偏重知识教学的进度,而不是知识教学的深度。李松林教授从专业的角度对此做了归纳和分析:"一是教师常常将知识的教学简单化地理解为符号形式的教学,而很少深入知识的逻辑根据、思维方法和深层意义的教学中去;二是教师常常将被狭隘理解的'双基'作为教学内容的核心,而对蕴含于'双基'背后的基本经验、基本方法、基本思想和基本价值等更富有教育内涵的学科内容要么排除在外,要么一带而过;三是教师常常将教材中的概念性知识(主要是概念、原理等)作为教材知识的全部,而很少认识到知识不但包括事实性知识、概念性知识、方法性知识和价值性知识四种类型,还涉及经验、概念、方法和价值四个水平;四是教师常常对教材中所谓的重点、难点和要点加以特别地关注,而对学科基本结构的把握明显不够。正是教师在学科理解上的这些不足和教学内容的粗浅、零散状况,直接降低了课堂教学的品质与深度,导致了粗浅、零散、繁杂和空洞四大突出的课堂学习问题。"

（二）学生思维的浅层化

学生思维的浅层化指的是:学生的思维没有真正启动,或没有达到应有的高度,简单地说,就是思维状态不佳。学生思维存在以下五种缺陷:

依赖性。书上怎么说,老师怎么讲,就怎么去思维,人云亦云,依葫芦画瓢,缺乏独立思考能力。不敢大胆质疑和推测,不会自己去发现问题、思考问题,更缺乏变通地分析问题和处理问题的能力,形成思维的封闭状态。

单一性。不善于全面地从事物的整体与局部、现象与本质、前因与后果、偶然与必然等诸多方面多层次、多角度地认识事物,处理问题。思路狭窄,思维简单,常常表现出孤立的线性思维,表现出思维的单一性、单向性和片面性,缺乏辩证思维和立体思维能力。多求同思维而少求异思维,多横向思维而少纵向思维。

无序性。不能将所学的知识进行顺应同化,建立自己的认知结构,不善于梳理自己所学的知识,呈无序散乱状态,构不成知识组块,织不成知识网络,理不清知识层次,建不起知识系统。

浅露性。思维表面化,缺乏应有的深度。往往知其一,不知其二;知其然,不知其所以然。阅读只流于表象的理解,思维达到语言层就浅尝辄止,不能深入意蕴层领会文章的真谛。

缓慢性。思维迟钝而不敏捷。阅读速度慢,不善于联想和想象,因而不能举一反三、触类旁通[1]。

（三）学科活动的碎片化

当前的小学语文教学活动呈现一种"碎片化"的状态,主要表现为:

教学内容的"碎片化"。教科书中承载着语文教学内容的课文以人文主题为线索,以主题单元的形式进行编排,同一单元内的课文体裁多样、章法各异,隐含在每篇课文中的语文教学内容没有内在的、直接的联系,课文与课文之间在语言学习方面缺少相互协同与相互作用,没有形成一个整体。

教学实施的"碎片化"。教师无法从语言学习角度准确地把握每一篇课文在整个教材体系中的位置、作用,以及与其他相关课文在语言学习方面的联系,孤立地教

---

[1] 王必成:《关于提高课堂教学效率的再思考》,《课程·教材·教法》1996年第2期。

学一篇篇课文,着眼于"一课一得",所教的内容也是教师"自生产"的,不同的教师教学同一篇课文,所教内容各不相同。

教学结果的"碎片化"。学生孤立地学习一篇篇课文,同一个单元内的几篇课文学习所得互不相关,一册教材中的二三十篇课文"一课一得",没有关联。零散的、碎片化的所得,没有建立起知识之间的联系,导致学生所学所得极易遗忘,难以通过归纳和概括发现语用规则、建构语言图式。

二、语文学科核心素养的内涵解读

学科核心素养＝学科＋核心素养。学科核心素养是核心素养在特定学科(或学习领域)的具体化,是学生学习一门学科(或特定学习领域)之后所形成的、具有学科特点的成就(包括必备品格和关键能力),是学科育人价值的集中体现。学科核心素养是各门学科对核心素养的独特贡献,准确把握学科本质和学科特性是构建学科核心素养的前提。

2017年,教育部发布了高中语文学科核心素养,从"语言建构与运用""思维发展与提升""审美鉴赏与创造""文化传承与理解"四个方面对学生的语文学科核心素养进行了界定。语文的学习是一个连续的过程,语文素养的养成也是一个知识、能力、情感态度等不断积蓄、统整的过程。语文教学应该淡化学段之间的界限,从小学到高中贯通培养学生的能力和素养。因此,小学语文也应当以高中语文最终培养的核心素养为目标。基于此,学科组沿袭了高中语文学科核心素养中关于"语言建构与运用""思维发展与提升""审美鉴赏与创造""文化传承与理解"四个方面的界定。[1]

当然,小学语文面对的对象是小学生。他们与高中生在学习需要、认知特点、能力状况等方面均有很大不同。因此,小学语文学科的核心素养必然会与高中语文学科的核心素养在水平上存在很大差异。所以,学科组对高中语文学科核心素养中"语言建构与运用""思维发展与提升""审美鉴赏与创造""文化传承与理解"的内涵界定进行了基于小学生学习需要和学习特点的调整。根据小学生的学习特点,学科组将"语言建构与运用"细化为积累与整合、语境与交流;将"思维发展与提升"细化为联想与想象、分析与判断、探究与发现;将"审美鉴赏与创造"细化为体验与感悟、理解与鉴赏;将"文化传承与理解"细化为积累与传承、经典阅读。[2]

---

[1] 李英杰:《基于学生发展核心素养的学业标准》,北京:北京师范大学出版社,2020年,第3页。
[2] 李英杰:《基于学生发展核心素养的学业标准》,北京:北京师范大学出版社,2020年,第4页。

语言建构与运用：语言建构与运用是指学生在丰富的语言实践中，通过主动的积累、梳理和整合，逐步掌握祖国语言文字特点及其运用规律，形成个体言语经验。发展在具体语言情境中正确有效地运用语言文字进行沟通的能力。它包括"积累与整合"、"情境与交流"两个内容。[①] 其中"积累与整合"主要指能积累较为丰富的语言材料和言语活动经验，具有良好的语感，能在已经积累的语言材料间建立起有机的联系，能将自己获得的语言材料整合成有结构的系统。例如，能正确识记、书写常用汉字，掌握朗读、默读等阅读方式，积累习作素材。"情境与交流"主要指能依据具体的语言情境有效地运用口头和书面语言与不同的对象交流沟通，能将具体的语言作品置于特定的交际情境和历史文化情境中理解、分析、评价；能通过梳理和整合，将自己获得的言语活动经验逐渐转化为富有个性的具体的语文学习方法和策略，并能在语言实践中自觉地运用。例如，具有口头表达和书面表达能力。

思维发展与提升：语言是思维的工具，是思想的直接表现。语言的发展与思维的发展相互依存、相辅相成。语文课程要注重激发学生的好奇心、求知欲，培养学生的想象力，鼓励学生综合运用多种思维方式，获得对语言和文学形象的直觉体验；要鼓励学生运用联想和想象丰富自己的感受与理解，通过观察、分析、归纳、推理、批判等形成自己对现实生活和历史文化的认识；要使学生能够有效地与人交流沟通，使自己的语言表达准确、生动、清晰，有较强的逻辑性。同时，语文课程还应鼓励学生通过学习语言文字，发展思维的深刻性、灵活性、敏捷性、批判性和独创性，提升学生的思维品质，提高学生发现、分析、解决问题的能力和语文综合应用能力。思维发展与提升包括"联想与想象""分析与判断""探究与发现"三个内容。[②] 其中"联想与想象"主要指培养想象力，通过联想和想象，获得对语言和文学形象的直觉体验，丰富自己的感受与理解，提升自己的思维品质。"分析与判断"主要指通过观察、分析、归纳、推理、批判等获得对语言和文学形象的认识，形成自己对现实生活和历史文化的认识，并能够有效地与人交流沟通，使自己的语言表达准确、生动、清晰，有较强的逻辑性。"探究与发现"主要指注重激发学生的好奇心、求知欲，使学生有主动探究的意识，提高学生发现问题、解决问题的能力和语文综合应用能力。

审美鉴赏与创造：审美鉴赏与创造是指学生在语文活动中体验、欣赏、评价、表现和创造美的能力及品质。语文活动是人形成审美体验、发展审美能力的重要途径。在语文学习中，学生通过阅读鉴赏优秀作品来品味语言艺术、体验丰富情感、激

---

① 王本华：《构建以核心素养为基础的阅读教学体系——谈统编语文教材的阅读教学理念和设计思路》，《课程·教材·教法》2017年第7期。
② 徐林祥、郑昀：《对语文核心素养四要素的再认识》，《语文建设》2017年第11期。

发审美想象、感受思想魅力、领悟人生哲理,并逐渐学会运用口头和书面语言来表现美、创造美,形成自觉的审美意识,培养健康向上的审美情趣和鉴赏品位。因此,审美鉴赏与创造是学生语文核心素养的重要组成部分,也是学生语文核心素养形成和发展的重要表征之一,它包括"体验与感悟""理解与鉴赏"两个内容。[1] 其中"体验与感悟"主要指学生具有在语文活动中,体验到语言文字及作品中所蕴含的美的能力。在语文学习中,学生通过阅读鉴赏优秀作品来品味语言艺术,体验丰富的情感。例如,具有整体感知、获取信息、形成解释等阅读能力。"理解与鉴赏"主要指在语文活动中,学生具有欣赏评价学习材料中所蕴含的美的能力;能够通过阅读鉴赏优秀作品来品味语言艺术,体验丰富情感,激发审美想象,感受思想魅力,领悟人生哲理。例如,能美观地书写汉字,具有做出评价的能力。

文化传承与理解:语言文字是人类最重要的交际工具和信息载体,是人类文化的重要组成部分。语文课程对继承和弘扬中华优秀传统文化、革命文化、社会主义先进文化,增强民族文化认同感,增强民族凝聚力和创造力,具有不可替代的优势。在语文课程中,学生接触到的古今中外的文学作品,不仅是学习语言的材料,也是具体而丰富的文化产品。义务教育阶段的语文课程,应使学生初步学会运用祖国语言文字进行交流沟通,热爱自己祖国的语言;学会主动选择和继承中华优秀传统文化,包容和借鉴不同民族、不同区域、不同国家的优秀文化,关注并积极参与当代文化的传播与交流,提高文化自信,增强文化自觉。文化传承与理解包括"积累与传承""经典阅读"两个内容。[2] 其中"积累与传承"主要指学会主动选择和继承中华优秀传统文化,能积累词语、成语、歇后语、名言警句等语言材料,能积累优秀诗文,提高思想文化修养,促进自身精神成长。"经典阅读"主要指能阅读古今中外经典文学作品,热爱自己祖国的语言,提高文化自信,增强文化自觉。

三、图式学习促进语文学科素养发展的策略

(一)进行图式比较联结,助力语言建构运用

传统观念中,我们总认为一个人语文能力的形成无非就是"知识—能力"的直线过程,只要学生学了知识,就一定会转化为能力。其实,语言能力的提升要经历先"举三反一"后"举一反三"的过程。学生从最初在书本上接触知识到最终完全内化、

---

[1] 郑新丽:《语文核心素养的内涵、特征及培养策略》,《教学与管理》2017年第8期。
[2] 李英杰:《基于学生发展核心素养的学业标准》,北京:北京师范大学出版社,2020年,第4页。

变成自己的语文能力,即"知识—感知—体悟—练习(积累、运用)—能力",需要循序渐进,并非一蹴而就。这中间环节的反复历练、不断巩固、优选内化,就是"举三",最终实现语言图式的构建和丰富,才是"反一"。而学生一旦具备一定的语言图式,"举一反三"自然水到渠成,自如得体地说话写文也就顺理成章。[①] 这可从众多的写作高手身上得到有力的印证。一个熟练的写作者,往往可以快速选择、准确运用合宜得体的表达方式和语言材料,以表达独特的内心情感和生活体验,这是因为他有一个完善的写作结构,对所要表达的人、事、物能自觉地运用其结构。这个完善的写作结构,就是心理学家所说的"言语图式"。语言教学不能停留在对语言知识的了解上,也不能满足于对语言结构的认识上,而应该着力于语言功能的教学,让学生在一个个语言实践活动中形成言语图式,运用图式去实现语交际功能、规律的领悟和掌握。教学时,不妨运用多种教学手法,形成言语图式,领略独具特色、异彩纷呈的语言表达功能。

1. 品读比较

统编版五年级上册《鸟的天堂》一文中这样写鸟:

> "我们继续拍掌,树上就变得热闹了,到处都是鸟声,到处都是鸟影。大的,小的,花的,黑的,有的站在树枝上叫,有的飞起来,有的在扑翅膀。"
>
> ——《鸟的天堂》

读着读着,学生眼前仿佛出现了幅热闹欢腾、多姿多彩的百鸟争鸣、群鸟纷飞的迷人画面。而一琢磨文字,学生很快发现这段话的独特之处:短语与长句间杂,对仗与排比交错,用词的活泼、节奏的灵动将鸟儿欢快跳跃的生动场景描绘得栩栩如生,也把作者对鸟的天堂的喜爱、赞美之情表达得淋漓尽致。老师把这句话改成长句子,让学生读读看是什么感觉,学生说句子长了,节奏就显得慢了,没有了原句的跳跃感、灵动感、欢快感,从中学生体会到只有形成这样的言语图式——短语与长句间杂、对仗与排比交错、用词活泼、节奏灵动才能够体现出语言"欢快跳跃"的表达功能。

2. 增删比较

统编版六年级上册课文《为人民服务》中写道:

> "因为我们是为人民服务的,所以,我们如果有缺点,就不怕别人批评指出。不管是什么人,谁向我们指出都行。只要你说得对,我们就改正。你说的办法对人民有好处,我们就照你的办。"

---

① 刘仁增:《小学语文统编教材的语用解读》,福州:福建教育出版社,2020年,第35页。

寥寥数句,一句连着一句,缺一句都不行,讲得既不空洞,也无漏洞,可谓是逻辑严密,严丝合缝,这都源于以下关联词的连续使用。

> "因为……所以……""不管……都……"
> "如果……就……""只要……就……"

如果抽去这些关联词又会是什么样的情形?学生再读,发现句子变得语言结构零散,前言不搭后语,语气不顺,语脉不畅。通过品读比较,学生就会形成这样的关于演讲词的言语图式——演讲词中用上一系列关联词,能使整个演讲环环相扣,一气呵成,观点鲜明,论证有力,态度坚定,充满气势,富有极强的说服力和感染力。于是,学生就能够轻松习得这样的语言结构所独有的"严谨缜密"的表达功能。

3. 互文比较

统编版四年级下册第四单元是动物主题单元,有三篇课文:《白鹅》《猫》和《母鸡》。单元主题要素是体会如何有感情地描写动物,我们可以采用互文的方法去习得相关的言语图式,了解相关语言独特的表达功能。课文《白鹅》对动物的描写主要采用拟人手法,赋予白鹅和狗以人的行为表现,生动再现了白鹅吃饭的古板与严谨,狗偷吃鹅食时的贪婪与得意,鹅气得"昂首大叫,似乎责备人们供养不周"的有趣场景,令人忍俊不禁、开怀大笑。拟人写法和正话反说的语言特点,鲜明表现出其"诙谐幽默"的表达功能。课文《猫》则语言平白如话,"说它……吧""它若是……啊"的遣词用句,"吧""呀"的巧妙点缀,"要不怎么会一天一夜不回家呢"的委婉口吻,给文章平添了许多亲切、平和的生活气息,让人觉得这哪是在写文章,分明就是在跟你唠嗑、聊家常,话里话外满是怜爱与欢喜,这样的叙述风格和语言形式恰如好处地凸显了"聊天亲切交谈"的表达功能。如果把这两篇课文结合起来阅读,学生就能形成生动描写动物的言语图式(如图 4-1)——拟人写法、正话反说、亲切交谈式语言无不可用,学生对两篇文章的语言特色和表达功能就能一目了然。

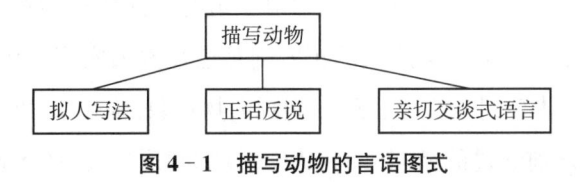

图 4-1 描写动物的言语图式

4. 同质联结

同质是指语言形式、类型、性质、作用一样的言语材料。借助几个同质的材料,让学生在比较、辨析中发现这类语言现象的表达规律,然后再创设练写、练说、练读的语用情境,从而达到"举三反一"的目的[①]。比如《花的勇气》从颜色、数量、形态三个方面描写看到的花。

> "我用手拨开草一看,原来青草下边藏着满满一层小花,白的、黄的、紫的;纯洁、娇小、鲜亮;这么多、这么密、这么辽阔!它们比青草只矮几厘米,躲在草下边,好像只要一使劲儿,就会齐刷刷地冒出来……"

这种写法其实具有普遍性,描写许多事物都可以用到它。为了让学生对这种写法有个明晰的了解和把握,就不能固守这一个例子,而必须适当拓展。所以,学完了写花的语句,明晰了这段的语言结构后,再引进已读过的《鸟的天堂》的相关语句:

> "树上就变得热闹了,到处都是鸟声,到处都是鸟影。大的、小的、花的、黑的,有的站在树枝上叫,有的飞起来,有的在扑翅膀。"

通过新知和旧知的比较,从而揭示语言现象的本质(多角度表现事物),再安排迁移运用:

> "一进门,我就被满满的一缸鱼吸引了,有_____的、_____的、_____、_____;这么_____、这么_____、这么_____!"

在一次一次的亲身实践中,学生自然拓展了认识,明白了原来这种写法可以适用于所有事物的描写。于是,这个写作知识就形成了"知识集成块",成为学生的言语图式保留下来,以后一旦需要,就会激活它,并灵活调遣和运用。

5. 异质联结

汉语之所以异彩纷呈、美不胜收,就在于它的丰富性与多样性。相同的表达意图、语言功能,可以有不一样的表达形式和语言组合。同质式的拓展、叠加是为了促进言语图式的同化和建构,而异质式的拓展则是通过叠加实现言语图式的顺应和丰富[②]。比如,当学生体会到"同语反复"在刻画人物形象、强化文章情感等方面的独特作用后,引导联系之前学过的相同语例,从中发现"同语反复"的不同形态:既有词语反复(古诗《江南》中的"鱼戏莲叶东,鱼戏莲叶西。"),也有句子反复(《小英雄雨来》

---

① 刘仁增:《小学语文统编教材的语用解读》,福州:福建教育出版社,2020年,第35页。
② 刘仁增:《小学语文统编教材的语用解读》,福州:福建教育出版社,2020年,第35页。

中反复出现的"我们是中国人,我们爱自己的祖国。");既有连续反复(《画家和牧童》的句子"画得太像了,画得太像了,这真是绝妙之作!"),也有间隔反复(《慈母情深》的"母亲说完,立刻又坐了下去,立刻又弯曲了背,立刻又将头俯在缝纫机板上了,立刻又陷入了忙碌……")。这样,学生不仅了解了"同语反复"(图4-2)的共性特点,建构了相关的言语图式,而且把握了其多样的表现形式和语言结构,从而为今后的灵活运用奠定了坚实的基础。

图4-2 语文同语反复的言语图式

(二)搭建图式学习支架,促进思维深化发展

思维主要指抽象概括与逻辑分析的一种认知过程、方法或能力,它是学生接受知识、发现知识和建构知识的基本前提。学科认识活动的核心是学科思维,其认识过程本质上是一种学科学习的思维过程,是学科特有的理解问题和分析问题的思维方式,使学生像学科专家一样深入思考问题。首先,就学科知识本身而言,它是思维的产物、智慧的结晶。其次,就学生认识活动而言,它主要是学生自主阅读、独立思考的过程。苏霍姆林斯基认为,所谓真正地拥有知识,就是对知识有深刻的理解并且经过多次反复思考[1]。孔子也说过"学而不思则罔"。所以说,学习过程必定是思考的过程。现代教育心理学研究指出,学生的学习过程和科学家的探索过程在本质上是一样的,都是一个发现问题、分析问题和解决问题的过程[2]。再次,学科思维是体现学科性质和特点的思维活动。它既不是静态的学科知识与技能,也不是某剂解决问题的简单"处方",而是探寻思考、解决和评价学科问题的有效方法的思维方式或模式。它植根于学科内容之中,是学科的灵魂。

而如今大量以教为主的设计,目标指向知识的"记忆、理解、应用",徘徊在低认知层次,导致碎片、零散的知识分散学习注意力,陷入重复劳作,学生参与度、发展度不够。只有把教师"填鸭"式的教转化为学生自己和同伴的"学",亦即自我建构,深度学习才会发生,高阶思维(分析、评价和创造)才能出现。

---

[1] 苏霍姆林斯基:《给教师的建议》,杜殿坤译,北京:教育科学出版社,2016年,第46页。
[2] 汪潮:《语文学理——语文学习的心理学原理》,杭州:浙江大学出版社,2013年,第78页。

以图式支架为载体的语文学习活动能够有效地促进学生在学习中积极建构,融会贯通,发展语言思维①。其有三点应用原则:遵循语文要素横向分布、纵向递增、回环往复的原则,设计时既凸显训练重点又兼顾整体发展;语言习得的规律更多是从反复操练的技能中归结经验,图式支架要有利于发展关键能力的层级延伸,注重能力的螺旋递增、融会贯通;图式支架的应用在于引导学生暴露隐性思维,外显学习方式,便于组织语言、表达语言,故要体现语言学用的训练坡度,进阶设计、拾级而上,有思维生长的弹性空间。同时,呈现方式要简洁直观,聚焦核心问题,如思维图、学习单、图表、学习工具、视频等,都可成为思维发生发展的铺垫、联结、引桥、延伸、统合的学习支架②。

　　目前,全国各地有很多名特优教师也致力于研究提升学生思维素养的教学新样态,这些教学新样态与图式学习有很多类似之处,都是基于心理学理论和学生的语文学理所提出。例如,江苏小学语文名师薛法根倡导"组块教学",他认为,语文学习过程是个体心理"相似块"(贮存在大脑中的信息单位)重组、整合的过程,语文学习的每一个阶段都离不开"组块"(将零散的信息单位整合成意义更大的信息单位)的心理活动③。于是,他把教学重心从语文的思想内容转移到语文能力的发展上,将零散的教学内容进行整合,设计成有序的实践板块,引导儿童通过选择性学习和自主性建构,获得言语智能的充分发展和语文素养的提升。学习必须经历探索未知、解决问题的过程,学生要与真实的任务情境持续互动,真思考、真去做,真遇到困难、真解决问题、真锻炼意志品质,以此真正实现学科核心素养的发展。语言是思维的外壳,思维缜密,则语言清晰;思维灵动,则语言丰富。如何让内隐的思维方式外显,帮助学生将分散、杂乱、模糊、浅显的感知统合向深度认知推进,这恰恰是教的痛点,更是学的难点。如,统编教材六年级上册第四单元是小说单元,其中三篇课文《桥》《穷人》《在柏林》都属于现实主义微型小说,教学时教师从小说三要素入手创设形式图式,帮助学生有效提高阅读速度,增强对小说文本的理解。课前,教师对学生进行预习指导并引导他们做好课前小研究,查找相关资料,制作思维导图。课堂中,师生首先交流对小说文体的初步认识,然后教师指导学生在讨论中不断调整自我认知图式,进而形成形式图式(图4-3),初步感受微型小说的文体特征。

---

① 王学金:《图式优学:支持儿童学习的课堂建构》,南京:南京大学出版社,2016年,第56页。
② 周璐:《进阶式学习支架:优化语文学习活动的实践方略》,《小学教学设计》2020年第6期。
③ 余文森:《核心素养导向的课堂教学》,上海:上海教育出版社,2017年,第18页。

定义	以塑造人物形象为中心,通过故事情节的叙述和环境的描写来反映社会生活的一种文学体裁	
要素	环境	社会、家庭、自然环境
	人物	身份、个性……
	情节	开端、发展、高潮、结局

图 4-3　微型小说形式图式

小说作品的整体风格、语言表达方式符合主题表达的需要,但对于学生来说理解起来有难度。因此,教学中,教师可以创设小说语言图式,指导学生在读懂课文主旨后进一步发现小说语言表达的独特之处。如《在柏林》有着这样的结尾:"车厢里一片寂静,静得可怕。"教学中,教师引导学生默读静思相关小说情节,然后结合前文的语境说说自己的理解,进行分享发现。学生深刻理解小说主题的同时,积累语言,体会小说个性化的语言表达特点,构建小说阅读的语言图式(图4-4)。这样的语言图式有利于促进学生在阅读实践中主动建构小说阅读图式,帮助其逐渐获得阅读小说的上位经验,激发兴趣,发展思维,提高阅读能力。

组成	叙述语言、人物语言	
特点	个性化	陌生化	语境原则
	细节形象、运用修辞……		富含潜在含义

图 4-4　微型小说语言图式

我们可以清晰地看到,思维导图呈现化教为学的活动设计思路。很显然,阅读教学的过程中的图式,其作用在于提供系统化、流程化、方法化的帮助与指导,使学生比较有效地完成知识的学习和建构,并逐渐形成图式的学习方法与思维方式。在阅读教学过程中,教师应注意归类和整合文本信息,在进行零碎信息的收集整理后,分门别类地按照一定的内部顺序和逻辑关系进行整合,不断拓宽图式信息,完善图式结构体系。在阅读教学过程中,教师可以通过目标引导,帮助学生收集、分离和整合意思相近或相同的文本,使相关图式得到有效发展和迁移。语言图式较为分散地包含于语文文本中,通过分类与整合,使学生封闭的、零碎的图式认知结构呈现系统化发展,并最终形成较为完善的图式体系,不断提高学生的阅读能力。

(三)创新图式主题开发,培植审美文化意趣

语言本身就是一种文化事象,语文审美是针对言语作品的审美,它与艺术具有

媒质不同的分工关系。就欣赏方面,语文教学应当既强调文本的思想性,也要关注文本的语言美;就表达方面,语文教学应当既强调真情实感的表达,也要关注用优美的语词营造令人愉悦的意境。语文学科在促进学生审美意识和文化素质的发展上有着独特的内涵和意蕴。《义务教育语文课程标准(2011年版)》在课程性质中强调要吸收古今中外优秀文化。自2016年秋季始,在逐年推出的统编小学语文教材中,"审美"和"文化"更是成为其特点和亮点之一。

根据图式理论,儿童在阅读过程中首先在图式里接收信息,从而引起下一级的图式活动,这些下一级的图式又可能激发上一级的图式活动。与此同时,在上一级的图式的驱动下,又可把下一级尚未被激活的图式也激活起来,去完成对文章含义的揣摩和对文章意义的再建构。所以,我们可以对于学习资源进行整合,运用图式对相关主题进行创新开发,如识字教学主题、古诗词主题等。借助图式建构的延展性,创新促进小学生头脑中同类相关图式建构过程,并激发相关图式的活跃,参与到主题建构过程中,通过品味语言艺术,激发审美想象,感受思想魅力,领悟人生哲理[1]。

识字和写字是阅读和写作的基础,同时也是发展学生书面语言运用能力的必经之路。另外,汉字作为一种象征符号,它本身也是一种审美元素,具有丰富的审美意象和广阔的审美空间。在语文教学中,教师可创设"字族图式",按照字音、字形、字义,将一组汉字整合在一起,引导学生用某一个"母体字"进行类推,尝试理解更多的"子体字"。这样能让学生在短时间内掌握大量的汉字,同时也能促使学生在辨析中提升思维能力,在迁移记忆中提高汉字学习的效率。感受汉字各个组成部分的相互配合,进而生成审美体验。

例如,《树之歌》中有不少树名,它们都带有木字旁。教师在教学时可以运用"字族图式",引导学生将带有"木字旁"的汉字都找出来,看看它们有什么特点。学生分别找出了"杨、榕、梧、桐、枫、松、柏"等字,然后发现它们都是形声字。此时有学生找出了例外:"'树'并不是形声字,它的旁边是一个'对'。"此时教师可给学生介绍"树"的繁体字,让学生了解"树"的繁体字有"尌"这样一个声旁,它依然是形声字。这样学生就能认识到:原来在分析汉字形体的时候要考虑到繁体字和简体字的区别,如果能用繁体字来分析的话,可能会分析得更准确。教师可以再引导学生以其中的某个汉字为基础,尝试将形旁换掉,并对比辨析,看看能组成什么汉字。如有学生找到了"伯、泊"等汉字,和"柏"进行对比,探究其在音、形、义上的区别。学生发现这些字

---

[1] 王学金:《图式优学:支持儿童学习的课堂建构》,南京:南京大学出版社,2016年,第58页。

的字音都相近，但又有细微差别，字义则千差万别，视形旁而定。这样就促使学生拓展迁移，学到了不少相关联的形声字，进一步提升了识字效果。字族识字能让学生认识同类汉字，同时也能引导学生区分形近字。在学习的时候，学生可以自主运用"字族图式"，通过比较辨析的方法，找到一组汉字的异同点，增强对汉字文化的兴趣。

第二节　阅读图式学习现场叙事

《宝葫芦的秘密》是一篇阅读课文，其核心价值围绕"读故事感受作品形象，按自己的想法新编故事"展开，指向"理解、感受、鉴赏、创造"等关键能力运用和语文素养的提升。学生学习这篇阅读课文难点在于如何在已知情节基础上根据内容编织新的情节，涉及独立构篇知识，需要借助图式情节支架还原叙事结构，依托情节图展开思考过程。因此，图式的嵌入是化解认知难点、优化思维结构、支撑故事完整创编和续写的学习支架。

上课伊始，学生首先需要清晰感知课文内容，教师出示了情节梳理图（图4-5）。

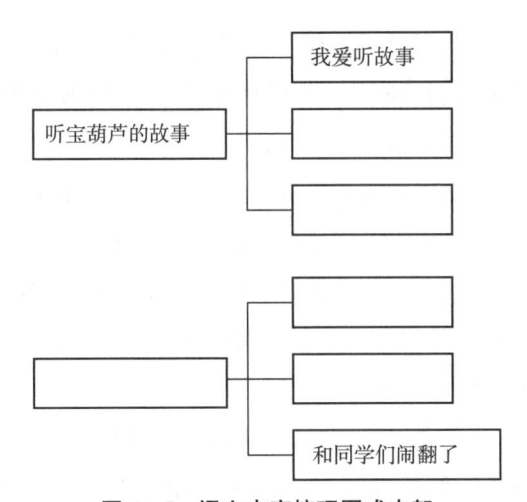

默读课文，完成下面思维导图

图4-5　课文内容梳理图式支架

学生立刻投入到课本文字中去按图索骥。"第一部分听故事先写了我爱听故事，然后写了奶奶给我洗脚剪指甲，最后写了奶奶给我讲故事。"机灵的小姑娘思齐首先举手说道。"第二部分写我想要宝葫芦，先写了做算术题，再写了我要向日葵，然后写了我和同学闹翻了。"瑞林同学当仁不让，一股脑把自己梳理的情节都说了出来。"你们都是小能人,借助图表,你们梳理的故事情节非常有条理,值得我们学习。"对于四年级学生来说,概括课文主要内容是一个难点,需要持续突破。利用图式能够帮助学生厘清课文的整体脉络,提升学生言语思维的条理性和逻辑性。

了解了课文梗概,接下来学生就需要深入文本,感受故事奇妙了。教师设计了图式学习单(图4-6),希望以学习单为支架引导学生自主学习,发现童话故事想象丰富的秘密,为创编故事做好铺垫。"王葆听奶奶讲宝葫芦的故事,一直听到十来岁。虽然奶奶每次讲的都是宝葫芦的故事,每个故事却又都不一样。请大家默读课文第17—19自然段,结合表格梳理奶奶讲的故事。"教师提出学习要求,学生们立刻按要求开始了小组学习,借助情节提取支架在文中找寻梳理信息,思考情节的共同之处,然后进行集体交流,交流的气氛紧张又融洽。

人物	情节	共同之处
张三	远足旅行,游到龙宫。	

图4-6 故事情节提取图式支架

不一会儿,大家基本上完成了讨论,"张三对应的情节是撞见神仙;李四远足旅行,游到龙宫;王五肯让奶奶换衣服;赵六掘地。""我觉得情节的共同之处在于结局都是幸福的,他们要什么有什么。""对照表格,你们有什么发现呢?"我顺势启发大家继续思考下去。"我们的发现是情节丰富,故事奇妙,人物形象各不相同但是结局却相同……"教师即刻板书:"情节丰富,故事奇妙"。像这样,有了学习单的辅助,原本零散的情节被整合在一起,大家发现了奶奶讲述故事的秘密:每一次主人公不同、情节不同但结局都很幸福。图式学习单用直观可视的思维方式引领着学生自主学习,形成创编故事的言语支架。

最后,学生需要当堂完成创编故事,教师以"链接旧知"为工具,进一步帮助学生回顾童话故事情节奇妙的构段方式,为创编故事提供脚手架。"三年级上册就有一个童话单元,《在牛肚子里旅行》《卖火柴的小女孩》这两篇童话故事的情节有什么奇妙之处呢?""《在牛肚子里旅行》主人公经历了遇险、历险、脱险三个重要情节。"心明眼亮的小英率先举手说道。"我知道,《卖火柴的小女孩》总是反复出现擦火柴的情节,擦了一根,有了温暖明亮;再擦一根,有了圣诞树;再擦一根,奶奶来了;再擦一根,她就在光明和快乐中飞走了。"旁边的晨熙也受到了启发,不假思索地答道。"没错,第一篇属于'一波三折型'的情节链,第二篇属于'反复型'情节链,就像这两幅图式一样。"教师出示了情节链类型图组(图4-7、图4-8)。

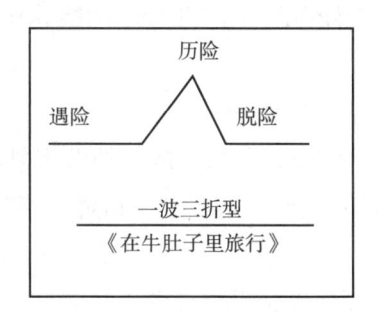

```
        历险
       /\
      /  \
 遇险/    \脱险
_____
    一波三折型
   《在牛肚子里旅行》
```

```
擦燃一根火柴,有了温暖明亮;
又擦着一根火柴,有了圣诞树;
又擦着一根火柴,奶奶来了;
擦着一把火柴,在光明和快乐中飞走了。
反复型
《卖火柴的小女孩》
```

图4-7 波折型情节图式支架　　图4-8 反复型情节图式支架

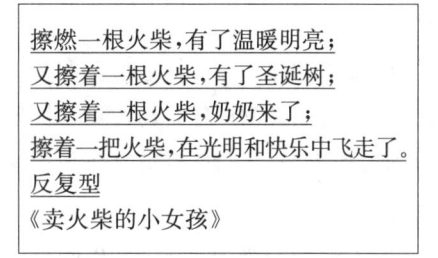

眼看学生受到了旧知的启发,教师又继续进行拓展:"《渔夫和金鱼》这个课外童话故事大家都很熟悉,它的情节有什么奇妙之处呢?""渔夫的妻子一次又一次地要东西。""都要了哪些东西?""要了木盆,要了木房子,要当贵妇人,要做女皇,要做海上女霸王。要的东西越来越高级。""所以可以绘制这样的情节链图,请看屏幕!"我适时出示了"阶梯型"情节链图(图4-9)。

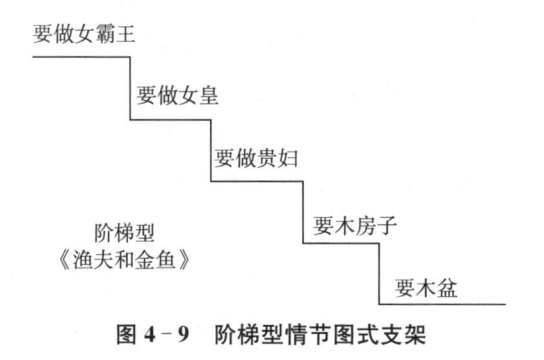

```
要做女霸王
    |____
        要做女皇
            |____
                要做贵妇
                    |____
阶梯型                  要木房子
《渔夫和金鱼》                 |____
                                要木盆
```

图4-9 阶梯型情节图式支架

"你们看,这些情节图可以帮助我们打开思维,展开奇思妙想,编写出'想象丰富,情节奇妙'的故事。"

"再看看奶奶讲的三个'宝葫芦的故事',你觉得如果选择一个人物,按照王葆这样的回忆,还需要加入哪些情节内容,这个童话故事才吸引人呢?"教师出示创编要求和评价要求,孩子们随即开始分小组自由创编起故事来。然后孩子们开始争相推荐"好故事",班级"金葫芦奖故事大会"开赛啦!

"北风呼呼地吹着,天气越来越冷。快到过年了,家家户户都张灯结彩。赵六想给自己的母亲买件过年穿的新棉袄,可是他家很穷,连件普通的布衣都买不起,于是赵六决定去找一份临时工为母亲添件新棉袄⋯⋯"

"这天,赵六在地里干活,举起锄头忙活了好一上午,腰弯得没法直起来。肚子咕咕叫了好久,赵六都没空管它。'任它叫去,我的活还没干完呢!'赵六自言自语道。家里人送饭来喽!赵六揭开白布,这么一看,还是一个硬得跟石头似的馒头和井水……"

……

孩子们文思如泉,一个个奇妙有趣的故事精彩纷呈……

由此,"链接旧知"作为工具,进一步帮助学生回顾了童话故事情节奇妙的构段方式,为创编故事提供了脚手架,"金葫芦奖故事大会"营造了学习情境,为创编故事激发了学习动力。

纵观学生整堂课学习的过程,我们可以清晰地看到思维导图以简洁完整的图式绘制了一张由繁到简的教学地图,呈现化教为学的活动设计思路。学生依据图式清晰感知课文内容,继而发现奶奶讲述故事的秘密,最后挑选其中一个人物一个故事加入情节内容,借助情节支架有条理地讲述前因后果。很显然,图式的运用呈现出直观可视的思维方式,形成阅读课上读后创编的言语支架,帮助学生梳理记忆,刻画规整的言语图式,增强言语表达的逻辑张力。同时,又促进学生领悟从整体到局部、从人物到事件、从框架到细节、从原型启发到情节依托是创造故事的内在机理,并自然转化为策略性知识桥接到略读课文与习作中巩固运用。图式在阅读课中的运用,能够有效地把教师"填鸭式"的教转化为学生自己和同伴的"学",亦即自我建构,深度学习才会发生,高阶思维(分析、评价和创造)才能出现,语言建构与运用、思维的发展与提升等方面的语文素养才能够真正得以实现[1]。

图式理论是对传统的阅读信息被动接受思想的一种革新,更加符合"生为主体"的教育理念,对提升小学生语文核心素养具有重要价值[2]。基于此,教师在教学设计和实践过程中,应该不断构建和拓宽学生的阅读图式,探索阅读教学有效促进的实践策略,不断优化教学过程,提高学生学习主动性和积极性,最终真正实现高效阅读教学。

第三节 习作图式学习现场叙事

《续写故事》是三年级上册第四单元习作,其教学重点在于帮助学生培养想象力和创造性思维,学会预测并续编故事,指向"整合、联想、想象、探究、发现"等关键能力运用和语文素养的提升。学生的习作难点在于如何在图片提示的情节基础上,想

---

[1] 杨九俊:《论语文学习的认知图式》,《江苏教育》2020年第9期。
[2] 张耀东:《图式理论在小学语文阅读教学中的运用与实践》,《新课程》2021年第5期。

象内容，搭建合理的故事框架，编织有趣的情节。"写作图式支架"就是将外在的习作知识，借助习作教学过程，转化为学生直接进行言语操作、用以突破自身言语困境和改善自身言语结构的工具。这样的"工具"在学生习作学习中可以用来收集习作内容，梳理表达框架，丰富言语细节。因此，图式的嵌入是化解认知难点、优化思维结构、支撑故事完整创编和续写的学习支架。

"丁零零……"第三节课铃声响，在一番师生问好后，我开始组织学生回顾在"预测策略"单元中我们学会了哪些方法去了解故事。学生们显然胸有成竹，纷纷迫不及待地举起了小手，一个学生认为通过学习《总也倒不了的老屋》，自己学会了旁批提示预测的方法。一个学生提到，课文《胡萝卜先生的长胡子》的学习帮助我们了解到当自己的预测和故事内容不一样时，要及时修正自己的想法，继续预测。有的学生觉得我们可以根据课后"泡泡"提示语，从预测的内容、依据、修正预测的体验等方面展开交流……孩子们发言非常积极，语言也很有条理。我想，预测的策略他们一定是掌握得挺不错的。于是我"趁热打铁"，对学生进行鼓励："大家学到了这么多好方法，看来个个都是故事高手了吧，今天我们就要来一起动动脑筋进行创作——编故事！"孩子们一听，小眼睛立刻变得亮亮的，身体也向上挺了挺直，一副跃跃欲试的样子。

我想，虽然学生普遍都爱读故事，但是创编续写还是有一定难度的。这篇习作重点在"续写"，既把故事讲完，但又不能将本课的教学重点仅仅放在把故事写完整上，我得引导学生运用本单元刚刚学过的预测策略进行故事续编，根据提供的信息作出合理、多样的预测，做到有理、有序，言之有物，这样才能够有效训练学生的思维，提升他们在习作中的思维素养。"续写"的创作能够有效激活学生的已有知识和经验，学生在创编过程中从记忆走向理解、运用和创造，其实是一个思维的内化过程，所以基于学情充分展开的学习化活动设计必须聚焦认知，遵循学的规律，彰显学的规律。因此我考虑通过借助"三步走"图式方法支架（图4-10），创设图式并激活学生头脑里已有的经验，帮助学生运用本单元学习的预测策略有依据地推想故事的发展和结局，完成续编，提升学生思维品质和素养。在这个过程中，我还准备借助思维导图、滑栏创作图表等显性的图式支架，鼓励学生不拘形式地展开想象，自由而有创意地写清楚故事。

> 1. 读懂图画，续有依据，明确续写内容。
> 2. 看清图画，推想发展，搭建故事框架。
> 3. 创设语境，化解冲突，丰富故事内容。

图4-10 故事创编"三步走"图式支架

第一步：读懂图画，续有依据，明确续写内容。

我紧扣单元语文要素，先将教学重点放在如何"猜测情节"上，在课件上出示："**读懂图画，推想合情理**"，并解释道："既然是续写故事，就要读懂图上的故事，让续写有依据，续写的故事合情理，咱们再来看看课本上的三幅图（图4-11），说说图上讲了一个什么故事。"

图4-11 部编版小学语文三年级上册习作四《续写故事》

经过我的引导，学生们立刻明确了这次续写的内容是怎样给李晓明过生日以及结果如何，马上瞪大了眼睛仔细观察起插图来，生怕漏掉一点重要线索，然后纷纷举手讲起故事来。我一边表扬，一边总结道："同学们都有一双火眼金睛，观察得特别仔细，讲述得也非常生动，你们看，只有读懂图画内容，弄清故事起因，咱们后面的'续'才有依据，不过这只是创编的第一步。老师也想来试着写写这个故事，我的题目是《特别的生日》，我只写了故事起因，大家可以接着往下编哦。"一听是老师带头编故事，学生们立刻饶有兴致地读起来。

其实，这个下水文支架是个隐形的辅助支架（图4-12），为书面语言本来就不强的三年级学生提供了一个隐形的支架，降低了无谓消耗，将注意力转移到如何预测情节上，使得学习重点更加突出。

> **特别的生日**
>
> 下课了,同学们在教室里聊天。
> 陈刚说:"我上个星期过九岁生日,妈妈给我买了一个很大的生日蛋糕。"
> 王丽丽说:"我也刚刚过了九岁生日,生日那天是我们全家人一起过的。"
> 大家都说这两个同学真是幸福啊。
> 李晓明听了,心里想:"我也快过生日了,但是爸爸妈妈都在外地工作……"
> 看到李晓明愁眉苦脸的样子,陈刚对王丽丽说:"李晓明的爸爸妈妈在外地工作,我们可以……"

图 4-12 教师下水文《特别的生日》

第二步:看清图画,推想发展,搭建故事框架。

同学们会怎样给李晓明过生日呢? 我让学生分享自己的推想,大部分学生都说:"同学们到他家里一起和他过生日。"显然对于"续编故事"学生的思维还只停留在"是什么",还没有意识到要去关注人物和细节,去追问"为什么",如果思维层次不深入,写出来的故事很可能就是千篇一律、草草收场的。因此,我适时出示"**看清图画,推想有依据**",并给出如下提示:

> 1. 看清图中人物的表情、动作等细节。
> 2. 看清图中人物语言的细节。
>
> 你发现了哪些细节提示你,李晓明生日那天,同学们会准备些什么? 会做些什么? 并说说你是怎么推想的。

接下来的 5 分钟就在学生静静的思考中悄然流逝……

讨论环节到了,学生们你方说罢我登场,滔滔不绝,通过讨论交流,情节的各种可能性纷纷呈现。有的说:"我根据'我上个星期过九岁生日,妈妈给我买了一个很大的生日蛋糕',推想出生日那天同学们会为李晓明准备一个大蛋糕。"有的说:"我根据'我也刚刚过了九岁生日,生日那天是我们全家人一起过的',推想出同学们可能会一起给李晓明过生日,让他感到温暖。"有的说:"我从李晓明说'我也快过生日了,但是爸爸妈妈都在外地工作',推想出李晓明的爸爸妈妈会回来,和李晓明一起过生日。"

我欣然发现,学生已经在习作支架的引导下通过抓住图画的相关信息进行积极有效的思考了,他们在读懂图画的基础上,关注细节,寻找依据,进行合理预测,既运用了图式预测策略,又感受到了通过预测进行故事创编的快乐。"你们看,观察图画,读懂故事起因,根据画面推想故事大致发展和结局;看清图画细节,根据插图和提示的细节可以推想接下来的发展和结局。创编故事也是'有法可依,有章可循'的。"我及时进行了小结,对大家的积极思考给予了肯定,相信掌握了方法之后,孩子们接下来的创编应该不会有太大的困难。

第三步:创设语境,化解冲突,丰富故事内容。

搭建好了故事框架,如何让故事的内容变得更加丰富多元,就需要我们创设语境,化解冲突。于是我亮出了第三招"创设语境,丰富内容"。"同学们,李晓明是主人公,想把故事写生动,咱们就得一起走近李晓明,好好观察他!李晓明此时此刻的心情怎样,他向往的又究竟是什么呢?"我引导学生对比同学们和李晓明的两幅插图(图4-13),进行推想。学生立即进入情境,联系生活展开想象。

图4-13 部编版小学语文三年级上册习作四《续写故事》

"过生日了爸爸妈妈不能回来陪他,我觉得他好孤独。"一个女孩子站起来若有所思地说。

"不能和爸爸妈妈在一起,我觉得他好可怜。"另一个女孩子站了起来,好像眼睛里还噙着泪水。

"哎……可能生日那天也没人陪他,好冷清呀!"一个男孩子边说边叹了一口气。

……

我不住地点头,不住地肯定孩子们的发现。

"感谢亲爱的孩子们,你们结合自己生活中类似的经历,能够推想体悟他人的情绪,这份善解人意让老师感动。没有爸爸妈妈,生日对他来说是冷清的,再看同学们讨论的生日是热闹、快乐、惊喜、幸福的,比较一下两种不同感受,要帮他过生日,要解决的难题究竟是什么?"我的这个问题拉住了学生的思路,引向问题的冲突点。

"我知道了,是不能和爸爸妈妈在一起,生日那天李晓明很寂寞,他想同大家一样,过一个热闹、惊喜、快乐、幸福的生日。"

"是呀,没有爸爸妈妈陪伴,生日冷清、孤独,而李晓明向往一个热闹、快乐、温暖的生日。解决了这个难题,我们为李晓明准备的生日才更有意义。亲爱的孩子们,要续编好这个故事,就要解决这个矛盾,故事才会更有创意,也才能讲得更清楚。"一个烫手的山芋就这样轻松地被孩子们解决了,呵,那感觉真好!

根据原图寻找故事中的冲突点,续编故事,让写清楚有了着力点,接下来的学习就要聚焦冲突点了,关于"如何过生日",学生的思维容易陷入雷同和僵化的误区,我设计了"创意策划师"的评选活动,将学生带入真实语境,激发写作动机。

"你们想帮助李晓明解决这个困难,让他也和我们一样过一个热闹、快乐、幸福、充满惊喜的生日吗?那就赶快行动起来吧。为了帮助李晓明,三(1)班准备成立一个'生日策划创意小分队',谁的生日创意最好,谁就能担当本次'创意策划师'的光荣使命!"我郑重地宣布。

一听来了活动式任务,孩子们更起劲了,教室里熙熙攘攘了起来,大家分小组合作,先进行充分的讨论,过了一会儿教室里又静了下来,只听见刷刷的写字声,完成讨论后的小组纷纷将自己的创意用几个词语概括出来,填进滑栏式《生日企划书》(图4-14)。大家都在暗自较劲,比谁写得多,还得比谁更符合老师提出的要求:每一个创意,要结合生活经验,用下面三个标准来衡量——能做到吗?他需要吗?有意思吗?

生日企划书

	特别的地方	特别的布置	特别参加者	特别的礼物	特别的惊喜
1					
2					
3					
4					
5					
6					

| 能做到吗 | 他需要吗 | 有意思吗 |

图4-14 滑栏式图式支架

滑栏创作图表这个图式支架,借助滑栏的提示、引导、组合,引导学生进行头脑风暴的创意创编,避免了思维内容单一、内容单调的问题,让续写的情节更加多元、内容更加精彩。学生在分组合作过程中,通过借助《生日企划书》将故事发展部分的构思和创意显性化,让思维看得见,让写作有支架。而我提出的评价标准"能做到吗""他需要吗""有意思吗",让学生从推想"结合实际""依据情节""多元创意"等方面去评价、调整自己的续编,使缄默的知识显性化,让学生的续写有方法、能调控。这样一节以"续编故事"为主题的习作课就在学生的热烈讨论中顺利结束了。

"习作单元"的教学,既是引导学生学习文本内容的,也是帮助学生获得写作支架,是阅读与写作、知识与方法、感性与理性交融互构的过程[①]。本节习作课的教学中,教师着重关注的是学生的写作实践,因此删繁就简,将目光聚焦到要素"预测策略"上,构建了内容图式、结构图式和语言图式,通过运用"三步走"图式预测策略将分散的教学手段予以整合。学生的整个学习过程有点像搭积木,给了你各种各样的积木,这些积木的材质、形状就是"内容图式"(读图,找依据,明确续写内容);至于是搭建城堡还是开发庄园需要一个构思,这个构思就是"结构图式"(看清图画,推想发展,搭建故事框架);在搭建时,如何兼具美观与实用等多重价值就是"语言图式"(创设语境,化解冲突,丰富故事内容)。整堂课目标明确、合理,环节清晰,练习集中,学生隐形的思维得以彰显,整个思维的过程有效、高效,教学效果显著。

在整个习作过程中,"图式支架"与学情如影随形,或前置,或生成,均充分体现了"习作图式支架"的教学本质——帮助学生突破在语篇习作任务中所遭遇的"梗阻",促进学生重构言语图式能力和言语技能的发展路径。在教学过程中,"图式支架"瞄准学生的言语结构,试图从言语的架构方式上给予学生"语力"。学生言语"梗阻"一方面源自不知道写什么(创编故事素材的缺乏),另一方面则表现为言语推进艰难,不知道该怎么写(续写的情节如何能够更加多元、精彩),后一方面尤为突出。"图式支架"就是将学生散乱的言语借助结构性的思维框架有机组合起来,去表达完整的意思。在"支架"的牵引下,学生的思维能够逐渐呈现出一定的结构层次,让原本散乱的关于故事情节的素材找到合适的位置。关于情节潜在的语言素材被有秩序地激活、调动起来,弥补语篇框架的空缺位置。如此,学生在续写过程中,语篇"大厦"就会渐渐"立"起来。

因此,作为语文教师,需要把握真实的学情,引导学生从内容的提取与理解、语言的品析与感悟、结构的发现与迁移等方面去构建新的图式。在学习理解与提炼归纳中,发现从个别到一般、从感性到理性的规律,一步步吸纳、丰富、修正、优化自身的内部语言,从而实现规范表达、流利表达、恰当表达,直至有创意表达的美好境界。

---

① 梅苏芹:《习作单元中的写作资源》,《江西教育》2021年第10期。

第五章　数学图式学习现场叙事

第一节　核心素养导向的数学图式学习

数学在形成人的理性思维、科学精神和促进个人智力发展的过程中，发挥着不可替代的作用。小学数学自身的特点和规律也为培养人的数学核心素养提供了可能。因此，在小学数学教学中，我们应该有意识地关注培养学生的数学学习能力，启迪数学思维，提升思维品质，创建促进学生核心素养发展的数学课堂。

一、数学教学问题诊断与分析

数学素养的落实要求教师以课堂教学为切入点，采取多样的方式，使学生在获得知识和技能的基础上发展数学思维，积累思维经验。反思当下的数学教学，发现不少问题仍然在一定程度上影响了学生数学核心素养的发展。

（一）自主学习意识培养缺失

学生是学习的主体，学生主动学习意识的发挥直接决定了学习效果。教师要鼓励学生开展自主学习，给学生留下充足的时间和空间，保证学生学习计划中留有充足的时间，完成自主学习的任务，提高小学生自主学习的能力。然而，在实际教学过程中，部分教师往往以教材为主，根据个人经验进行备课和讲授，根据教学情境进行课堂预设的情况很少。部分教师害怕学生不能够掌握新知识，往往更习惯采用直接讲解的教学方式，课堂上"满堂问""满堂灌"，学生自我思考的机会较少。这样往往使得学生无法认真分析和思考，导致对问题一知半解，教学效果微乎其微。还有些教师虽然知道要培养学生的自主学习意识，但不知如何对学生进行自主学习指导，没有相对稳定和成熟的辅导方法，导致学生的自主学习无法开展。

（二）教学内容散点化

数学中的一些重要内容、方法、思想是需要学生经历较长的认识过程，逐步理解和掌握的。教材在呈现相应的数学内容与思想方法时，采用逐级递进、螺旋上升的方式。因此，教师在教学时，不仅要关注本节课的知识，还应关注知识之间的关联和逻辑顺序。按照图式学习的理解，学习是在已有经验图式基础上的生长，教师的教学应该瞻前顾后，注意用系统、整体、联系的观点加以认识。而传统的教学只是机械地按数学课本中所编排的单一课时、个别知识点的方式教学，局限于就事论事，忽视彼此之间的结构关联，无法实现对相关知识的深度理解。

（三）学生思维"被替代"

学生对知识的理解与直接的感性经验密不可分。实际观察发现，在教学中动手操作以个别替代全体、概念教学以讲解替代活动、课堂教学知其然而不知其所以然的现象普遍存在，这导致学生学科知识的基本活动经验的缺乏，影响了对相关知识的理解与感悟，学生的建模意识和应用意识薄弱。

（四）忽视情感态度培养

作为一个个活生生的个体，学生的情感态度是认知过程中的重要因素。教师在教学过程中理应关注学生积极情感态度的养成。但在实际教学中，教师有时对学生的情感态度缺乏应有的感受和认同，忽视学生积极情感态度的形成和发展。有时又会把情感态度从知识技能、数学思考、问题解决中剥离出来，机械地进行说教。这些做法对于学生核心素养的发展是十分不利的。

二、数学学科素养的内涵解读

《普通高中数学课程标准(2017年版)》对数学学科核心素养进行了界定：数学学科核心素养是数学课程目标的集中体现，是具有数学基本特征的思维品质、关键能力以及情感、态度与价值观的综合体现，是在数学学习和应用的过程中逐步形成和发展的。数学学科核心素养包括：数学抽象、逻辑推理、数学建模、直观想象、数学运算和数据分析。这些数学学科核心素养既相对独立又相互交融，是一个有机的整体。[①]

---

① 中华人民共和国教育部：《普通高中数学课程标准》，北京：人民教育出版社，2018年，第4页。

《义务教育数学课程标准(2011年版)》提出:通过数学课程的学习,学生能获得进一步学习以及未来发展所必需的数学基础知识、基本技能、基本思想、基本活动经验(简称"四基"),提高从数学角度发现和提出问题的能力、分析和解决问题的能力(简称"四能")。关于小学阶段的数学核心素养,曹培英提出小学数学核心素养体系的框架,由两个层面、六个素养组成(图5-1)[①]。这六个核心素养主要是从高中数学的六个核心素养演变而来,除了把高中的直观想象改为空间观念(几何直观)外,其他五个核心素养没有变化。之所以把直观想象改为空间观念(几何直观)是因为对小学生提出空间想象能力要求过高,用传统的空间观念的说法比较合适。同时从框架中可以看出,《义务教育数学课程标准(2011年版)》提出的十大核心词中除了创新意识外,其他9个核心词在六个核心素养中均有所体现或者被包含其中。王永春提出了小学数学核心素养体系,认为小学数学核心素养是在面对真实情境中的问题和数学活动中,通过体验、感悟和反思,抽象出数学概念、命题和结构,建立数学模型,并运用逻辑推理和运算解决问题的一种综合性特征。这种综合性特征,体现了以数学认知为基础,数学基本思想和关键能力为核心,独立思考和自主学习等数学核心素养的形成过程为关键,是根据小学生的年龄和认知特点、教师对核心素养的可理解性及教学的可行性而界定的,是小学数学核心素养的综合体素(图5-2)[②]。

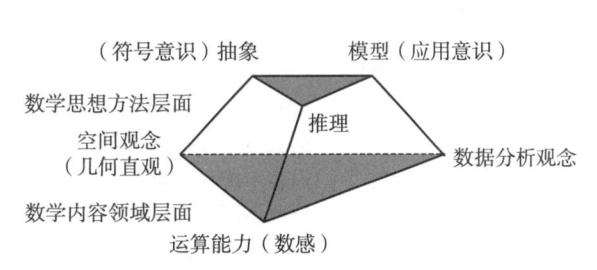

图5-1 小学数学核心素养框架

图5-2 小学数学核心素养体系

[①] 曹培英:《小学数学学科核心素养及其培育的基本路径》,《课程·教材·教法》2017年第2期。
[②] 王永春:《小学数学核心素养教学论》,上海:华东师范大学出版社,2020年,第9页。

综上，为了全面贯彻落实学生发展核心素养的指标，落实立德树人根本任务，发展素质教育的功能，数学教育应帮助学生掌握现代生活和进一步学习所必需的数学知识、技能、思想和方法；提升学生的数学素养，引导学生会用数学眼光观察世界，会用数学思维思考世界，会用数学语言表达世界[①]。具体分解如图5-3。

核心素养	数学抽象	逻辑推理	数学建模
关键能力	抽象出数或图形 抽象出数量关系 抽象出图形关系	合情推理 演绎推理	发现和提出问题 分析和解决问题
核心素养	直观想象	数学运算	数据分析
关键能力	直观感知 空间观念 几何直观	理解运算 实时运算 估算	收集和整理数据 描述和分析数据

图5-3 数学核心素养的具体分解

三、图式学习促进数学学科素养发展的策略

（一）图式任务驱动，激发数学思考，促进有效建构

布鲁纳提出："对一门学科而言，没有什么比其思维方式更核心的了。对学科教学而言，没有什么比尽可能早地提供机会，让儿童学习其思维方式更重要的了。"因此，数学教学活动应注重引发学生的数学思考，以活动促思考，用思考引活动。所谓数学思考，就是在面临各种现实的问题情境，特别是非数学问题时，能够从数学的角度去思考问题，也就是能够自觉应用数学的知识、方法、思想、观念去发现其中所存在的数学现象和数学规律，并能够运用数学的知识和思想方法去解决问题。数学思考是学生进行数学活动的核心，图式学习正是教师设计一个个大问题引导学生在活动前个性思考、在活动中多维理解、在活动后总结反思，鼓励学生的创造性思维，促进学生对知识本质的理解和数学素养的提升。

在课堂教学中，我们面对的每个学生都是一个独立的具有不同个性的个体，他们存在着知识储备、学习策略、态度与技能、认知方式、智力类型等方面的个体差异，

---

① 中华人民共和国教育部：《普通高中数学课程标准》，北京：人民教育出版社，2018年，第4页。

甚至有天壤之别。运用图式学习单让学生前置性学习，教师更容易准确地掌握学情，了解学生的知识水平、经验积累和"最近发展区"，有利于教师调整原有的教学设计，挖掘新知的"生长点"，让教学更有针对性①。

【课例】苏教版小学数学五年级上册《小数加、减法》

在执教苏教版小学数学五年级上册《小数加减法》时，图式学习单上的探究提示是：用你喜欢的方法来计算 2.75+1.4，没有局限于"用列竖式的方法来计算"，鼓励学生用自己喜欢的方法来展示思维路径，学生思维的闸门被打开，出现了近十种不同的方法。此时，教师引导学生思考："这些方法有没有相同之处？每种方法的依据是什么？"学生归纳多元表征的方法，积累多元表征的经验。学生出现的方法各有不同，视角不同，有繁有简，但正是这种不同，才使得学习素材更加多元。其实，每个学生的学习起点是不同的，思维方法是丰富多彩的，让个性化的思维路径得以展现，使不同的想法都有表达的机会，这些为解释复杂的抽象的算理提供了丰富的直观支撑，学生的思维不断向深处漫溯！

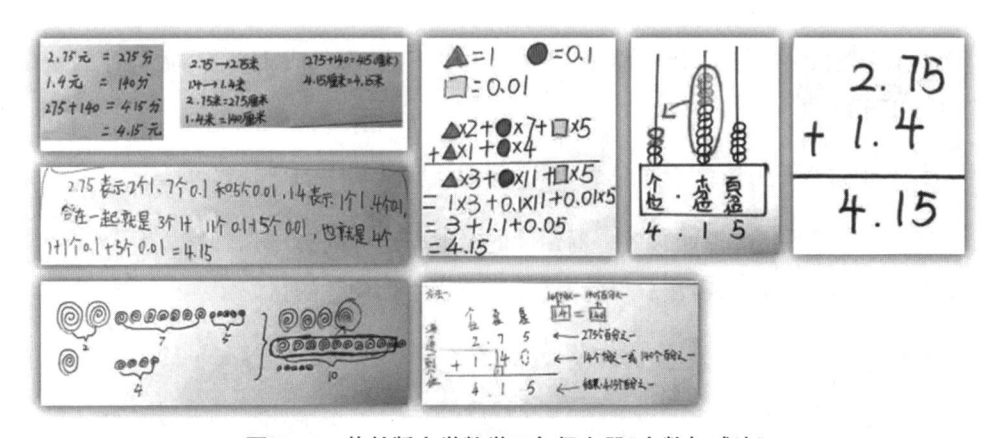

图 5-4 苏教版小学数学五年级上册《小数加减法》

（二）图式对话交流，沟通联系突出思想，让思维进阶

数学知识的教学，要注重知识的"生长点"与"延伸点"，把每堂课教学的知识置于整体知识的体系中，注重知识的结构和体系，处理好局部知识与整体知识的关系，引导学生感受数学的整体性，体会对于某些数学知识可以从不同的角度加以分析、从不同的层次进行理解②。

---

① 王林：《小学数学课程标准研究与实践》，南京：江苏教育出版社，2011年，第76页。
② 中华人民共和国教育部：《义务教育数学课程标准》，北京：北京师范大学出版社，2011年，第45页。

图式学习将学习前置,通过提前完成图式学习单,给予学生充分的时间和空间,课上让学生在同伴面前展露自己真实的想法,表达自己、表现自己。通过对多元素材的相互评价,质疑创新,实现学习互补,在思维碰撞中加深理解,表征的方式越丰富,对数学知识的认识和理解就越全面越丰盈,在对比中,沟通不同方法的本质联系,体验数学思想。

【课例】苏教版小学数学六年级上册《百分数的意义》

《百分数的意义》是一节"数的认识"概念课。百分数意义的理解是教学的核心。理解百分数的意义的关键是什么?是让学生按"百分数表示(　　)是(　　)的百分之几的数"固定格式表述,还是结合具体情境让学生自己用多元方式表述对百分数的理解?显然第一种方式学生的理解是不深入的。实践表明,让学生借助图式用多种表征方式表达对百分数的理解,特别是能对两个量的关系用语言描述、假设举例说明、画图表征等多个维度进行解释,能有效促进百分数意义的概念性理解。

小组讨论后,全班交流。

生1:我把百格图当作果汁总量,看作单位"1",平均分成100份,葡萄汁的量是其中的25份。

生2:把这张正方形纸看作总的果汁,葡萄汁就是其中的$\frac{1}{4}$。

生3:把圆形图看作总的果汁,葡萄汁的量就是这样的25份。

生4:把这段线段图当作总果汁,这一段就表示葡萄汁的量。

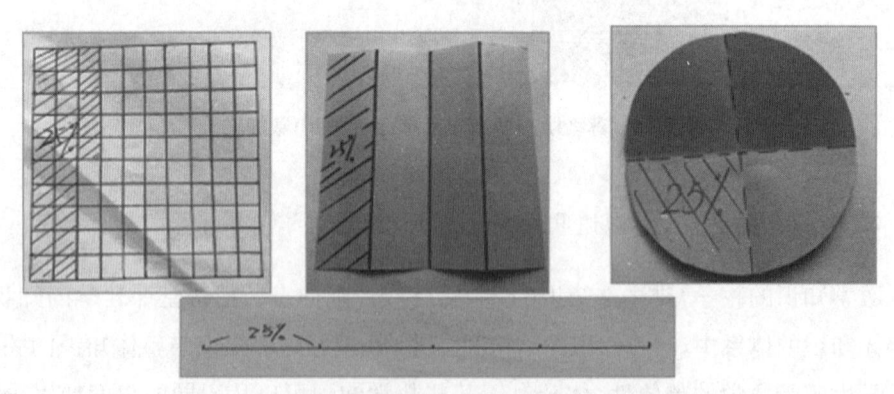

图5-5 苏教版小学数学六年级上册《百分数的意义》

生5:这里的25%,我认为是:假设果汁总量有100份,葡萄汁的量就是其中的25份。

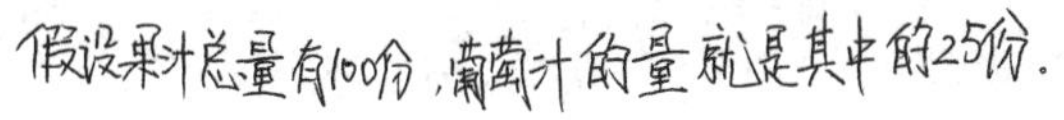

假设果汁总量有100份，葡萄汁的量就是其中的25份.

图 5-6　苏教版小学数学六年级上册《百分数的意义》

生 6：25%表示葡萄汁占总果汁的 25%。

25%表示葡萄汁占总果汁的25%

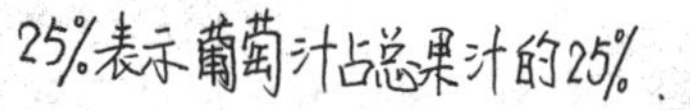

图 5-7　苏教版小学数学六年级上册《百分数的意义》

小结：同学们用文字叙述的方式或者用直观图式的办法理解了 25%的含义。
谁能用一句话概括一下，这里的 25%表示什么？

生：表示含有葡萄汁的量占果汁总量的 25%。

无论是图形表示、文字叙述，还是直观画图，学生都能选择其中的一种表示出 25%是一个部分占整体的 25%。对于 25%这个数意义的理解，学生借助多种形式的表征以自我理解的方式自主表达，在认知冲突的过程中自然形成对百分数的认知，学生完全凭借自己的经验进行认知构架，学生的学习经历自我探究、自我表达、自我构架，这样的学习过程才是真正的数学学习。

（三）图式梳理归纳，感悟模型，增强应用意识

课程标准在课程内容部分中明确提出了"初步形成模型思想"并具体解释为："模型思想的建立是帮助学生体会和理解数学与外部世界联系的基本途径。建立和求解模型的过程包括：从现实生活或具体情境中抽象出数学问题，用数学符号建立方程、不等式、函数等表示数学问题中的数量关系和变化规律，求出结果，并讨论结果的意义。"数学模型思想是把生活中的实际问题转化为数学问题的一种常用的思想方法。数学知识就是在不断地抽象、概括、模式化的过程中发展和丰富起来的。在小学生的数学学习中适当渗透模型思想，有助于提高他们学习数学的兴趣和应用数学的意识。

在数学教学中应当有意识地引导学生经历建模过程，感悟模型思想。单元中每个知识点都很重要，对学生来说，分开来容易忘记，放在一起又容易混淆，有一种多而杂、杂而乱的感觉。对单元的复习就显得极为重要，如果仅仅是知识点的罗列、累加，学生在原有基础上得不到任何提升，就等于没有复习。教师可以依托图式复习，让学生自主梳理知识。为了给予学生充分的时间和空间回忆、整理、内化本单元的

知识点,教师将这一环节前置,学生在图式复习单的引领下,认真梳理、总结归纳,使原本相对分散和比较凌乱的知识点连成线,构建成网。学生整理出多样的图式形式,为课堂上的交流提供了真实、全面的学习素材,也为小组交流和全班汇报奠定了比较、分析的基础。让学生有机会围绕不同内容,从多层次、多角度反思总结,不断加深对概念的理解,并纳入自己的认知结构中,不断积累活动经验,真正促进了深度学习。

【课例】苏教版小学数学五年级上册《多边形的面积整理与练习》

在沟通新旧知识的联系时,教师引导学生回顾五种多边形的面积计算方法,图式复习的"师/组/生"三级结构给了学生足够的安全感,在放松、开放的学习场域中,借助于磁性小黑板的学习媒介,学生敢于尝试、乐于表达,与研究伙伴的讨论交流也触发了学生更多的思考,对图形联系有了多元理解的重组创造(图5-8)。在此基础上,引导学生寻找知识之间的联系与区别,构建知识脉络,沟通内在联系,渗透转化思想。学生深切体会到长方形面积计算到梯形面积计算,由简到繁,不断递进。在推导新的图形面积计算方法时,可以把它转化成以前学过的图形,化未知为已知。在图式的比较与辨析中不断优化,递进思考,指向联结的深度,学生自主体验经历学习过程,深刻理解知识内涵,主动构建个性化认知系统,理解知识之间的联系,进行迁移应用,促进高阶思维的培养。

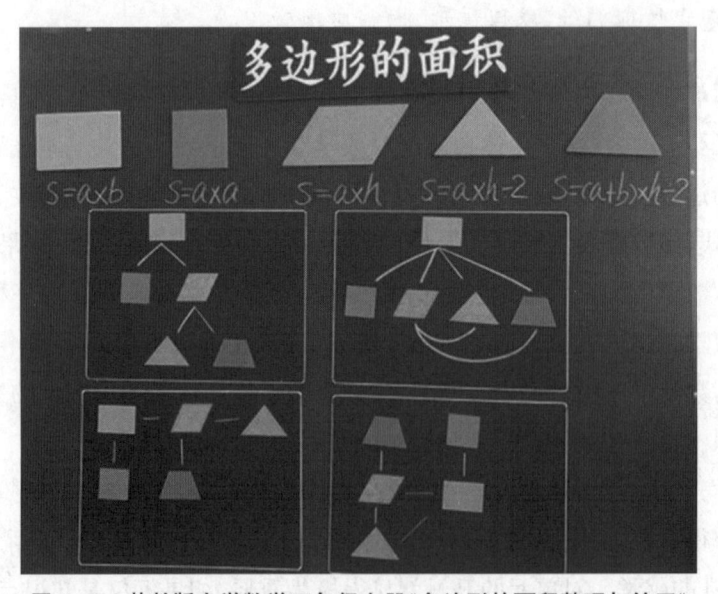

图5-8 苏教版小学数学五年级上册《多边形的面积整理与练习》

第二节　概念图式学习现场叙事

《分数的意义》是小学数学课中的一节典型的概念课,也是小学数学内容体系中的重点和难点之一。主要原因是:分数的概念具有高度的抽象性,无论是一个苹果还是几个草莓,只要被平均分成3份,每一份就是三分之一;分数概念的内涵十分丰富,分数不仅可以表示部分与整体的关系、两个数量之间的关系,还可以看成除法运算。通过比较,笔者发现:苏教版教材分三次编排认识分数的内容,前两次安排在三年级上册和下册,分别教学"一个物体的几分之几"和"几个物体的几分之几",第三次安排在五年级下册,完成分数意义的教学。五年级下册《分数的意义》起始课既是对三年级时平均分含义认识的提升,又是开启商的意义学习的序幕。因此,本节课的学习起着承上启下的关键作用。图式学习正是站在儿童的立场,着眼于学生的发展。于是本节课笔者借助图式引导学生主动思考,经历数学抽象的过程,深刻理解单位"1",自主建构分数的意义,促进思维进阶,提升数学核心素养。上课前,笔者先认真研读了教材和观看了多节优秀课例,并进行了对比思考。

思考之一:单位"1"是自学获得,还是逐层理解?

思考之二:分数的意义是简单出示,还是自主归纳?

思考之三:分数单位是直接告知,还是联想启发?

带着这些思考,在多次试教后,答案逐渐明晰,同时对概念教学的实施策略也有了更多的思考。

策略一:在自主图式中感知,为学生搭建理解单位"1"的平台。

上课前,我先设计了一份图式学习单(图5-9),发给学生,让学生课前自主完成。我发现学生很容易完成并且非常感兴趣,有的是将一个蛋糕平均分的,有的是将几个葫芦平均分的,有的是将一条线段平均分的……只要有平均分,有涂色表示,我都给予了肯定。再在课堂上随机选两个小组的学生在全班汇报:"你是怎样表示的?"在这个环节中,学生的表达愿望强烈,虽然他们的表述基本上都是按照三年级学习的分数来讲的,不过这些原生态的学习素材唤醒了学生对分数知识的认知基础和经验,学生表现出的对分数的表征能力远远高于教材的设计,为后面的进一步探究做好准备。

在这些感性材料的基础上,我让学生将作品分分类,有的是以"分母一样"分类的,有的是以"分子一样"分类的。这些都是学生真实的想法,我没有回避,继续启

106 / 核心素养导向的图式学习

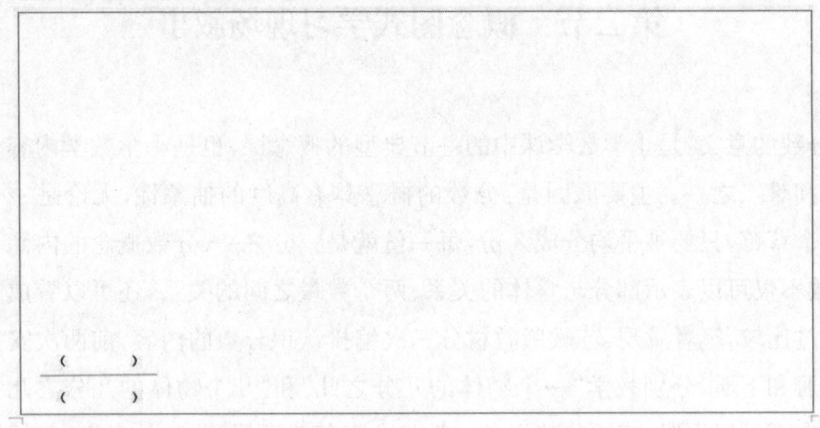

图 5-9 苏教版小学数学五年级下册《分数的意义》

发:"仔细观察,还可以怎样分?"有些学生想到了可以将一个物体进行平均分的归为一类,将多个物体平均分的归为一类。我顺势而导,特地指着一幅作品,说:"这位同学把这些苹果圈在了一起,想表达的是——"有位学生迫不及待地回答:"这些苹果组成了一个整体。""一个整体,这个词语用得非常准确。"我边表扬边把其他多个物体的作品也都加上了集合圈,目的是帮助学生在头脑中抽象出一个整体。接着我继续启发:"同学们,想一想,像这样的一个物体、一个计量单位或由许多物体组成的一个整体,都可以用哪个自然数来表示啊。""自然数1。""真聪明,这里的1有着特殊的含义,通常我们把它叫作单位'1'。"明显看出,学生们对单位"1"充满了好奇。"咦,这里的单位'1'为什么要加引号呀?"我故作疑问状,学生们胸有成竹,有的说:"因为这里的1不是具体的数字1。"有的说:"这里的1表示一个整体。"显然,学生对单位"1"有了初步的感知。

在引出单位"1"的概念后,我并没有急于开启下一个环节,我认为这时学生对单位"1"的理解还是流于表面,在这里更应注重表达与理解相辅相成的关系。于是,我让学生借助单位"1"再说说刚刚图式所表示的分数,我随机指着黑板上的几幅作品中的分数,让学生结合着单位"1"再来说说看,学生数学思维的表达显然有了提升。为了让学生深入理解单位"1",我又让学生结合生活中的例子,在教室里找找看还可以把什么看作单位"1"。有的学生说:"可以把黑板看作单位'1',平均分……"有的说:"可以把我们班学生看作单位'1',平均分……"还有的说:"可以把听课教师看作单位'1',平均分……"瞧,孩子们的表达多丰富呀,不正说明了对单位"1"的理解更加透彻了吗?这对于接下来理解分数的意义,无疑起到了推波助澜的作用。

在理解了单位"1"后,接下来就该重点理解分数的意义。我想,要实现概念的真正内化与理解,在教学中应切实重视学生对概念的自主建构,在理解概念本质上舍得花时间,只要是建立在真正的探索之上的,学生一定能够用自己的话表达出概念来。

策略二:借助图式导引,为"分数的意义"铺路搭桥。

我针对不同学习能力的学生,提供了12颗星星图,让学生自主分一分、写一写、说一说,为学生提供了自主探索的空间与平台。学生们操作起来自信满满,有的表示出了一种还不满足,还表示出了两种、三种方法。在鼓励表扬后,我又特地提醒了一句:"想一想,你是怎样表示出这个分数的?"目的是想让学生知其然更知其所以然,在让学生回答"你是怎么想的"时,我发现学生的表达非常接近分数的意义(图5-10),我没有急于解释分数的概念,而是让学生自己悟出来。"我们来比较一下,它们的相同点是什么?""都是把12颗星星看作单位'1'。"我进而启发:"都是把12颗星星看作单位'1',都是用分数来表示其中的6颗涂色星星,为什么可以用不同的分数表示?"这时我没有急于提问,先让学生观察思考,渐渐地他们发现:"因为把单位'1'平均分的份数不同,所表示的份数也不同。"

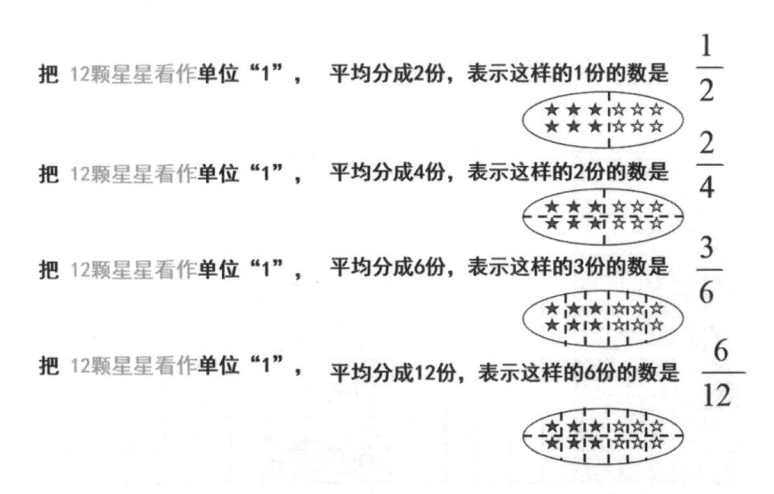

图5-10 苏教版小学数学五年级下册《分数的意义》

我想,在这样一种"看似无心实则有意"的教学环境中,学生不经意间发现了问题的本质,打通了思维的节点:分母与平均分成的份数有关,分子与表示出的份数有关。接着我大胆地将课件中的这几个分数全部用"分数"两个字覆盖,"同学们,像这几个数我们都把它们叫作分数,你能用自己的话说一说什么是分数吗?"在我的等待中,小手举得越来越多。"老师,我认为把单位'1'平均分成几份,表示这样几份,就是分数。""我认为把单位'1'平均分成几份是分数的分母,表示这样几份是分数的分子。""我同意上面的说法,表示这样的还可以是一份。"在学生的回答中,我深刻感受到,虽然他们没有运用很严谨的语言,表达得也不简洁不完美,但这不正是孩子们个性化的理解吗?不就是概念的本质吗?"分数"的概念也就在学生的"创造"中产生出来。

有了学生这些创造力的基础,我开始思考,学生对于"分数单位"的理解并不困难,能不能通过有关联的知识,让学生主动建构这一概念,让学生能像数学家那样去"想数学",获得成就感呢?

策略三:图式联想,沟通数学概念间的本质联系。

教学过"分数的意义"这一概念后,我并没有急于出示"分数单位"的概念,而是帮助学生打通了"分数单位"与"小数的计数单位"之间的节点,让学生在自主迁移的过程中沟通了知识间的联系,完善认知结构。我出示了两道填空题(图 5-11):"0.5 的计数单位是(　　),0.32 的计数单位是(　　)。"学生轻而易举地回答出来。我顺势提问:"既然小数有计数单位,分数应该也有……"根据同学们的回答板书分数单位,"联系找小数计数单位的方法,你能不能说说这里的四分之二的分数单位",学生自然说出四分之一。教师在 $\frac{2}{4}$ 的旁边板书出 $\frac{1}{4}$,又让学生说出了黑板上的其他两个分数的分数单位。根据黑板上的分数及对应的分数单位,让学生自己说说什么是分数单位,学生的语言虽然没有那么准确,但与"分数单位"的内涵已经很接近了。

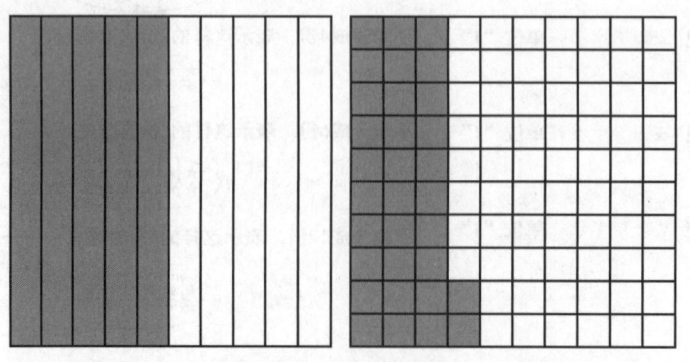

图 5-11 苏教版小学数学五年级下册《分数的意义》

在整个教学环节中,我充分尊重学生的主体地位,让他们在操作活动的基础上去发现、创造,自主建构概念,发展数学思考,积累活动经验,学生的数学素养在无形中得到了提升。

第三节　计算图式学习现场叙事

即将教学《小数乘整数》,按照图式学习课的惯例,我前一天先发了一张有关《小数乘整数》的图式学习单让学生自主完成。在上课之前,我将学生完成的学习单一一看了一遍,很多学生的作品让我很惊喜:由于思维方式方法和已有知识经验的不同,学生面对新问题时出现了不同的个性化的理解,每个学生都有了独立思考并能够从不同角度多样化地解决问题,这些都是宝贵的教学资源。在课堂上我应该充分地利用这些素材,引导和启发学生透彻地理解小数乘整数的算理。

虽然学生课前已经解决了 0.8 乘 3 等于多少的问题,而且答案基本上都是正确的,但我想,计算教学不应停留在会与不会计算这一浅层水平,而应让学生明白为什么这样算,为学生提供正确的思维方式,保证计算的合理性和正确性,即让"算理"与"算法"齐头并进,关键要在算理和算法之间搭建桥梁,促进融合。

(一)交流,多元表征激活思维

一开始上课,我让学生拿出自主完成的图式学习单,出示"小组学习流程图"(图5-12),目的是让学生在方法图式的导引下先在各自小组内解读自己的方法,进行初步的感知。

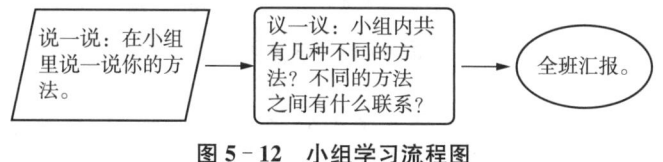

图 5-12　小组学习流程图

在巡视中,我发现学生在小组内非常乐意分享自己的方法,有的还试图说服其他组员自己的方法简单,大家各抒己见。

等学生小组内交流后,接下来就是特别重要的全班汇报环节,请一些小组上台汇报。我先请了方法比较多的(没用竖式的)一个小组,在小组汇报时我提出了要求:认真倾听,积极思考,他的方法你理解吗?有没有要补充的?如果你的方法和他

的不一样,有没有联系?上台的小组有条不紊地开始了汇报:

"请看我是这样做的,因为 0.8×3 表示 3 个 0.8 相加,所以我转化成加法算的:0.8+0.8+0.8=2.4。"

$$转化\begin{cases} 0.8\times 3=2.4 \\ 0.8+0.8+0.8=2.4 \end{cases}$$

图 5-13　加法计算

我相机板书:转化成加法。

"我是把 0.8 元转化为 8 角,8×3=24(角),24 角=2.4 元,所以 0.8×3=2.4。"

可以等量代换,0.8 也就是 8 角,再用 8×3=24(角),那么 24 角就等于 2.4 元。

图 5-14　单位换算

下一个组员正想汇报,我发现小张同学手举得老高,我请他回答。"我和你的方法一样,也是转化为整数算的。"听了他的发言,我又追问了一句:"对于这种方法,你想强调什么?""转化为整数。"我看到其他同学点头赞成,生 2 这时也积极回应:"我就是这样想的。""好的,老师将这种方法板书下来。"我边说边板书:转化成整数。

小组成员继续汇报:"我是画图想的,我在数轴上将单位'1'平均分成 10 份,每份是 0.1,8 份就是 0.8,一个 0.8、两个 0.8、三个 0.8,一共是 2.4。"

我随即板书画图。

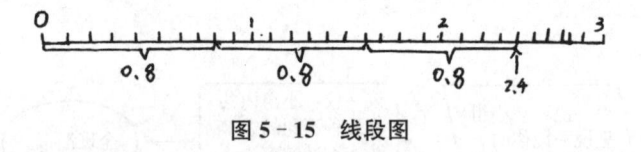

图 5-15　线段图

"我和你的方法差不多,0.8 是 8 个十分之一,8×3=24,也就是 24 个 0.1,即 2.4。"刚才那位同学听后补充道:"我们想的都是小数的意义。""你一语道破知识之间的联系,真棒!"我边表扬边板书小数的意义。

0.8 里有 8 个 0.1,8 个 0.1 乘 3 就是 24 个 0.1。24 个 0.1 就是 2.4。所以 0.8×3=2.4。

图 5-16　小数的意义

学生汇报得很精彩，其他学生听得也很认真，有些同学禁不住点头。看来，这些方法他们都能理解，而他们看到的也仅仅是散状独立的不同的方法，我想，沟通联系将对明晰算理、理解算法起到至关重要的作用。这时，我并没有急于请其他同学汇报不同的算法，而是按下了暂停键。

（二）联系，借助图式促思明理

我将同学们出现的这四种不同的方法放在一起，让学生观察有什么发现。教室里很安静，看得出学生们正在积极投入地思考，我耐心地等着，相信孩子们一定会有所发现。学生们陆续举起了小手，"我发现它们的结果都是一样的"，有些同学笑了，"其实，它们都先算 8 乘 3 等于 24"。这个同学抓住了计算的本质。为了让大家都能听明白，我请这位同学上台来圈一圈，怎么看出来有 8 乘 3 等于 24 的。这位同学拿起红笔，边圈边说，"请同学们看（图 5-17），这里都有 8 乘 3 等于 24"，大家恍然大悟。

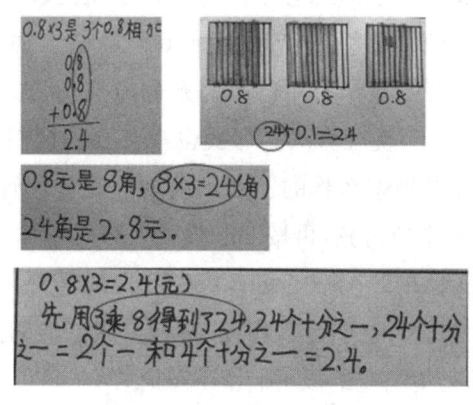

图 5-17　0.8×3 的计算方法

我想，时机已成熟，呈现两种不同的竖式摆法，让学生们观察思考：在写竖式时该怎么对齐？小数点的位置又是怎么确定的？有位同学迫不及待地说："我们已经学过小数的加减法，是按小数点对齐的，所以应该是 3 和 0 对齐，这样一来只要对齐着上面的小数点对齐就可以了。"显然，这位同学是受刚学过的小数加减法的影响，这种想法应该是不少人的想法，我没有及时点评，而是把话语权交给了其他同学，让他们自主地进行有意义的建构。果然，有位学生发表自己的意见："我不同意你的说法，首先我们要明确这个是小数乘法，你不

图 5-18　竖式对比

要和小数加减法混淆了,再者刚才我们已经讨论过,在算0.8乘3时都先算8乘3等于24,也就是按整数乘法来算的,所以我认为3应该和8对齐。""我也认为3和8对齐,因为是先按整数乘的,所以应该按整数乘的方式对齐。"又有一个同学站起来说。刚才第一个发言的同学点点头,"我觉得你们说得很有道理,3确实应该和8对齐,也就是末位对齐,那确定小数点的位置我的方法应该可行吧?"一石激起千层浪。"我认为可以,2.4不正是对齐着点的吗?""我认为,因为0.8是一位小数,所以得到的积也应该是一位小数。"有些同学默认地点点头。"我能讲清楚为什么是2.4,请看我一开始用的画图的方法,也可以从小数的意义来解释,这里的0.8是8个0.1,乘3得到的是24个0.1,所以结果应该是2.4。"顿时教室里响起了雷鸣般的掌声,看来,学生们已经领悟到了其中的道理。

(三) 对比,师生生生对话辩理

在解决一位小数乘整数的问题上,我足足花了近25分钟,我觉得很值得,因为我感觉到,算理好像已经长在学生的思想里。为了让学生的理解更为透彻,我出示了第2问:"冬天买3千克西瓜,要多少元?"学生们跃跃欲试。"用你们喜欢的方式解决吧。"在巡视中,我发现所有的孩子都用的是竖式的方法,我想,顺应学生思维,真是理通法明!他们早已学会了"优胜劣汰",那我也没必要和他们迂回了。在展示环节中,我直奔主题:"说一说你是怎么算的?"有了前面的充分理解,这里孩子们讲得很顺:"在算2.35乘3时,先末位对齐,再按235乘3来算出705,因为2.35表示235个0.01,所以这里的705表示705个0.01,即7.05。"我发现,仍有些同学想表达"2.35是两位小数,所以积7.05也是两位小数",我没有回避,只是追问了一句:"这种想法适合于其他小数乘整数的类型吗?"给孩子们留下悬念。

两个问题解决后,我想,应该给予孩子一些时间去静思与比较,让学生经历数学推理及算法逐渐抽象概括的过程,感受数学的思想方法与科学精神。

于是,我将两个问题的竖式放到一起,让学生们仔细观察"有什么相同的地方"。学生们开始各抒己见,有的说"都是末位对齐",有的说"它们都是按整数乘法来算的",还有位学生说"我发现,它们都是乘数中有几位小数积中就有几位小数",学生们对这位同学的说法将信将疑,有位同学很自信地说:"我能解释,因为一位小数乘整数得到的是多少个0.1,两位小数乘整数得到的是多少个0.01,所以积中的小数位数和乘数的小数位数相同。"我不禁赞叹,这位学生的领悟太深刻了。再看看其他学生,有的若有所悟地点头赞成,有的感觉没太能听懂。我顺势而为,到底是不是这样的,让我们来验证一下吧。我出了几道小数乘整数的算式,让学生们用计算器计算出结果,并比较积的小数位数与乘数的小数位数的关系。目的是让学生们从理性与现实两方面促进对算理的深度理解。果然,验证过后,学生们豁然开朗,乘数中有几位小数,积中就有几位小数。我再次追问了一句:"对于刚才这位同学的解释,因为一位小数乘整数得到的是多少个 0.1,两位小数乘整数得到的是多少个 0.01,所以积中的小数位数和乘数的小数位数相同,你们明白了吗?"大家频频点头。在接下来总结算法的时候也就水到渠成。

本节课的教学难点是应解决两个问题:小数乘整数怎么算? 如何确定积的小数位数。为了突破小数乘整数应该先按整数乘法来算这一难点,在学生自主学习讨论的基础上我进行了有序安排,在学生讨论的时候随机挑选了一些作品,按照转化为加法、单位换算、小数的意义、画图、列竖式的顺序进行一一展示与交流,目的是在交流对比不同算法的同时,沟通联系,无论哪种算法,在算 0.8 乘 3 时,都有算 8 乘 3 这道整数乘法,为竖式的算法做下铺垫。如何确定小数点,在课前做了个调查,大部分同学在得到 24 以后认为是将小数点移下来,学生想的这个"移下来"可能是受小数加减法的影响,对齐小数点移下来;抑或是对到底怎么点这个小数点的认识还是很模糊的,我一开始的试教,自己认为在对比启发的基础上只要学生能总结出上升到"乘数中有几位小数积中就有几位小数"的经验之谈就可以了,经专家的指导,我对小数乘整数也有了更深入的理解。积得到 2.4、7.05 并不能简单地归结为乘数的小数位数,而应让学生理解"为什么",追根溯源,积的小数位数应与乘数中小数的计数单位有关,例如 0.8 表示 8 个 0.1,乘 3 就等于 24 个 0.1,所以是 2.4。再通过一组口算,体验,原来一位小数乘整数的积都是表示若干个 0.1,所以积是 1 位小数。同样去理解两位小数乘整数的积表示若干个 0.01。在明理的基础上,再通过计算器验证想法,总结经验,优化算法。

纵观本节图式学习课,我们可以看到学生在借助图式多元表征的基础上,进行了理性、深入的表达,学生的思维被激活、学生的观点被尊重,达到了"算理直观"与"算法抽象"的有效联结,培养了学生用数学的眼光观察世界,用数学的思维思考世界,用数学的语言表达世界。

第四节　图形与几何图式学习现场叙事

今天的数学课要学习小学阶段最后一个平面图形,也是学生学习的唯一一个由曲线围成的图形——圆。在上课之前我也做了充足的准备,作为一个由曲线围成的平面图形,发现其特征不仅需要沿用以往从图形边和角的角度进行研究的思维路径,以便完善学生对平面图形的认知结构,而且还要体会可以从图形中心这一新的视角出发进行思考,而且圆的特征还涉及无限的思想,较难被学生真正理解,而在学习圆的知识过程中感悟到的转化思想、无限思想、极限思想,对这些后续知识的学习乃至其他知识的学习都具有重要的意义。于是,我构想着,让学生真正地站在课堂中央,尝试通过图式导引、自然探究、问题驱动促进学生展开深度思考,实现数学学习的"再创造"。

上课铃响,师生问好后,我直接抛出问题:"我们以前学过哪些平面图形?"随着孩子们的回答,我相机出示了三角形、正方形、长方形、平行四边形……在学生争先恐后地回答后,我又出示一个圆形:"圆与这些平面图形有什么不一样呢?"学生很容易想到:"长方形、正方形……的边都是直的,有尖尖的角,而圆没有角,边是弯曲的。""圆的边也不是随意弯曲的,看上去很完美。"有位学生补充道。"你们的意思是圆是由曲线围成的图形?"学生们狠狠地点头。"这位同学说出了自己的感受,'完美'一词用得真好!"我又补充道。我看到学生们也微笑着点点头。我想,孩子们对圆的初步认识已经有了共识,当然这种认识还处于最直观的感知水平。为了突出圆的本质,让学生完整而又深刻地经历、探索、理解圆,我准备借助图式任务单,聚焦核心问题,激发学生积极思考。

(一)自主画圆,感悟圆的特征

在自主画圆时,我向学生提出明确的任务要求:大家以小组为单位画圆画在图式学习单上,用自己带的或身边的材料画圆,边画边思考:怎样画圆?画的时候要注意什么?画的过程中有哪些发现?(图5-19)

尝试用身边的材料画圆。 → 怎样画圆?画的时候要注意什么?画的过程中有哪些发现? → 在小组内说一说。

图5-19 苏教版小学数学五年级下册《圆的认识》

在巡视过程中,我发现有的学生用胶带圈画圆,有的用硬币画圆,有的用细线画圆,有的用橡皮筋画圆,有的用圆规画圆……我特地留意了用细线画圆的,是同桌合作完成的,一位同学固定着线的一端,另一个同学拿着另一端的铅笔小心翼翼地画着;我还注意到了用橡皮筋画的圆,不是很圆滑;用圆规画的圆好像都没有像我想象的那么完美,自我感觉很简单的一件事,在孩子们那儿并不简单,为接下来的讨论交流提供了最好的素材。在讨论交流时,我发现孩子们有了亲身体验,都有话说:"用硬币画圆时,一定要紧贴硬币的边缘,不然就不太圆。""用橡皮筋不好画圆。"我追问道:"为什么?""因为橡皮筋有弹性,那个长度就不好固定。"有位学生迫不及待地抢答,其他学生也跟着说"长度不好固定"。"圆规画圆怎么样?""好画!"大部分同学不约而同地说。"你们都说好画,看看这两位同学画的,你有什么要说的呢?"我挑了2幅用圆规画的圆放在投影下让孩子们评价。

"他画圆时,可能针尖动来动去的,所以没画好。"一位学生指着其中的一幅图说。我请画这个圆的同学验证画的时候是否针尖动了,他点点头。"针尖能动吗?"我接着问道。"不能,一动圆心就动了。"他很肯定地说。"这位同学提到了'圆心',你们能听懂吗?""我知道,圆心就是针尖固定的那个点。"一个孩子声音很响亮地说。"你们看另一幅作品,有凹凸不平的,我觉得他画圆时,可能握住的是这里,所以两条腿晃来晃去。"一位学生边说边展示由于拿圆规的位置不对,导致圆规的两脚之间的距离越来越小。我会意地笑了笑:"那应该拿哪里呢?""这里。""这叫手柄。"我提示道。"嗯,就是手柄,这样无论怎么画都不会影响到两脚之间的距离。""同学们,你们想一想,这个两脚之间的距离不变,也就保证了什么?"我启发道。在等待中,我看到几个小手举起来了,我请一位学生回答。"也就是画的圆上的点到针尖的距离始终没有变。"这位同学边说边比画。"我来补充,就是保证了半径没有变。"另一位同学说得铿锵有力,其他同学都若有所思地点点头。我想,孩子们已经透过圆规摸索到了圆的本质。我趁热打铁,请一位学生说说用圆规画圆的技巧和注意点,我相机在黑板上示范画圆,之后让其他同学再次用圆规画圆,有了深刻的体验,孩子们画圆有明显的进步。

(二)结合图式板书,了解圆各部分的名称

有了对学情的清楚认识,学生对于圆心、半径、直径并不是一无所知,在刚才画圆的过程中,就有些孩子忍不住地想说。所以,应顺应学情,无须避而不谈而让学生再阅读自学。我指着刚刚在黑板上画的圆的圆心说:"大家都感觉到画圆时应先固定针尖,也就是——""圆心!"我边点头边在旁边标了大写的字母 O,并向学生们介绍。"刚才有同学提到半径,谁来上黑板上画出一条半径?"孩子们兴趣盎然,都想上来画。我请了一位学生上来画,其他学生判断画得是否正确。画完,我又请这位同学说说"你认为什么是半径"。"一端在圆心,另一

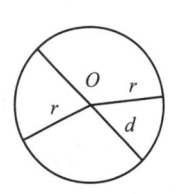

图 5-20 圆

端在圆的边上的线段。"其他同学鼓起了掌,看来,大家对他的回答很满意。我边介绍边标上小写字母 r。"既然有半径,就有——""直径!"同样地,请一位学生上来画时,学生的表达也比较完整。"通过圆心,两端都在圆上的线段,用小写字母 d 来表示。"我相机写上 d。

我发现,结合图式介绍圆各部分的名称不仅节约时间,而且学生对半径和直径的概念认识更加清晰,同时对半径和直径之间的联系已有所感悟。

(三)根据导引图式,探索圆的特征

当学生对圆各部分的名称有了明确的认识,再加上有了画圆的体验后,学生对圆的特征的探讨就更加迫不及待。我出示了下面的探究图式及学习单(图 5-21),引导学生进行自主探索。

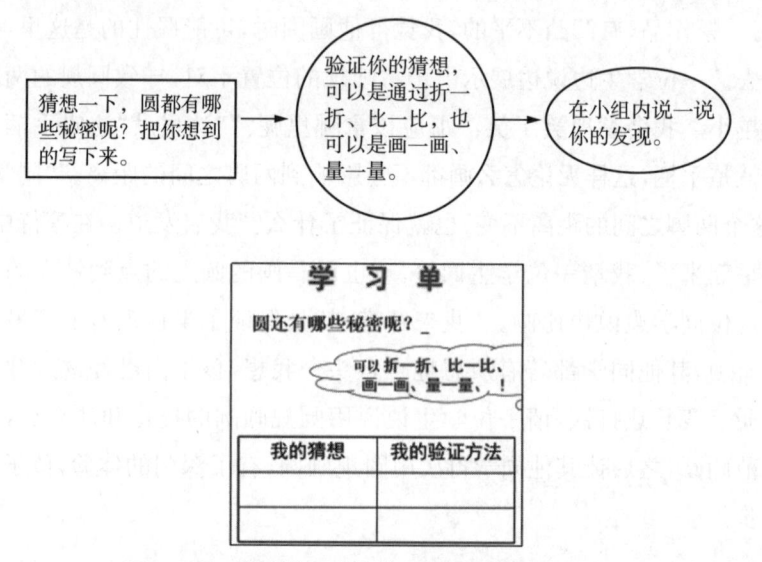

图 5-21 苏教版小学数学五年级下册《圆的认识》

在探究图式的导引下,我发现学生的探究目标明确,小组合作学习也井然有序。孩子们在充分地自主探究和小组交流后,对"圆的秘密"已心中有数,在他们一一汇报后,我不得不惊叹他们的数学直觉及探索方法,表达得也有理有据。

比如有位学生提到"所有的半径都相等时",另一位学生马上补充道:"应该是在同一个圆内。"并拿出大小不同的圆进行对比。当提到验证方法时,有的用的是测量的方法,有的是用对折的方法,有的说"刚才画圆时就知道了,因为圆规两脚间的距离没有改变,也就是半径不变"……方法虽然不尽相同,但学生把其中的道理讲得很清楚。我想,他们对圆的特征已了然于心。当有位学生提到"同一个圆中,直径最长时",班里哗然,顿时展开了一场激烈的辩论,正方呈现了他们的方法:先画出一条直径,再画出其他的线段,通过测量发现直径最长。反方则认为:如果画一条和直径斜着的就不一定。正方反驳道:那仍然可以画出与斜着的线段相平行的直径,所以还是直径最长。我发现不少学生"卷入"了原本和自己无关的问题讨论中,一开始可能只是几个学生的直觉,但经过讨论,他们想到了更一般的说理方法,甚至进行了简单的演绎推理。这不就是学生思维发展的过程吗?更重要的是,学生的思维活动都是聚焦于圆的本质特征的。

(四)自主调整板书,理清其中的关系

随着学生的回答相机进行的板书是乱的,如何调整才能更清晰地看出其中的关系,我把这个权利交给了学生。我发现,学生边调整边说理由,原本杂乱的板书经过学生的调整变成了一幅具有内在联系的网络图(图 5-22)。我想,原本杂乱无序的知识点经过孩子们的自主对比总结,去洞察数学知识的连接点、生长点,这对孩子们的独立学习是非常有帮助的,是在不断积蓄推动他们长远发展的能量。

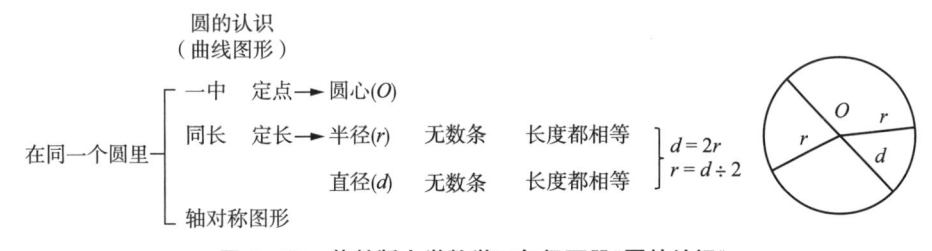

图 5-22 苏教版小学数学五年级下册《圆的认识》

(五)走进生活,体会圆的作用

在学生探索圆的特征后,我引导他们思考:我国古代伟大的教育家墨子曾说过"圆,一中同长也",你理解这句话的意思吗?学生一个个胸有成竹地举起了手,有的说:"一中同长指的就是在同一个圆里,所有的半径都相等。"有的说:"不仅所有的半径都相等,所有的直径也都相等。"看来,孩子们已经完全理解了圆的特征,那生活中如何凸显圆的本质呢?我想让学生找一找生活中的圆,有位学生说车轮是圆的,我趁此启发:"车轮为什么是圆的呢?"话音未落,很多孩子高高举起了小手,一位学生说:"因为圆,一中同长也。""我来补充,车轴在圆心,转动时它到地面的距离始终是半径的长度,是相等的,坐在上面很平稳。"学生们听过后,都禁不住鼓起掌来。我也笑着称赞道:"孩子们真会思考,原来车轮的设计里还藏着圆的知识呢。只要用心观察,圆的知识在我们的生活中还有很多的用处。"孩子们继续兴致勃勃地寻找生活中的圆,有的提到窨井盖是圆的,有的提到杯子盖是圆的,还有的提到钟面上指针转过的痕迹也是圆的……"圆的认识"就这样在生生交流、联想、补充中愉快地结束了,课虽结束,孩子们对圆的探索似乎还意犹未尽,相信他们定会带着这种好奇、探究的种子继续走进生活。

"圆的认识"的教学既是引导学生认识圆这一由曲线围成的平面图形,探索圆的特征,也是培养学生直观想象这一核心素养的重要土壤。为了凸显圆的本质,同时又能有效促进学生直观想象的发展,整节课我运用了"方法图式"和"价值图式",用观察、操作、想象、推理、表达、抽象贯穿整节课,让学生完整地经历了探索和理解、不断建构的全过程。学生的空间观念、逻辑推理能力也在思考中得以提升,学生不断地深入感知圆的特征及本质,从而有效促进直观想象,发展了数学素养。

第六章　英语图式学习现场叙事

第一节　核心素养导向的英语图式学习

一、英语教学问题诊断与分析

小学英语教学由于受到应试教育的影响,在课堂教学过程中还没有真正激发学生的主动性和参与性,学生的学习方式不够灵活多样,在开展全人教育和素质教育的进程中还存在着一定的问题。

(一)过于重视学生基础知识的掌握,忽视学习能力的培养

很多家长和教师更看重学生对知识的掌握情况,过分看重学生的学习成绩而忽视其他方面能力的培养。教师在讲授新课的时候,教学计划和目标是以学生的具体知识点为参照,如单词的读写、句型的练习等,为了让学生能快速掌握知识点,老师采用重复、死记硬背等方式降低了学生英语学习的兴趣,学生学习被动、枯燥,效果很不好。虽然很多同学英语能够考得很好,但是英语学习能力缺乏,没有通过英语这门学科的学习培养自己的创造力、理解能力等,更不用说文化意识和学习能力。

单调、枯燥而又死板的"填鸭式"的教学方法使学生丧失了学习兴趣,这恰恰与教育体制改革过程中提出的"素质教育"理念极为不符,因为教育的最终目的是锻炼学生各方面的技能,加强对学生核心素养的培养,使学生在具有较高文化知识的基础上还要具备健全的人格和高尚的道德情操。

(二)课堂教学之外缺少课外实践活动的延伸

很多学生把英语当成一门考试科目在学习,没有机会运用和实践。缺少资源,没有机会参加关于英语方面的课外活动,所有的知识全靠老师课堂上40分钟的讲解

和灌输,而忽视了对课堂教学之外的课外实践活动的延伸。课堂教学中,学生是被动接受者,"老师讲、学生记"这种灌输式的教学方式对于学生学习的积极性和主动性的增强是无益的。根据课堂观察反映出,英语核心素养培养较为突出的小学生多数是通过课外英语阅读、课外英语知识积累的方式培养的。

(三)家庭教育与学校培养配合不协调

学生的成长离不开教师和家长的共同努力。教师在学校对学生进行知识的传授、情感的培养、价值观的指引,也需要父母课后的监督与强化。父母是学生课后学习和生活的参与者与监督者。因此,需要学校教育与家庭教育的共同协调,以更好地培养小学生英语核核心素养。

(四)英语教学方法缺乏创新,教师与学生缺少互动

英语学科作为一门语言,最重要的功能是进行交流和沟通。由于应试教育的影响,教师大部分精力都花在如何提高学生的分数上面,很少考虑学生的学习兴趣培养。很多教师上课模式一旦固定就很难改正,基本上都是讲单词、读课文、抽背学生,等等。没有深入钻研教材、理解编者的意思,并灵活多变地运用不同的教学方法培养学生的学习兴趣。很多英语课堂,总体感觉缺乏创意和互动,多半是老师满堂灌输,学生被动学习。老师应该多借鉴先进的理念与经验,提高自己的教学水平,丰富自己的教学方法,以提高学生的语言表达能力和理解能力,避免在英语教学中陷入这样一个困境——学生学的是"哑巴英语",他们会写,但不会读、不会说、不会表达。这种现状与当前提倡的在英语学科教学中全面培养学生的核心素养这一理念是相违背的。从目前的课堂教学理念和实际操作情况来看,培养学生的英语核心素养还任重道远。

过去十几年的课程改革,对英语课程提出了综合语言运用能力的学科课程目标,从过去重视语言知识和语言技能的双基目标转向了多元的综合目标,推动以学生发展为本的教育。经过课程改革,教师的教学理念已经发生了显著的变化,从过去关注学科知识和技能,转向了关注培养学生综合语言运用能力,也就是要在发展学生语言能力的同时培养学生的积极情感态度和价值观、良好的跨文化意识和有效的学习策略,这些都成为英语教学的重要目标。但是英语课程还存在不少问题。特别是英语课程对学生思维能力的培养重视程度不够,对情感态度价值观的培养未能落到实处,且很少关注并引导学生发展运用英语分析问题和解决问题的能力。而核心素养的建构必然会引发我们对课程内容的重新思考和对教学方式的进一步优化,为解决目前课程改革存在的问题提供了思路和途径。

二、英语学科核心素养的内涵解读

为了全面体现英语学科的育人价值,在充分吸收和借鉴国内外有关核心素养的理论和实践研究成果的基础上,结合中国基础教育英语课程的现实需求,修订的《普通高中英语课程标准》将英语学科核心素养归纳为语言能力、文化意识、思维品质和学习能力四个方面。

1. 语言能力

语言能力主要是指在社会情境中借助语言进行理解和表达的能力。语言能力是英语学科核心素养中的"核心"。语言能力既包括听、说、读、写等语言技能,也包括对语言知识的理解和运用能力,还包括语言意识、交际身份意识等。

语言能力的一个重要组成部分是语言知识。语言知识不局限于语音、词汇和语法层面的知识,还包括语篇知识和语用知识。语言能力的界定不仅强调了语言知识的学习,而且特别注重语言知识在建构和表达意义的过程中所起的作用,语言使用者究竟是如何利用语音、词汇、语法、语篇、语用等方面的知识来表达意义的。在语言技能方面,特别强调对语篇作出的反应。过去更加强调对语篇的理解,即知道语篇表达了什么意义,而不太重视读者对语篇表达的意义应该做出的反应。我们读一篇文章之后,应不只停留在理解上,还要对语篇内容有自己的思考、判断和分析。要注意语言能力描述中反映不同思维层次的目标,如"阐释和评价语篇中的主要信息和观点""评价事实与观点之间的逻辑关系""分析和比较语篇中的主要信息和观点""理解事实与观点之间的逻辑关系""区分语篇中的事实与观点""找出语篇的主要信息和观点"。要准确把握这些目标描述中使用的"阐释""评价""分析""比较""理解""区分""找出"等描述词语的内涵差异。强调语篇的人际意义。在阅读理解的过程中,与其说是读者与文本互动,不如说是读者与文本的作者互动。既然是互动,那么作者与读者总是以一定的角色进行互动。

2. 文化意识

国际理解能力和跨文化交流能力是 21 世纪公民的必备素养。学习外语,特别是英语,是实现国际理解和跨文化交流的重要途径。学习英语的过程本身也是增进国际理解和形成跨文化意识和能力的过程。在英语学习的过程中,学生要学习大量的英语语篇(包括口语语篇和书面语篇)。在学习这些语篇的过程中,学生要接触大量的英语国家社会现象和文化背景。

中小学的各个学科都对学生形成积极的情感态度和价值观有重要的影响,英语学科也不例外。不同的民族有不同的情感态度和价值观,这些情感态度和价值观以各种形式体现在语言和语言使用中。学习母语以外的语言,能够使我们了解其他民族的情感态度和价值观。文化品格核心素养不仅仅指了解一些文化现象和情感态度与价值观,还包括评价语篇反映的文化传统和社会文化现象,解释语篇反映的文化传统和社会文化现象,比较和归纳语篇反映的文化,形成自己的文化立场与态度、文化认同感和文化鉴别能力。

3. 思维品质

语言与思维的关系十分密切。学习和使用语言要借助思维,同时,学习和使用语言又能够进一步促进思维的发展。学习和使用母语以外的语言,可以丰富思维方式,进一步促进思维能力的发展。英语课堂教学中的很多活动能够促进学习者思维能力的发展。

作为核心素养的思维品质,既不同于一般意义的思维能力,也不同于语言能力核心素养中的理解能力和表达能力,而是与英语学习紧密相关的一些思维品质。例如,理解英语概念性词语的内涵和外延;把英语概念性词语与周围世界联系起来;根据所给信息提炼事物的共同特征,借助英语形成新的概念,加深对世界的认识;根据所学概念性英语词语和表达句式,学会从不同角度思考和解决问题。用英语进行理解和表达的过程不仅有利于学生培养通用思维能力(如识别、理解、推断),而且有利于学生逐步形成英语使用者独有或擅长的思维方式和思维能力。

4. 学习能力

21世纪的公民必须具有终身学习的意识和自主学习的能力。对于中国学生来说,发展英语学习能力尤其重要。由于各种因素的限制,对中国的中小学生来说,学好英语并非易事。因此,掌握英语学习的要领,养成良好的学习习惯,形成有效的英语学习策略,显得尤其重要。作为核心素养的学习能力,并不局限于学习方法和策略,也包括对英语和英语学习的一些认识、态度,例如,对英语学习有正确的认识和持续的兴趣,有积极主动的学习态度和成就动机,能够确立明确的学习目标,有主动参与语言实践的意识和习惯。除了使用学习方法和策略以外,还要能够监控方法和策略的使用情况,评估使用效果,并根据需要调整学习方法和策略。学生不仅需要在学英语、用英语的过程中使用学习策略,而且要形成学习英语的能力,为自主学习和可持续学习创造有利条件。

三、图式学习促进英语学科素养发展的基本策略

(一)图式优化问题设计,拓展学生思维广度

教师对材料的深度解读、任务的多元化设置、课堂问题的精心设计不仅有助于

学生语言知识的积累,提高综合语言运用能力,而且能培养发展学生的思维品质,提升跨文化意识。然而,在传统小学英语教学中,教师往往把重点放在语言知识技能的培养上,却忽视了对学生思维品质的提高。教学局限于对字、词、句的解读,问题设计缺乏对文本的深入分析,思考的深度和广度不足。

如何利用图式优化阅读教学设计,培养学生英语阅读思维品质,提高学生英语学习素养?

1. 阅读任务多元化,激活学生思维

可以结合小学生的认知特点,通过歌曲、视频、游戏等活动导入主题。例如在绘本阅读课 Suspended coffee 的导入环节,教师请学生围绕 What's your favorite drink? 展开交流。接着结合咖啡实物,请学生闻一闻、尝一尝,提供线索让学生猜测教师喜爱的饮料(Its color is brown. It smells/tastes...)引出 coffee 这一主题。既可以活跃课堂,又能够激活学生关于阅读话题的图式,唤醒求知欲和好奇心。

首先,提问与课文内容有关的问题,调动学生已有的图式知识。其次,以介绍和讨论关键词来启动学生已有图式。关键词是与文章主题思想紧密相关的词语,因此激活有关图式。阅读前,教师有意识地仔细选出一些关键词语,将这些关键词串成一条线,发动学生讨论,并因势利导,发挥他们的想象力,把他们的思路引到文章脉络上来。初读文章时教师可以抛出一个概括性问题,大胆放手,让学生提取文本关键信息。降低阅读任务的难度,保护学生的阅读积极性,同时帮助学生在筛选答案的过程中锻炼提炼概括的能力。再细读文章,设置需要学生对文本进行解读、提炼、重组、转化、归纳总结的阅读任务,帮助学生理解并梳理文本。例如在译林版小学英语六年级上册 Unit 6 Keep our city clean 一课中,首先请学生观看课文动画,回答问题:What's dirty in the city? 学生找出三个方面:air, streets, river。接着从三个方面分别寻找原因。教师带领学生分析图文找出 What makes the air dirty? 接着通过 Listen and complete 请学生听段落完成填空,理解 What makes the streets dirty? 这一问题。再小组合作 Read and discuss,解决问题:What makes the river dirty? 阅读任务由易到难,层层递进,从教师指导到独立分析,形式包括看动画、听录音、观察图片、自读文章、小组讨论等。多元化的阅读任务,有助于激活学生思维并维持思维活跃度。

2. 优化问题设计,提升思维广度

阅读需要培养学生的综合运用能力,考查学生对信息的分析处理能力,培养学生良好的情感价值观。一节有深度的阅读课,问题的设计至关重要。问题在精不在多。课前教师应当充分研究学生,了解学生的认知水平和生活实际,设计的问题应

有效指向教学目标。深度挖掘文本，把握重点难点。问题的设计应层次清晰、衔接自然。无效的问题少问或不问，有深度有挑战性的问题要精练，精选有启发性的简单问题作为铺垫。通过解决问题，引导学生多角度、多层次思考，提升思维广度。

让学生就教师给出的与课文内容有关的问题进行小组讨论，已有背景知识的学生往往能帮助其他学生建立有关背景知识。采用对比法介绍中外文化背景知识，帮助学生建立图式。在阅读时对不同文化、不同价值观念和道德标准间的差异进行比较，因为这些差异会导致对信息的不同理解。通过异同比较，能有效地将对比结果深印在读者脑中。开展一些与学生生活实际贴近的活动，增长其感性经验或让学生通过设想来增加实际感受，调动或建立起有关图式。在教学过程中，如发现学生完全没有与篇章有关的某方面背景知识，就应直接向学生提供这样的背景知识，在适当时候向学生予以介绍。通过对学生图式的激活和建构，让学生在回答教师问题的基础上对课文内容进行预测。

例如在一节主题为 Spring Festival 的课外阅读课上，教师提出 What can people do at Spring Festival? Why do people have the activities? 这两个问题，引导学生细读文章，找出春节的活动习俗。但不仅仅停留在圈画出活动习俗，而是进一步追问，鼓励学生开动脑筋尝试挖掘春节习俗背后隐藏的文化含义。教师接着设计了一个很巧妙的问题：How to say "celebrate the Chinese New Year" in Chinese? 学生答"过年"，教师紧接着出示这两个汉字，追问：What is "Nian"? Why do people say "Guo Nian"? 从"过年"二字入手，追问学生对"过"和"年"的理解。学生对春节的传说故事产生兴趣，再带着疑问去寻找答案。学生进入文本的深度阅读，寻找春节的传说故事。在细读故事时，教师利用思维导图从 Cause, Event, Result 三个方面引导学生提炼关键词进行梳理。再请学生小组合作，利用关键词复述故事，深化对故事的理解。在这一过程中，教师适当引导而不过度干预，学生在自主合作的过程中加深了对故事的理解。

3. 善用思维导图，培养思维能力

在读后活动中，学生对文章的概括总结、复述分析是提升思维品质的一个重要环节。教师可以借助思维导图，帮助学生理清文本脉络，培养学生的逻辑思维和发散思维。善于借助思维导图，对语篇进行归纳总结，能够化繁为简，让所学内容更加形象化、直观化。例如，在译林版小学英语六年级上册 Unit 8 Chinese New Year 一课中，教师抓住四个时间点，以时间线的形式设计板书，让文章脉络直观呈现在黑板上。学生在进行复述时，借助板书，思路清晰明了。

(二) 图式课堂引导启发，丰富学生学习策略

阅读理解是一个复杂的认知过程。在阅读的过程中，读者不仅要能熟练地运用已经掌握的语言知识如单词、句型、语法等，进行文本信息的解码以读懂篇章字面意思，还要能运用阅读策略从文本中提取关键信息进行深度阅读，了解文字材料背后的意义与思想。这一阅读解码的过程是读者头脑中已经存在的图式与文本之间相互作用的过程，是由读者的语言知识、背景知识、文本内容以及阅读策略共同建构的。英语教学的过程就是帮助学生利用图式认知的功能，在阅读的过程中，基于已有的图式，激活、建立并巩固新的图式，以实现对文本的整体把握，深度理解记忆和有效阅读。

在生活中，我们会根据已有的知识和经验预见事情的发展。同样，我们在阅读中，也能够根据标题、图片等对文本信息进行预测。阅读文章前，可以引导学生通过分析文章标题、观察文章配图、确定文章体裁、分析文章结构，预测并了解文章主要内容，文本信息与头脑中已有的图式进行融合，激活并构成新的图式，帮助理解文本。阅读教学中，需要指导学生对文本材料进行选择加工，引导学生提取有用的重点信息，储存并与已有的知识进行整合，构建新的图式，促进对文本的理解。理解是记忆的基础，在理解时，用旧知带动新图式的构建，可以帮助学生记忆新知。在阅读教学的对文本信息进行复述等拓展活动中，图式为新知的理解提供了框架。

1. 丰富语言知识，扩展语言图式

在小学阶段需要学习和掌握的英语语言基础知识包括语音、词汇、语法以及常用的语言形式等。如果缺少相应的语言知识，语言图式无法支撑阅读过程中对词汇、语法等的识别和解码，对文本的深度理解也无从谈起。其中，英语词汇的学习和记忆一直是英语语言知识教学的一个难题，很多学生花费大量时间精力死记硬背单词，而效果却并不理想。在阅读过程中，学生往往过度关注单个词特别是生词的含义，长难句解码困难，而无法透彻理解语篇意义。

实际上，从图式理论中我们能够得出，理解与记忆应该是新的图式在头脑中已有图式的基础上相互作用、完成建构的。单调枯燥的拼读抄写对于词汇的记忆与活用并无益处。词汇的教学应该是立体的，与语境以及已有的学习经验相结合，采用话题法、构词法、音形义结合法等多种方法来搭建语言图式。例如译林版小学英语五年级上册 Unit 5 What do they do? 一课中，学生需要学习关于职业类的单词。围绕 Jobs 这一主题，让学生进行头脑风暴，迅速说出已知的职业词汇(图 6-1)。在这一过程中，已有图式被迅速激活，锻炼思维的同时，新的图式也与已有图式发生联结。

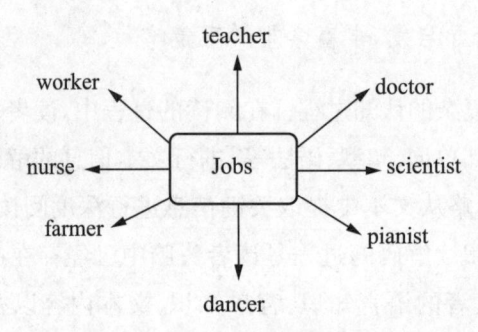

```
        teacher
worker          doctor
       ┌──────┐
nurse ─┤ Jobs ├─ scientist
       └──────┘
farmer          pianist
        dancer
```

图 6-1 译林版小学英语五年级上册 Unit 5 What do they do?

在列举出职业词汇后，引导学生发现有些单词的构成是有一些规律的，例如 worker, teacher, dancer 等职业词是在其相关动词 work, teach, dance 末尾加(e)r 构成。同样，英语词汇中还有很多合成词是可以通过其中单个的词来进行词义猜测，如 housework, playground 等。也可以在单词教学中，帮助学生梳理一些基本的构词法，了解词根、前缀与后缀，掌握常见的字母或字母组合的发音规律和自然拼读法则，学生通过熟悉的图式能够更好地激活并构建语言图式，降低记忆单词的难度，提高词汇学习的效率，为有效阅读奠定基础。

2. 补充背景知识，激活内容图式

图式理论认为，要正确理解文本，需要掌握与文本相关的背景知识，在阅读过程中激活内容图式，与头脑中原有的图式相结合以构建新图式。在阅读教学前，可以指导学生通过扫读标题、观察图片视频、回答问题来激活并补充背景知识，对阅读文本进行预测。

例如在教授译林版小学英语五年级下册 Unit 7 Chinese festival 时，带领学生扫读文章标题找出中心词 Festival, 提问：What festival do you know? 再聚焦标题 Chinese festival, 提问：What Chinese festivals do you know? 学生很容易就能猜测到阅读的文本是围绕中国传统节日展开的，并且能够列举一些中国传统节日的表达，为后续阅读铺平了道路。

能够提供直观视觉的图片往往也蕴含着丰富的信息，在激活内容图式时发挥着独特的作用。例如，在译林版小学英语六年级上册 Unit 5 Signs 一课中，先向学生展示课前收集的大量生活中的标志图(图 6-2)，视觉的冲击很快让学生锁定阅读主题 Signs。接着挑选一些常见的标志提问：Where can you see the sign? What does it mean? 阅读中的重难点也就迎刃而解。

Where can you see the sign?
What does it mean?

图 6-2　译林版英语六年级上册 Unit 5 Signs

在译林版小学英语五年级上册 Unit 8 At Christmas（Cartoon time）教学中，阅读前请学生仔细观察图片，并描述图片中小动物们的心情，提问：Why do they like Christmas? 分析为什么大家喜欢圣诞节，再追问：What do people usually eat at Christmas? 补充相关文化背景知识：People always eat turkeys at Christmas or Thanksgiving Day in western countries.拓展文化背景知识的同时，也为趣味阅读中的趣味点埋下伏笔。接着提问：Does everyone like Christmas? 学生带着问题阅读文章，抓住主要的矛盾点。结合前面铺垫的文化常识，很容易理解 Mr Turkey 不喜爱圣诞节的原因，实现了深度阅读。

图 6-3　译林版小学英语五年级上册 Unit 8 At Christmas

3. 分析体裁结构，构建形式图式

在阅读过程中，除了文本的内容和语言会影响阅读效果以外，文本的体裁结构也影响着学生对文本的理解和把握。不同体裁结构的文本在描写方式和行文风格上各不相同，常见的文本体裁有记叙文、议论文、说明文、应用文。

在构建记叙文的形式图式时要抓住人物、时间、地点、开端、发展、结局这几大基本要素。例如在译林版小学英语六年级上册 Unit 1 The king's new clothes（Story time）的阅读教学中，帮助学生构建如下图式（图 6-4），抓住故事发生的几大要素，按照故事的开始、发展、高潮、结局进行梳理，引导学生思考：Who is clever? Who is foolish? What do you think of the story?

When: long long ago

Who: the king, two men, a little boy, the people in the street

What happened:

  The king _____.

  Two men _____.

  The men _____ but the king _____.

  At last, the king _____.

图 6-4　译林版小学英语六年级上册 Unit 1 The king's new clothes

在构建议论文形式图式时，以译林版小学英语六年级上册 Unit 7 Protect the Earth 为例，先引导学生找出议论文的论点：To protect the Earth, we should save water, save energy, save trees and we shouldn't use too much plastic. 接着带领学生找出文中支撑论点的论据，即 Why? Why should we save water/tress/energy? Why we shouldn't use too much plastic? 再分析针对论点给出的解决方法，即 How? How to protect the Earth? 通过这三层结构分析，层层剥笋，学生理解文本也就不那么困难了。

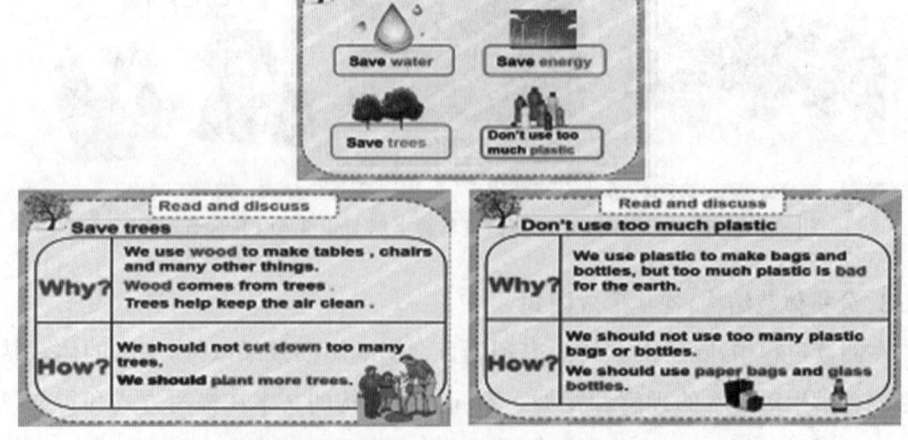

图 6-5　译林版小学英语六年级上册 Unit 7 Protect the Earth

说明文的形式图式,可以通过绘制图表的方式帮助学生进行构建。译林版小学英语五年级下册 Unit 7 Chinese festival 一课,主要从时间、美食、活动三个方面对四个中国传统节日展开说明。在文本解读的过程中,通过图表归纳总结,帮助学生理解,直观形象、一目了然。读后对文章整体进行梳理复述,拓展环节,引导学生归纳总结如何介绍节日(月份、习俗、特色食物等),再通过小组交流讨论去尝试介绍其他的中国传统节日,在理解的基础上活学活用。

图 6-6　译林版小学英语六年级下册 Unit 7 Chinese festivals

在图式理论的指导下,激活、建立、使用并巩固图式,能够帮助学生基于已有的图式建立新的图式,在理解记忆的基础上结合阅读材料进行深度思考。通过扩展语言图式、激活内容图式、构建形式图式,可以降低阅读学习中的难度,缩短理解记忆的过程,在阅读中培养思维品质,提高小学生英语阅读能力,提高英语阅读教学有效性。

(三) 图式复习总结归纳,培养学生学习能力

英语复习课应有别于新授课、练习课,其基本任务是"落实双基抓主线,触类旁通织成片,温故知新补缺漏,融会贯通促熟练",是在对已经学过的知识进行再现和回顾的过程中重新认识一些遗漏的知识,同时提升学生的知识运用能力的一个过程。将图式理论运用于复习课中,帮助学生激活原有知识储备,有效理清并整合相关知识,形成知识体系的网络"图式",从而将零碎、片段的机械式复习提升为注重知识之间关系与脉络的有效复习。

1. 归纳整理,激活知识图式

复习阶段的主要任务不是传授知识,而是在学生原有的知识基础上帮助他们对

知识进行归纳整理。因此,运用图式理论进行语篇复习时,教师可以在课内进行相关引导,然后把归纳整理的工作交给学生,让学生自己去观察、发现、整理,从而更好地理解、运用"图式"回顾所学语块,归纳总结词形变化、词性用法、词义及惯用搭配等,有疑问可以课堂讨论或提问;整理单词、短语、句子及精彩语段。通过回顾,唤起大脑中的记忆,进行词的各个层次的语义加工,起到进一步巩固复习的作用。通过图式作业,学生对知识进行了系统的整理,记忆有所加强,理解也更加深入,为下一步学习做好了相关知识的巩固、加工和储备工作。

2. 读写结合,构建语篇图式

促进小学生阅读理解能力提高的关键在于促进学生头脑中相关图式的建构,并激活相关图式参与到意义建构过程中。为使学生进行更为有效的阅读,尝试采用图式帮助他们把已有的背景知识与阅读材料中的文字信息联系起来,从而培养学生在阅读中运用图式的能力,提高阅读水平。由于激活了相关的背景知识,学生不仅能进行高效阅读,还能在真实情境下进行合理交际。在阅读训练后,及时引导学生运用阅读材料进行写作图式的梳理。在前期图式训练的影响下,学生经过自主观察和思考,可以围绕话题进行描述,并整理出自己的写作图,发挥好图式的作用,运用词汇发散、图表等方式方法,在写作过程中调用已有图示,创建新的图示,以此提高英语写作能力。

第二节 阅读图式学习现场叙事

近年来,英语绘本阅读作为课本教学的补充,越来越受到青睐。阅读不仅仅是语言活动的过程,也是思想与情感交互的过程。在绘本阅读教学中,如何利用图式聚焦主题,把握教学目标的整体性,以学生为主体,创设情境以有效达成目标?为解决这些困惑,在一次校级教研活动中,我选择了"跟上兔子"系列绘本 *Suspended Coffee* 一书,在五年级开展教研。

课堂伊始,我从谈论 favorite drinks 入手活跃思维,提供线索让孩子们猜猜老师的 favorite drink。"Its color is brown. It smells/tastes..."语言描述不及实物直观形象,我拿出事先准备的一杯咖啡,请了三位孩子上前来看一看、尝一尝、闻一闻,再描述给其他同学,很快答案揭晓,"My favorite drink is coffee"。鉴于孩子们对于绘本的标题 suspended coffee 比较陌生,我没有直接介绍 suspended coffee,而是结合咖啡种类的背景知识来引出主题。

T：What different types of coffee do you know?

S1：Latte.

S2：Cappuccino.

S3：…

T：There are many types of coffee. What is the suspended coffee? Is it a type of coffee?

学生大多听说过拿铁、卡布基诺等咖啡种类，Suspended coffee 是不是也是咖啡的一种呢？带着这样的好奇，开始初读绘本。由于原文中没有对 Suspended coffee 的直接解释，回答这一问题时，为降低难度，我提供了三个选项：

A. A type of coffee, like latte.

B. A type of coffee that no one drinks.

C. Free coffee for needy people.

读完故事，很快便能做出判断：Suspended coffee is free coffee for needy people. 我继续追问：Who is the needy people in the story?

S：David.

T：Why does David need the coffee?

S：Because it's a cold winter morning. David doesn't have breakfast.

看来孩子们对主人公又冷又饿感同身受，但还没有抓住这杯咖啡的不寻常之处，我继续细化问题。

T：But why does he need the free coffee?

提问时，我故意强调了 free 这个词，为解决这个问题而再读故事。不一会儿一只只小手举了起来。

S：They are not rich.

S：The cafe seems expensive.

S：He has only two pounds. It's not enough to have something to eat and drink.

这次，孩子们层层剥笋，找出了主人公的困难处境。Free 一词仍能抓住做文章，继续追问：David got a cup of suspended coffee. It is free. But who buys it?

免费咖啡是由谁买单的？带着和主人公同样的疑惑，阅读聚焦在 suspended coffee 的购买场景。

S：The old man buys the suspended（The old man buys the suspended coffee.）.

这是故事中一眼就能看出来的，但是好心人并不只有这位老人。

T：Does he buy the coffee for David? Only the gentleman buys the suspended coffee?

停顿片刻,给学生足够时间静下来思索片刻,理清这其中的关系。

S:There are some other kind people. They buy the coffee for needy people.

为了更加直观,我请学生三人小组演示主人公这杯 suspended coffee 的购买过程,还原主人公是如何得到热心陌生人的帮助的。小组合作排练,之后我请了两个小组上台展示。

S1—waiter　S2—David　S3—stranger

S1:Hello,sir. What can I do for you?

S3:Two coffees,please. One for me and one suspended.

S1:Thank you so much, sir. Here you are.

S1:What can I do for you boy?

S2:I'm hungry and cold. I don't have enough money. I want a cup of suspended coffee.

S1:Here's a cup of suspended coffee. Here you are.

关于 suspended coffee 的情感解读,绘本中只有简单的一句:It is about kindness for strangers.如何帮助孩子产生共情,真正体会到这杯咖啡所蕴含的温暖?我试着从通过这杯咖啡连接起来的两个陌生人入手。让孩子产生共情最好的办法,就是请他们设身处地去体会去思考,才能感同身受。

首先,让我们来当购买 suspended coffee 的爱心人士。我问道:Why do they buy the coffee for needy people? 有个孩子举起手:Because they are rich. 我帮他换种方式表述:Maybe you mean that those kind strangers can afford to buy the coffee, right? 回答问题的孩子笑着点点头。我继续问:They can buy two cups of coffee for themselves. Why do they buy a cup of coffee for a strange people? 思考片刻,有个孩子说:Because they want to help the other people. 抓住答案中的情感因素,我追问:Is it just a cup of coffee? 学生习惯性地在书中寻找答案,很快找到了:It is not just a cup of coffee.It is about kindness for strangers.我肯定了他的答案:Great, Kindness. 但我希望孩子们能从这杯咖啡中细品出更多的情感。"Only kindness? Anything else?"一时,学生有些犯难,从中提炼出 suspended coffee 的意义对于他们可能有些难度。我转念一想,这次,让我们来当"文中人"以解"此中意":If you are David, how do you feel? 小手纷纷举了起来:

S1:I feel very warm. T:So maybe it's a cup of warmth.

S2:I feel the love of the kind strangers. T:It's also a cup of love.

S3: I feel thankful. T: It's a cup of trust.

通过课件展示,这杯普通的咖啡中升腾出一颗颗爱心(图 6-7),孩子们对 suspended coffee 的情感意义的理解也由此细品而出。

图 6-7 英语"跟上兔子"系列绘本 *Suspended Coffee*

绘本到这里并没有就此结束,故事的精彩之处并不只是了解何为 suspended coffee,而是善良的主人公将这份来自陌生人的 kindness 传递给了更多需要帮助的人。

T: David is a good boy. He helps to support his family. He gets the suspended coffee from a stranger. He also wants to pass on the kindness.

如果只是让孩子阅读绘本,找出 How does David pass on the kindness?,学生局限在圈画答案,很难将绘本故事与自己的生活发生联系,所以在读绘本前,我先问: If you are David, What will you do?

S: I will help the other people.

回答到了关键点,但是不够具体。

T: How will you help the other people?

我请学生在小组范围进行讨论,从自己平时帮助别人和别人对自己提供的帮助两方面去考虑。

S1: I can help my classmate to solve some math problems.

S2: I can help to clean our classroom.

S3: I can help people by selling some of my books or toys in the love charity.

经过讨论,孩子们认识到,日常生活中有很多力所能及的事可以帮助别人。再回到绘本阅读,找一找:How does David pass on the kindness?

　　S1:He works hard at his lessons.

　　S2:He helps at school and at home.

　　S3:He tries to learn more,because he wants to help more people.

对比之前的答案,发现他们没有意识到,提升自己也是为了更好地帮助更多人的一种好方法。

　　T:David helps the others, at the same time, he improves himself. He grows a lot and when he grows up he can help more people.

情景再现,将跨越时空、相似而不同的两幅图片通过课件结合展示(图6-8)。继续读绘本之前,请学生发挥想象演一演会发生怎样的故事。

图 6-8　英语"跟上兔子"系列绘本 *Suspended Coffee*

　　本以为学生大概会表演出成年后的 David 购买 suspended coffee 时与店员的对话,而在展示环节,有些孩子别出心裁地加入了新的角色,不仅再现了 David 购买待用咖啡,而且创意加入需要帮助的贫困老人享用待用咖啡的两个小场景,将这个小故事完整地延续下去,也通过一个故事循环诠释了 How to pass on the kindness。

　　之后,再读绘本:He goes back to buy suspended coffee every weekend. Because he always remember the cold morning when a suspended coffee brought him all the warmth and changed his life.

　　T:At first, David needs a cup of coffee, then he gets the suspended coffee. At last, he buys suspended coffee for the other needy people. He grows a lot and he passes on the kindness.(图6-9)

图 6-9　英语"跟上兔子"系列绘本 *Suspended Coffee*

T：Do you like this story? Who do you like best? Why?

T：Have you ever helped the others? Have you ever got help from the others?

请学生谈谈自己的感受，联系生活实际，思考这则故事给自己带来哪些启发和感悟。

最后以一组关于 kindness 的图文配乐结尾（图 6-10），静静体会其中的情感价值。

图 6-10　英语"跟上兔子"系列绘本 *Suspended Coffee*

在 Suspended coffee 的绘本故事中，不仅要抓住 kindness 的情感要点，引导学生读懂好心的陌生人帮助贫困主角的故事，更要挖掘 Pass on the kindness 的深层情感意义，体会主角从需要一杯温暖的咖啡，再得到好心人的待用咖啡，最后购买待用咖啡传递爱心的成长历程。绘本故事往往蕴含深刻寓意，问题设置不要浮于表面。可以通过适当的文本再构，从学生的学习能力出发，精心设置教学活动，将情感因素与学生已有认知相结合,渗透于教学环节之中。

　　新课程标准不仅强调要培养学生的英语学习兴趣,还特别关注学生在学习过中的情感体验和积极的学习动机生成。阅读的过程不仅仅是单向的语言活动,更是思想情感相互沟通表达的心理活动。在绘本阅读中,关注学生的参与过程与情境体验。根据学生的心理特点和已有认知水平创设问题,与学生的生活体验发生关联。例如在本节课中利用咖啡实物导入让话题立体化;读故事时,请学生置身主角位置去思考"如果是你,你会怎么做";结合自己的经历谈一谈"你是如何帮助别人,别人是如何帮助你的";选择绘本中较为经典的片段,让学生根据故事情节发展,扮演角色、体验情感,等等,在创设的特定情境中,唤醒学生的潜在情感,激发积极思考,加深对文本的理解,将绘本故事与生活经验密切联系,自然而然达成情感目标。

第三节　写作图式学习现场叙事

　　在教学译林版小学英语六年级上册 Unit 7 Summer holiday plans 一课时,和以往一样,我将写作融入单元复习课作为其中一个教学环节:根据教材上的写作任务,提供写作模板,学生围绕 Summer holiday plans 这一主题展开写作。在批阅学生习作时,我发现一个奇怪的现象:孩子们的文章千篇一律,仿佛"克隆"而出。不仅句式单调乏味,连旅行计划都如出一辙,不是去上海就是去北京,计划内容也和课文高度雷同。反思本单元写作教学中"克隆"文的成因,发现学生当堂完成习作时由于前期信息收集不足,缺乏相应写作素材的支撑,想写而不知写什么,只好选择最为熟悉的北京、上海下笔,并不是畅谈真实的暑假旅游计划;练笔时受到局限于语言准确性的评价标准影响而害怕出现语法错误,不敢尽情表达,想写好却不知如何写好,只好选择最为熟悉的课文素材,套用课文中的简单句型,写出来的文章更像是多个句子的单调排列。

　　为破解这一英语写作"克隆"怪象,我尝试结合图式理论将写作环节单独设置成一节写作指导课,从两方面入手——课前做好写作素材的收集,课上给予充分而细致的写作指导。

　　写作课前,我先和学生相互交流了彼此的暑假旅行计划,孩子们都畅所欲言:扬州,云南,西安……只有真实的旅行计划,才能为后续的写作提供动力。我发下一张目的地信息卡,请孩子们回家和父母商定暑假旅行目的地,再去搜集目的地的相关信息,如景点、美食、特色活动,等等,查阅对应的英文表达后记录在信息卡上(图6-11)。

```
City: _____
Interesting places:
_____
_____
_____
Food:
_____
_____
_____
Others:
_____
_____
_____
```

今年暑假你打算去国内哪个城市旅行？请搜集相关材料，了解该地景点和美食的英文表达，也可以补充其他特色活动，填写在信息卡上。

图 6-11　译林版小学英语六年级上册 Unit 7 Summer holiday plans

写作课一开始，我先利用本单元卡通板块的小故事引发学生思考：受到全球疫情的影响，想要成为旅行家的 Bobby 的环游世界计划泡汤了，但是可以选择环游中国，你有什么好的建议呢？

师：Bobby wants to be a traveller and travel around the world. But we had better not travel around the world this summer holiday because of the novel coronavirus. There are a lot of interesting and beautiful places in China. Which city will you recommend to Bobby?

孩子们一下子来了兴趣，有的推荐 Bobby 加入自己的暑假之旅，有的邀请 Bobby 来南京一游……最后我们以大家都熟悉的南京为目的地，着手帮助 Bobby 制订暑假旅游计划。孩子们跃跃欲试，但一时不知从何下手，于是我问："如果邀请 Bobby 来南京，你有什么景点或者美食推荐的呢？"根据学生的回答，我将这些景点名称和特色美食出示在黑板上并备注英文名称。"如果这样把所有的信息一股脑介绍给 Bobby，是不是太混乱？你有什么好主意让我们的信息更有条理？"有孩子提出："我们可以使用表格进行分类。"又有孩子提议："我们也可以借助思维导图。"我为孩子们的提议点赞："你们都说得很好。我们试试看思维导图吧，它可以让我们的信息有条理，而且也可以进行拓展扩充，是个不错的方法。如何制订旅行计划的思维导图呢？需要包含哪些方面？请大家讨论讨论。"有的学生认为要包含时间、地点和出行方式，有的学生补充，还要考虑旅行时长以及计划做的事，还有学生将计划做的事细分为参观的景点、品尝的美食以及参与的特色活动……根据大家的讨论,我随之出示思维导图(图 6‑12)。

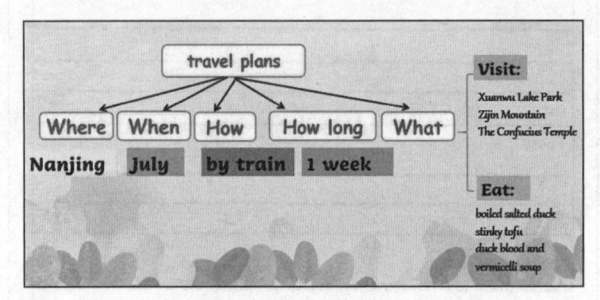

图 6‑12　译林版小学英语六年级上册 Unit 7 Summer holiday plans

Travel plans 在这一框架下立刻变得清晰起来。紧接着,我带领孩子们一起帮助 Bobby 列举关键词,进一步完善思维导图。就这样,在完成帮助 Bobby 的这项小任务中,渗透了旅行计划思维导图的制作方法。

教会了方法,还需要自己小试身手。正好利用课前准备的信息卡,对照思维导图梳理自己的暑假旅游计划,再和同伴口头分享介绍自己的暑假计划。虽然有思维导图和分类好的信息素材,但是课堂巡视中发现孩子们的口头表达还大多停留在简单的句式:I will go to …如果现在就开始写恐怕也只能是简单句的拼凑,还不能形成一篇高品质的文章。这时就需要发挥优秀范文的作用,明确语篇结构,引导学生鉴赏评析,了解好文章之"好"在何处。借助之前创设的情景,我提供了两篇文章,请学生对比阅读(图 6‑13)。

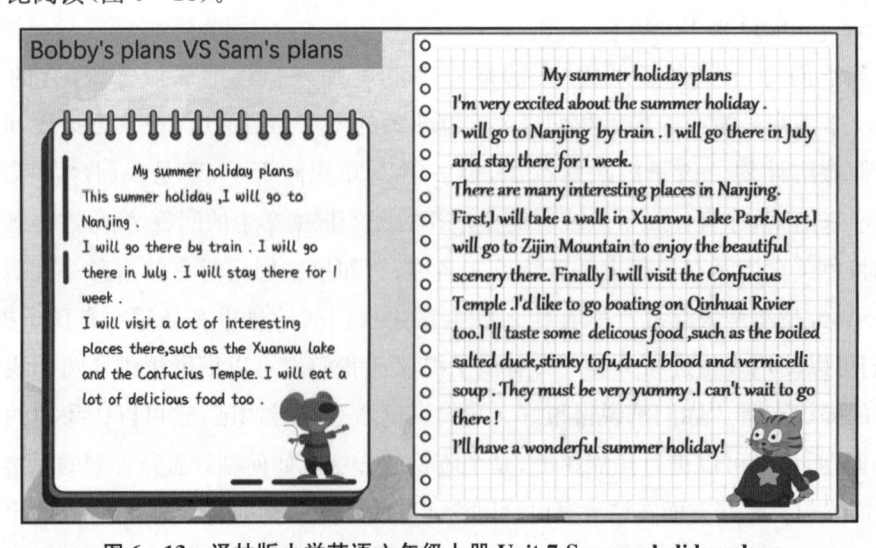

图 6‑13　译林版小学英语六年级上册 Unit 7 Summer holiday plans

师："Bobby 和 Sam 都写了一篇题为 Summer holiday plans 的计划,请你读一读,你更喜欢哪一篇?为什么?"大家都很欣赏第二篇,有的认为第二篇内容比较丰富,有很多细节描写;有的认为第二篇用词比较优美,句式多样,相比较第一篇的句式太单调,可读性不强。那如何才能写出一篇内容丰富、句式多样、用词优美的文章呢?需要进一步帮助学生拆分文章,进行分析,并渗透写作策略的指导。

首先看文章结构,可以从 Beginning, body 以及 Ending 入手。提供 Beginning 和 Ending 可供选择的参考句。我问:"从文章结构可以看出 Body is the most important part of the passage. 那么如何写好文章主体部分呢?"

生:我们可以从景点、美食、活动等方面入手安排好要写的内容。

师:不错,我们可以把收集到的信息按照 Interesting places, delicious food, special activities 等进行分类。

生:也可以按照时间线来写。

师:对,借助 First,..., Next,..., Then,..., Finally,..., On the first day,..., On the second day,...,可以让计划清晰明了。

接着再从句式变化、灵活用词等方面进行指导。我请学生读一读下面的句子,想一想如何让我们的表达更加简洁,避免重复。

I will go to Nanjing. I will go to Nanjing by train. I will go to Nanjing in July. I will stay in Nanjing for 1 week.

生:可以用 there 代替 Nanjing。

生:还可以把两个句子合并一句。

最终我们将这四个句子合并成 I will go to Nanjing by train. I will go there in July and stay there for 1 week. 简洁明了,也更符合表达习惯。

趁热打铁,我又出示三个句子,请学生读一读、改一改:

I will go to Xuanwu Lake Park. I will go to Zijin Mountain. I will go to the Confucius Temple.

读完上面的三句,大家普遍觉得 go 这个词太单调而且重复过多,可以使用不同的动词来替换 go,并且可以通过丰富细节来让内容更加生动。紧接着我提取出范文中的表达:First, we will take a walk in Xuanwu Lake Park. Next, we will go to Zijin Mountain to enjoy the beautiful scenery there. Finally we will visit the Confucius Temple. I'd like to go boating on Qinhuai River too. 请学生品读,体会如何活用词汇,展开内容细节描写。紧接着让学生来练练手。

师：你能尝试丰富细节，对 I will eat a lot of delicious food. 这句进行扩充吗？

生：I will eat a lot of delicious food, such as the stinky tofu, duck blood and vermicelli soup and boiled salted duck.

师：非常好，你列举出了几种特色食物，可以更多一些关于食物的描述吗？

生：Stinky tofu smells bad but tastes nice.

生：Boiled salted duck is a a very popular dish in Nanjing. It's very delicious.

师：通过对食物的具体描述，让我们更多了一些直观立体的认识。我也很欣赏你使用的形容词，在我们的习作中也要善用形容词来进行修饰美化。让我们一起读一读，体会一下，丰富细节后的文章是不是更加生动有趣？I will eat a lot of delicious food, such as the stinky tofu, duck blood and vermicelli soup and boiled salted duck. Stinky tofu smells bad but tastes nice. Boiled salted duck is a a very popular dish in Nanjing. It's very delicious.

在对话交流中，渗透了写作的策略：整体把握，明晰文章结构；活用词句，避免重复；发挥想象，丰富细节；善用形容词，修饰美化。我把这几点策略展示在板书上，告诉学生这也正是我们的习作评价标准之一，顺势出示习作评价表（图 6-14）。

评分标准	★	★★	★★★
Write with well-structured paragraphs. (结构完整，段落分明。)			
Use correct grammar, spelling and punctuation. (正确使用语法，拼写和标点。)			
Use smooth and beautiful sentences. (语句流畅优美。)			

图 6-14　译林版小学英语六年级上册 Unit 7 Summer holiday plans

在完成写作指导、明确评价标准后，学生进行习作练笔，借助自己的信息卡和思维导图，完成 Summer holiday plans 的主题写作。

完成一篇好的习作，评价和批改也是非常重要的环节，学生写完后，我先选取了一篇学生习作示范如何对照评价标准修改。然后请学生自己再读一读所写文章，对照评价标准进一步修改完善。然后再小组内分享阅读，同伴互评。这样，一篇篇饱满且个性化的习作就写成了（图 6-15）。

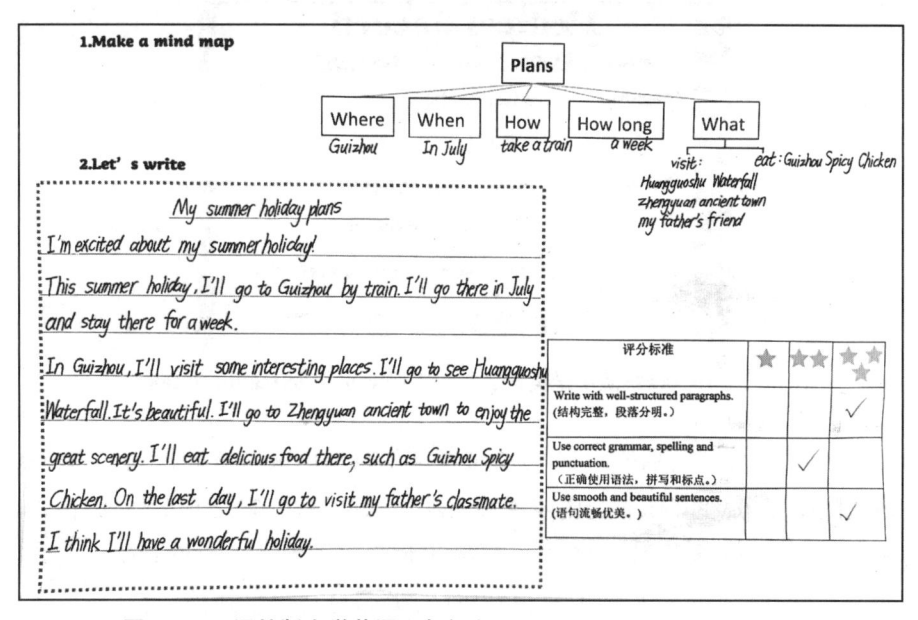

图 6-15　译林版小学英语六年级上册 Unit 7 Summer holiday plans

图式理论对英语写作起着重要的作用。在小学英语教学中，平常应督促学生扎实掌握重难点的运用，在大脑中建立自己的语言图式，抓住写作教学的基础。此外，充分利用好教材，引导学生分析思考教材文本，在平时的教学中要有意识地引导学生拓展阅读面、增强素材积累、充实内容图式。发挥好图式的作用，运用词汇发散、图表等方式方法，启发学生在写作过程中调用已有图式，创建新的图式，以此提高小学生英语写作能力。

1. 写前"图式"信息收集，提高写作真实性

语言的学习离不开真实情境。写作如果脱离真实语境，学生对所要写作的内容缺乏相关信息和背景知识，凭空想象，必然言之无物、不知所云。因此在进行写作训练时，应从学生的认知水平和实际能力出发，联系实际生活和经验，创设真实情境，激发表达欲望，最大限度地发挥学生的主体性地位。教师在写作训练时，要充分考虑学生的认知能力和水平，写作题目设置应贴切学生社会实践和学习生活。

例如，在学习译林版小学英语五年级下册 Unit 4 Seeing the doctor 一课后，教师布置学生以 Seeing the doctor 为题进行写作训练。虽然选题紧扣本单元所学内容，但是写作训练初始阶段，面对这一话题，大部分学生不知从何写起、写什么内容。教师可以对题目设置进行灵活变通，设计"病历卡"，引导学生仔细阅读 Lucy 的病历卡，以 seeing the doctor 为题进行写作，就会更加直观明了（图 6-16）。

小学英语教材中每一单元都围绕某一话题展开，话题往往与学生生活息息相

142 / 核心素养导向的图式学习 /

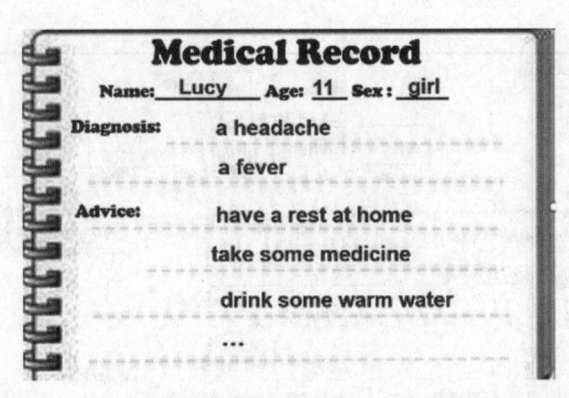

图 6‑16　译林版小学英语五年级下册 Unit 4 Seeing the doctor

关,帮助学生理解课文信息的同时,也要带着学生跳出课文文本的模式,避免对话题的片面狭隘的理解,在写作时套用或者背诵默写课文原文,缺乏真实性、丰富性。教师应善于寻找教材与生活的连接点,让话题更加丰富而立体。要做到这一点并不是在一节单元复习课或是写作课上可以解决的,需要教师做足功课,引导学生从真实的生活中发现并收集写作素材,为形成个性化的立意与情感表达做好铺垫,激发学生的表达欲望和写作热情。

2. 理清思路完善语篇,激活"内容"图式,丰富"形式"图式

每单元的写作教学一般安排在最后,通过该单元学习,学生对相关词汇、句型以及语篇已经有所掌握。确定写作主题后,教师需要引导学生激活大脑中已存储的有关信息,并进行筛选和整合。词汇是写作的基础,激活"内容"图式时可以从词汇入手,以点带面。鼓励学生发散思维,围绕主题进行词汇联想。

例如,译林版小学英语五年级上册 Unit 6 My e-friend 主题写作,教师可以让学生围绕这一话题畅所欲言。学生分组讨论,再进行小组汇报,将学生所想到与该话题有关的内容板书到黑板上。教师再引导学生利用思维导图(图 6‑17)将碎片化的知识系统化,让与写作话题相关的内容更具层次性和逻辑性。

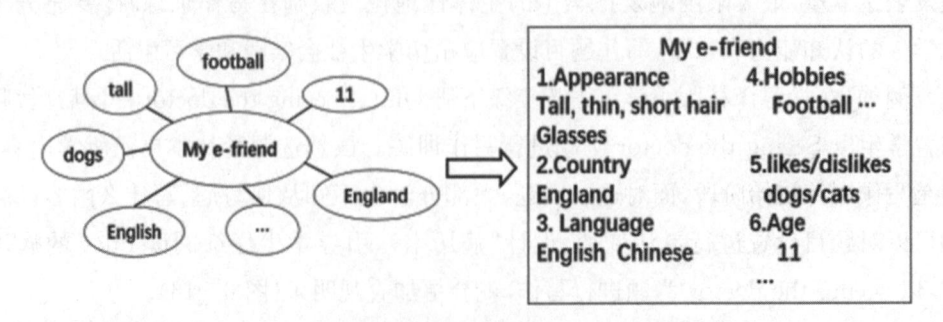

图 6‑17　译林版小学英语五年级上册 Unit 6 My e-friend

在对所写内容进行取舍之后,教师应引导学生激活段落图示知识,理清文章思路:如何划分段落,如何布局谋篇,篇章如何连贯衔接等。在完善语篇过程中,需要注意文化差异体现在语言表达上的差异,避免母语思维的影响。中英语言形态特征呈现差异,在进行英文写作时,需要创建英语语言相关的语篇图式知识。教师应该有意识地在课堂教学中对学生进行训练,例如分析、仿写范文,在赏析范文的词、句、篇章结构中,帮助掌握英语写作方法和规律。译林版小学英语每单元 Story time 的文本就是很好的一篇范文,阅读教学时通过分析文章的布局谋篇,培养学生对英语语言思维范式和表达方式的敏感性,训练阶段鼓励学生仿照课文内容进行写作。

例如译林版小学英语六年级下册 Unit 4 Road safety(Story time),在教学语篇时,分析文章结构如图(图 6-18):

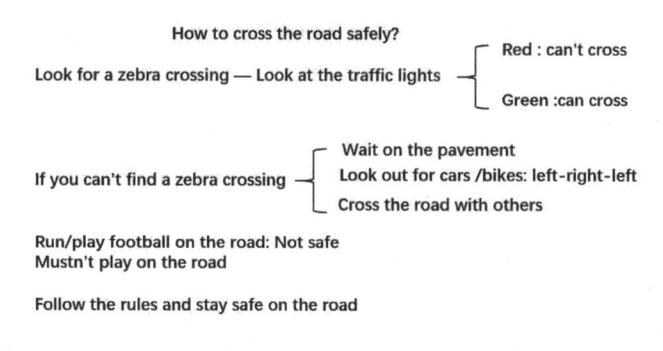

```
                    How to cross the road safely?
Look for a zebra crossing — Look at the traffic lights ┌ Red : can't cross
                                                       └ Green : can cross

                                          ┌ Wait on the pavement
If you can't find a zebra crossing       ┤ Look out for cars /bikes: left-right-left
                                          └ Cross the road with others

Run/play football on the road: Not safe
Mustn't play on the road
Follow the rules and stay safe on the road
```

图 6-18 译林版小学英语六年级下册 Unit 4 Road safety

帮助学生了解一篇完整的文章由引言、正文和结尾三部分组成,分析如何做到衔接连贯、结构缜密顺畅。并指导情态动词 can /can't, must/mustn't 的用法,对一些高频词汇和经典句型进行专项训练,在此基础上,仿写 Classroom rules,学生完成情况较好。以此加强写作训练,激励学生运用自身储备的图式知识进行写作,长此以往,写作能力自然会得到提升。

第七章　其他学科图式学习现场叙事

第一节　图式学习促进信息技术素养发展的现场叙事

信息技术课堂中的学习活动是一个有机整体,是围绕信息技术学科核心素养的多种要素,按照特定目的和一定方式组成的系统。在这个系统中,学生习得知识、获得经验、提高素养、陶冶情操。围绕信息技术学科核心素养的多种要素,可将其分为实体要素和非实体要素。教师、学生、学习内容、教学行为等构成了实体要素,教学理念、教学目标、学生的信息素养等构成了非实体要素。在信息技术学科教学中,教学不能停留于现象,而应深入理解学科本质,唯有如此,才能促进学生学科核心素养的形成与发展。

在大数据、云计算、人工智能、物联网等新兴技术正在对人类生产生活产生深刻的影响之际,信息技术作为基础教育具有技术特性的学科,承载着培养新时代合格的信息社会公民的重任,即学科育人。在课程标准中,学生信息技术学科核心素养被明确提出,它包含了信息意识、计算思维、数字化学习与创新、信息社会责任4个要素,其中计算思维作为最能反映学科本质属性的要素,被视为信息技术学科思维,首次被写入官方文本,并与其他核心要素一起,合力实现核心素养这一育人目标。学科大概念是学科理论体系中最基础最本质的概念,通过建立它与学生学科核心素养等内在的意义关联,学科内容及其结构得以确立。从这个意义上来说,学生学科核心素养和学科大概念的提出是新时代对学科本质探寻的新成果,也是统领新课程与教学的两大理论成果。只有在教学中落实学生学科核心素养,使学生学科核心素养落地,才能实现育人目标。

一、信息技术教学问题诊断与分析

在小学阶段,信息技术课程的学习可以训练学生的逻辑思维和发散思维能力,培养学生创造力的发展,发挥学生的创新意识和潜能,学生能借助积木式程序设计语言,理解生活中的算法问题,通过简单的程序,让学生初步体验程序设计的过程和算法概念,从而达到学习的目的。但在实际的课堂教学中,我们发现这样的目标却难以实现。随着信息技术课程教学的不断深入,设计命令越来越复杂,也越来越难以掌握,学生学习、掌握的命令和知识没有一定的连贯性,导致了学生的学习差异性越来越大,学生对命令和知识的强化记忆也大大地约束了思维的发散,更谈不上对程序设计过程和算法概念的体验、感知了,这与我们学习信息技术课程的初衷背道而驰。

在信息技术课程的教学中,图式学习作为一种全新的教与学的模式,不仅可以作为辅助教学的工具与手段,贯穿信息技术课程学习的各个阶段,还可以作为学生学习新知和复习知识的有效新方法,直接应用到学习过程中,为学生搭建思考框架,把抽象的逻辑思维过程和知识构建物化为图形、线条,使学生看得见、摸得着,并帮助学生在编制信息技术课程命令的过程中,树立初步的程序设计思想,注重主动学习信息技术的意识和方法的熏陶,形成积极的技术观和价值观,提高逻辑思维、分析问题和解决问题的能力。

二、信息技术学科核心素养的内涵解读

核心素养是个体在解决复杂的现实问题过程中表现出来的综合性品质或能力。学科核心素养是学科育人价值的集中体现,是核心素养在特定学科(或学习领域)的具体化,是学生学习该学科(或特定学习领域)之后所形成的、具有学科特点的关键成就。义务教育信息技术学科核心素养包括信息意识、计算思维、数字化学习与创新、信息社会责任等四个方面。它们是学生在接受信息技术教育过程中逐步形成的知识与技能、过程与方法、情感态度与价值观等方面的综合表现。

信息素养是当今社会每个公民必备的基本素养。义务教育信息技术课程坚持立德树人的课程价值观,培养学生的信息素养,为每一个学生获得接受信息技术教育的权利提供机会和条件,对公民信息素养的提升具有重大意义。

信息技术课程以信息素养的培养为核心,面向全体学生,从义务教育的特点出发,引导学生学会有效地使用技术,创新技术设计,认识技术弊端,理解科学精神、原创精神,为学生学会学习、健康生活与终身发展奠定坚实基础。

义务教育信息技术课程的总体目标是培养学生的信息素养。课程通过提供技术多样、资源丰富的数字化环境,帮助学生掌握信息技术基础、算法、程序设计、机器

人技术、物联网技术与人工智能基础知识，了解计算机软硬件知识与基本操作，尝试解决日常生活中数字化表达的常见问题，初步感悟信息技术在人类生产与生活中的重要价值，尝试运用计算思维识别与分析问题，抽象、建模与设计系统性解决方案，在数字化学习与创新实践过程中，了解信息社会的特征，感知人、技术与社会的关系，养成良好的信息意识与行为习惯，初步形成信息社会责任意识，成为数字化时代的合格小公民。

三、图式学习促进信息技术素养发展的基本策略

信息技术课堂中的学习活动是一个有机整体，是将围绕信息技术学科核心素养的多种要素，按照特定目的和一定方式组成的系统。在这个系统中，学生习得知识、获得经验、提高素养、陶冶情操。围绕信息技术学科核心素养的多种要素，可将其分为实体要素和非实体要素。教师、学生、学习内容、教学行为等构成了实体要素，教学理念、教学目标、学生的信息素养等构成了非实体要素。

（一）图式启智，建立信息意识

信息意识作为信息技术学科核心素养的重要内容，是指个体对信息的敏感度和对信息价值的判断力，具备较强信息意识的学生能够根据解决问题的需要，自觉、主动地寻求恰当的方式获取与处理信息。

信息技术学科有其特殊性，往往是某一部分的内容围绕一个软件的不同功能进行学习，课与课之间既是独立的又是相互联系的。学生能否理解知识和技能，通过联系与架构，形成知识或技能的迁移？图式能够有效地帮助学生借助教材、计算机、以前所学的知识和技能进行初步探究，对本课的重点知识点产生判断。学生的信息意识在这个过程中逐步形成，再采用有效策略形成合理的判断，尝试理解知识、解决问题，从而自主自觉地寻求恰当的方式获取与处理信息，并将收集到的有效信息与小组成员进行共享，实现信息的最大价值。图式则能有效地帮助学生形成基础的信息意识。信息意识也是信息技术核心素养的基础，图式学习方式有利于培养学生的核心素养。

（二）图式明智，实践创新素养

图式有利于学生有效地管理学习过程与学习资源，主动探索学习内容，创造性地解决问题。学习过程中接收到的学习内容、学习方法、学习经验等反射到大脑里，

内化为自己的学习体验,而形成的图式明确地将知识结构组织起来。学生的学习可以由他们自主探索,自由表达,而学生在学习过程中的探索、创新形成的学习经验,就成为未来的良好学习习惯。智力图式理论还指出:"智力在把某些新的因素纳入之前的图式之中时,又不断地改变着这些后来形成的图式,以便调整他们,使之适应新的情况。"从教育心理学的角度来说,学生在提出问题之后主动将问题概括为图式呈现出来,是学生发现学习的过程,更有利于知识技能学习的纵向迁移。学生经过多次图式的学习与绘制,对所学的知识和技术进行适当的迁移,新知的学习与新技术的使用将变得更加有效和得心应手。学生掌握了学习资源、学习工具的功能与用法,并用来开展自主学习、协同工作、知识分享与创新创造。这正是符合信息技术学科核心素养中"数字化学习与创新"的要求。

(三)图式显智,培养思维能力

思维能力是指"个体在运用计算机科学领域的思想方法形成问题解决方案的过程中产生的一系列思维活动"。学生在图式学习的过程中界定问题、抽象特征、建立结构模型、合理组织数据,通过判断、分析与综合各种信息资源,解决问题并形成图式。

通过图式帮助学生更好地理解学习过程,学生的脑中形成知识结构。学生在解决问题时产生了一系列的思维活动,被动接受课程的定向思维变成时刻保持思维的活跃性,良好的"思维能力"在图式学习中逐渐形成。信息技术学科中图式学习的运用,使得学生充分利用计算机资源搜索查询解疑,能够主动总结解决问题的过程与方法,同时迁移到其他问题的解决中。

在当下数字化学习的环境中,信息技术同时作为学习工具与其他学科整合,帮助学生迁移学习方法,为跨科学习做好充分的准备。学生在发展核心素养过程中,能积极主动思考,具备实践精神、科学精神、创新精神,形成健康的情感态度价值观。学生即使在走向社会后,面对各种挑战时,亦能主动寻求解决方案,协调好自己与社会的关系。

四、3D 建模图式学习

在 3D 创意设计课程的研究中,借助图式呈现 3D 作品创作、设计的过程,帮助我们揭开了 3D 打印的神秘面纱,激发了学生学习的兴趣,开启了学生 3D 学习的愉快之旅,通过图式的绘制,启发了学生的创新思维,学生顺利地完成了 3D 作品的建模设计，把创意转化为现实。

以下以 3D 创意设计《蛋糕的设计》为例，进行具体的阐述。

（一）图式导入，唤醒学生热情

三年级的学生对自己感兴趣的事物充满了好奇和探索的欲望，因此在教学设计中，老师们通过实物模型的呈现来激发学生的注意力和学习的主动性、积极性。

《蛋糕的设计》是 3D 创意设计社团课程中的一节综合实践课，在教学导入阶段，老师用学生熟悉的生活情境，唤醒学生的情感，激发学生的学习热情。

谈话导入：在你过生日的时候，爸爸妈妈都会给你订一款漂亮的蛋糕。那蛋糕从哪里来？

学生争抢着回答："妈妈自己做！""到蛋糕房去买！"……

教师追问："你会做蛋糕吗？""不会！"学生的兴致明显地低了下去。"那这样的蛋糕你们会设计吗？"教师拿出 3D 打印的蛋糕模型（图 7-1、图 7-2）。"哇，好漂亮！""真好看！""老师，这是怎么设计的啊？""老师教我们吧"……学生在惊喜、兴奋之后，对这个蛋糕模型的设计充满了好奇，非常期盼能了解蛋糕的组成，自己动手设计一下。"你们想不想设计一款独一无二的蛋糕，在特殊的日子送给自己的家人和朋友？"热切的响应，期待的眼神，顺利地引出本课的教学任务。

图 7-1　社团课程《蛋糕的设计》　　图 7-2　社团课程《蛋糕的设计》

在信息技术课堂中，如果带着实物蛋糕进入课堂，在分析蛋糕组成时只能远看，不能动手去感受、体验，而借助 3D 打印的模型则很好地解决了这个问题，学生可以近距离地观察、探究、思考。

从学生生活认知的开启，到借助图式——3D 模型的呈现，短短的几分钟，老师创建了一个学生熟悉的生活场景，激发了学生强烈的求知欲望和学习热情，学生对本节课的内容"蛋糕的设计"充满了期盼,形成了初步的蛋糕设计创意,3D建模的雏形在不知不觉中达成,凸显了图式的优势。

(二)图式分析,形成创意思维

要培养学生的空间想象能力,首先要培养他们的观察和分析能力。图式能多角度、多方位地提供这样的教学场景。借助于3D作品丰富的空间结构展示,学生完成了二维向三维过渡的感性认识过程,培养了观察、分析能力,形成了对蛋糕组成的整体认知,引发后续的设计思维。

教师把造型不同的蛋糕模型分发到每个小组,一起观察、分析蛋糕的组成:它由几部分组成?小组交流、讨论后在学习单画出蛋糕组成图式,最后请小组代表展示、分享图式。

学生拿到实物后十分激动,老师引导学生从主体和局部来分解蛋糕的组成,课堂气氛随着学生之间的交流和讨论再次热烈,每个孩子都参与其中,仔细观察、分析,和同伴交流自己的想法、设计思路,提炼并绘制自己的作品图式(图7-3、图7-4)。

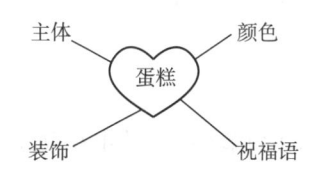

图7-3 社团课程《蛋糕的设计》　　图7-4 社团课程《蛋糕的设计》

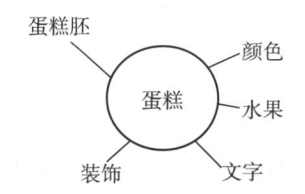

利用图式,给学生展示和观察尽可能多的实物3D模型,使学生的空间想象力在感性的基础上获得最直观的认识,对蛋糕的组成有了深入的了解,学生绘制的图式,理清了元素之间的关系,对作品设计有了一个系统、完整的认知。在图式的指引下,学生的思维得以激发并为之展开,3D创作的积极性越发高涨,3D建模的思想渐趋成熟。

在与同伴交流时,学生们结合图式认真地讨论、倾听和记录,学生的思维在碰撞中得到了启发,而且每个小组都提出了改进的建议,顺利地激起了学生探究的欲望和动机,为后面自己的创作设计做好铺垫。同时老师也有机会看到学生思维的过程,从而有效地调整自己的课堂设计。

小组汇报的最终图式如下(图7-5、图7-6):蛋糕由蛋糕主体加裱花、装饰和祝福语组成,还可以添加蜡烛、水果、巧克力等。可以做成多层蛋糕,祝福语可以做成浮雕镶嵌上去……

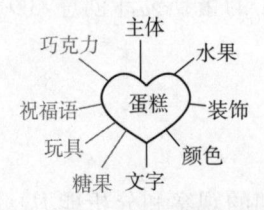

图 7-5　社团课程《蛋糕的设计》　　　图 7-6　社团课程《蛋糕的设计》

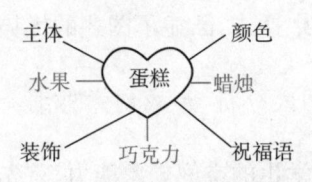

对学生绘制的图式设计进行组内和全班的交流,学生围绕设计图进行讨论和沟通,让每一位学生都有发言展示的机会,也让学生有更多的机会去学习其他同学优秀的设计创意,开拓了思维,从而能更巧妙地完善自己的作品,形成了良好的学习氛围,促进了学生积极创造、敢于思维的源动力。

在信息技术课的教学中,尤其是三、四年级的学生,模仿力比较强,如果出示普通的范例,老师最担心的就是学生模仿后毫无个性和创意的作品。而图式的绘制,给了学生创意设计的平台,学生都能积极、主动地思考,虽然在绘制过程中跟其他学生有相似的地方,但在评价环节,看到有类同,学生也会进行修改和调整,避免了作品单一的局限性,学生最后都设计出个性化的作品,取得非常好的教学效果。

(三) 图式引领,促进学生理解

蛋糕设计的过程中所应用到的技术和工具颇多且细节琐碎,学生在动手实践的过程中易被表象迷惑,而忽略实践操作中的思维能力。因此在教学过程中,老师引导学生将技术和知识用图式的形式呈现,学生的实践操作可以结合图式进行,琐碎的知识点因为图式而得以整合,学生的思维得以系统展开。

教师继续以小组合作的形式来组织教学,并提出小组合作学习的内容和要求,结合自己绘制的图式,对学过的知识进行整理和思考;可以用哪些工具来进行建模设计,在自己设计的图式上画一画;根据设计图式,完成蛋糕的建模和设计;并希望每一位学生通过修改、完善图式创作出个性化的作品。

学习小组开始交流、讨论、创作。在活动中,大部分学生对已有的知识都有一定掌握。这时老师就建模和设计过程中的要求进行技术引导,例如:在蛋糕的设计环节,用到了草图、圆的绘制、拉伸、圆角处理、预制文字、拉伸文字、设置颜色等工具和技巧。学生根据图式对前面已有知识进行迁移并展开自主探究模式。

学生根据自己绘制的作品设计图,结合已有的知识进行创作。在创作的过程中,时时关注自己的设计图与 3D 作品的契合度,不断地进行修改、完善和提升,形成了本课自己作品创作的个性化图式(图7-7)。

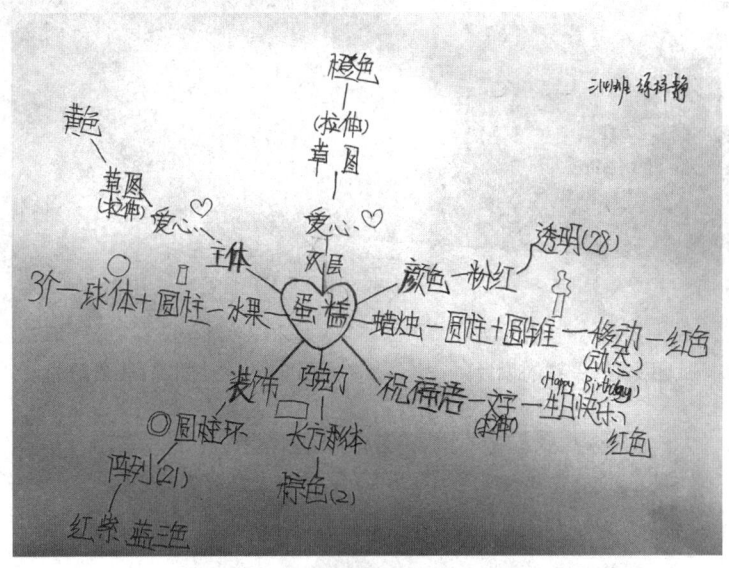

图7-7 社团课程《蛋糕的设计》

图式的应用帮助学生对作品设计进行了分解,层层递进,给了学生充分观察和思考的空间,帮助学生明确了任务的指向。同时图式帮助学生将设计实体化、可视化,课堂中每一位学生都保持着最大的参与度。学生更清晰地了解知识之间的构成和内在联系,形成了优化自己作品的意识和需要。

图式中每一项设计学生都注明用到了哪些工具和技术,对知识的构成有了更清晰的了解,学生明确了从哪些方面来设计、完善自己的作品,学生根据自己的需求对工具和技术进行灵活的选择,技术的应用也随之得到了有效延伸,技能的学习与技术的应用相融相伴,提升了学习效能。

(四)图式评价展示,彰显学生个性表达

在汇报展示作品设计之前,学生都已完成了本节课的预期目标:设计一款蛋糕(图7-8—图7-10),同时也得到了他人的赞美,体验到了成功的喜悦。但也有的同学在创作过程中有了小小的失误。通过图式展评,对个性化的作品和出现的问题进行分析,因为大部分同学有了成功的经验,很快给予失误同学解决问题的思路和方法。

利用图式,帮助学生再次进行知识建构,提炼设计思维的脚手架,提升学生的认知能力,强调信息技术学习的核心素养。

152 / 核心素养导向的图式学习 /

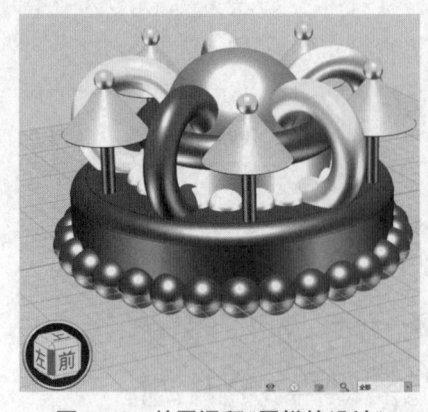

图 7-8 社团课程《蛋糕的设计》　　　图 7-9 社团课程《蛋糕的设计》

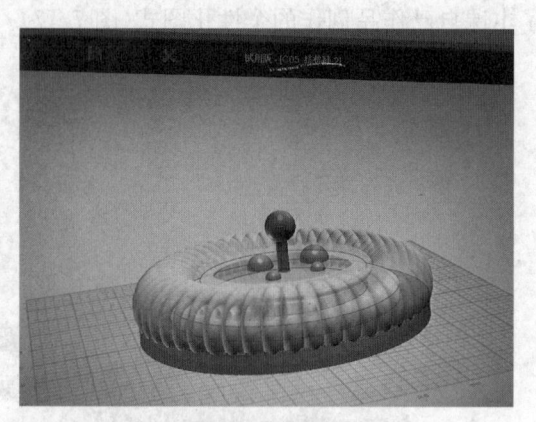

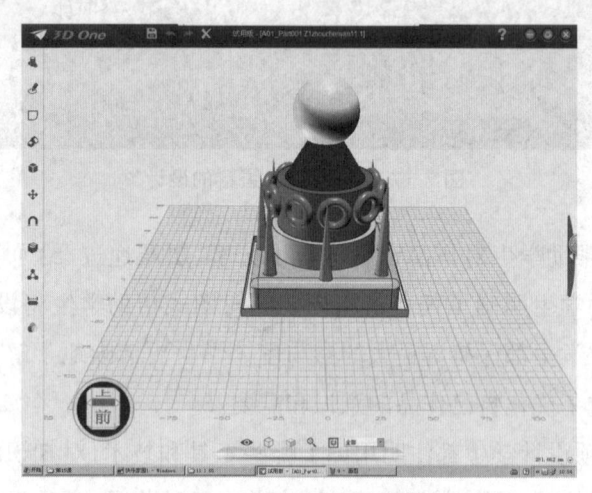

图 7-10 社团课程《蛋糕的设计》

  同学们对自己学习单上"蛋糕的设计"的过程图式进行了总结和改进,形成了本课自己作品创作的个性化图式。
  最后,在作品汇报环节,以小组推荐的形式,学生进行自评和互评,除了推荐优秀作品,也可以推荐进步最大的学生的作品、最努力的学生的作品。在这个过程中,每一位学生都有在全班展示的机会,学生再次获得成功的喜悦和认同感,个性得到了展示和发展,再次感受到了 3D 创作带来的快乐,进一步体现了学生的智慧创作。而这正与 3D 创意设计可以充分表达个性,随心所欲地将作品直接打印成想要表达的个性的理念相吻合。
  课后,教师将学生推荐的作品进行了 3D 实物的打印,并在教室里进行展示,个性化的作品设计,成功地让学生体验到了满足感和自豪感。学生手持自己设计的作品,感慨 3D 让梦想变成了现实。课程看似结束了,但学生学习的积极性和创作思维会不断地得到提升与延续。

利用图式,教师充分关注学生创造思维的落脚点,并将课堂最大的主动权交给了每一位学生,给他们创造更大的学习空间和机会。学生保持了长久的学习积极性,充实了自己的 3D 认知结构,丰盈了自己的知识储备,并收获了更多自信。

巧用图式,学生从观察到想象、到画图、到实物这样一个过程,真正地实现了"美梦成真";将个性化的设计和创意落地生根,学生的空间思维能力和创新能力得到了进一步的提升与拓展;利用图式,在创作实践中学生对知识的灵活应用和迁移,让不同层次的学生都有所得有所获,每一位同学都达成了自己的学习目标,信息技术的核心素养得到了真正体现。

五、人工智能图式学习

随着科学技术的不断更迭和发展,作为新时代科技发展和社会发展的强劲助推器,人工智能已经走到了科学变革的风暴中心。

六年级学生对人工智能的应用已有了初步的了解和接触,本节课将通过 xDing 软件进行简单的编程尝试,实现 AI 功能;通过知识迁移,以及自主学习教材,在设计表情指示器的过程中,学生能充分体验人工智能带来的便捷,能感受计算思维带来的改变。

"表情识别"是人工智能模块的第一节实例教学课,为了让学生在实践操作中能愉快、轻松、高效地理解并掌握"表情识别"控件,完成人工智能表情指示器的编写执行,在课堂教学中,利用图式,老师设计了"感知、分析、实验、拓展"等环节进行教学活动,具体教学过程如下。

(一)图式再现,感受人工智能

人工智能已逐渐走入我们的生活与学习,相关的应用与体验也越来越多。对小学生来说,对人工智能很少有真正体验的经历,缺少直观的感受。因此在导入阶段,我们从学生现阶段每天接触到的 AI 人脸识别测温系统入手,出示不同场景不同测温方式的图片,让学生说说自己的感受,从而打开对人工智能的再认识。

生活场景:观看学生进入校园时 AI 人脸识别测温系统进行体温测试的视频。教师提问:你知道这项技术是利用了什么原理进行体温检测的?

学生给出的回答各不相同,或者在回答问题时提出疑惑。老师对学生的回答做出有效的评价,鼓励学生自主探究意识的形成。

教师肯定同学们能够结合已有的知识进行问题的思考和探究,并总结:人脸识别技术是人工智能(AI)的一个方面。

思考过程:同学们能否也来编写一个简单的人工智能程序,对大家的表情进行识别?

人工智能对于学生而言,充满了神秘感,学生是很喜欢也非常感兴趣的,图式的导入,开启了学生自主探究的思维模式。因此在讨论交流阶段,尊重学生的回答和疑惑,并肯定学生的探索与发现,为下面的学习做铺垫。

(二)自主尝试,探究表情识别

对于六年级的学生而言,如何把对表情识别的感受上升为真正的认识,还需要一个对表情识别的实例进行分析的过程,以明确表情识别的过程和原理。

1. **分析软件,了解识别的过程**

图式呈现新闻链接图片:华为与波兰盲人协会合作,开发了一款能够"读懂他人情绪"的 Facing Emotions 应用。

"当盲人用户与另一个人说话时,手机的后置摄像头会扫描对方的面部。基于这些数据,Facing Emotions 能够分辨七种基本情绪,然后通过手机扬声器(或附带的有线耳机),来听到特定情绪的'提示音'。"

2. **交流、分析识别过程**

在"表情识别"的过程中,分成哪几个步骤?老师和学生共同分析,经过讨论、交流,我们发现,表情识别的过程可以简单地概括成这几个步骤:"照片—分析—结论"。

在这一过程中,图式呈现了识别的过程,通过分析有效地引发了学生对人工智能的初步思维,唤醒了学生的思维可能。

3. **实践、探究识别过程**

请同学们打开 xDing 软件,对照教材第 123—124 页"xDing 中的表情识别模块",自主学习"表情识别"控件的使用,识别上传的图片表情(老师提醒学生照片存放的路径)。

学生动手实践并总结自主学习的成果,得出"微笑"和"没笑"两种识别结果。

提问:在操作过程中你还有新的发现吗?

图 7-11 苏科版信息技术六年级第 25 课《表情识别》

请学生结合操作,演示讲解其发现。

小结:除了识别表情之外,软件还可以识别年龄、性别等信息。

设计意图:这个环节看似简单,对学生却是一个具有极大吸引力和探索的过程。通过图式,老师引导学生在操作、感受、猜想、体会表情识别的过程中,对知识和技能进行了有效的整合,思维也在问题和任务的驱动下得到有效展开并充分激发。

(三)实验准备,搭建硬件

分组探究,认识硬件。

老师以四人小组为单位分发两组硬件设备:开源机器人1号,LED灯,RJ11电话线;USB数据线。教师讲解各硬件设备的作用,以及连接方法和注意要点。

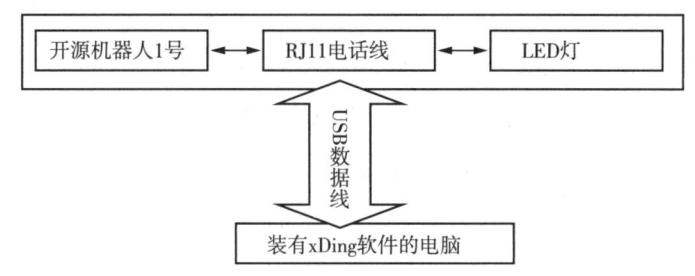

图7‑12 苏科版信息技术六年级第25课《表情识别》

学生开始搭建硬件,并结合教材第124—125页"硬件搭建和连接"的操作步骤①~④,与电脑进行连接。

利用AI功能检测照片,发现"微笑"就亮灯,"没笑"就不亮灯。你们能用自己的语言把黑板上的流程图完善一下吗?小组交流、讨论,完成流程图的填写。

根据学生的汇报完成流程图,分别在括号内填上微笑、不笑识别结果。

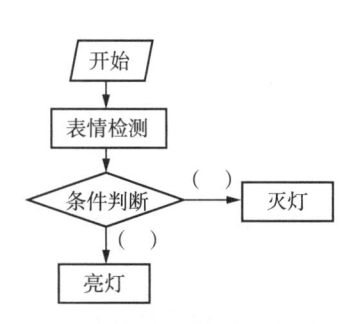

图7‑13 苏科版信息技术六年级第25课《表情识别》

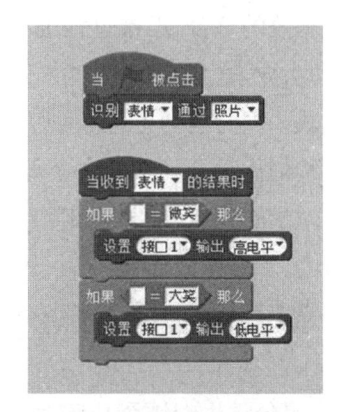

图7‑14 苏科版信息技术六年级第25课《表情识别》

语言是思维的外化,结合流程图让学生用自己的语言说出表情识别器创编的过程,为下面的程序设计创造了条件。通过语言让学生的思维可视化,以动态的形式展现、发展、提升。

(四)运用算理,创编程序

根据黑板上已经完成的流程图,小组继续合作完成程序的编写。遇到问题时参考教材第 125—126 页"编写程序"的操作步骤①~⑧。

学生小组合作,探究完成程序编写。

展示脚本,运行程序,邀请学生展示本组脚本,并说出各个控件的意义以及在程序里起到的作用。如果你的程序在运行过程中没有出现你想要的效果,观察并思考一下,在表情识别功能的使用过程中还有哪些值得大家注意的问题?你又是如何解决的?

设计意图:在观察、搭建、操作、实践的过程,通过图式老师可以有效地观察到学生的思维活动过程,并即时引导学生进行再思考再实践,在这一过程中,学生得以完善对知识和技能的理解并提升思维水平。

(五)反思学习,提升思维本质

1. 在我们的实际生活中表情识别可以应用在很多领域,畅想未来会在哪些方面给人们带来便利。
2. 表情识别工具还能如何改进,为人们带来便捷?
3. 在表情识别控件中有很多的控件可以供我们选择,你们能制作其他的识别器吗?

讨论、交流的过程,使学生的思维在聆听和沟通中得到碰撞与启发,老师再引导学生把自己的思考和探究说出来。开放性的问题设计,使得 AI 表情识别的知识和技能有了一个有效的整合,思维过程也有了一个由简单向深刻的纵深发展。

最后,教师引导学生总结本节课的知识点,回顾"表情指示器"的制作过程,学生介绍自己的收获。同时老师也再次鼓励学生课后多思考、多探究、多发现,在下一阶段的学习中继续创作自己喜欢的人工智能作品。

经过多次教学实践后,笔者发现,真正有价值的、有意义的知识与技术,一定是学生基于已有的经验,在实践中探索、建构而成的。可能建构起来的知识或技术看起来没有那么完美,但那一定是一段有意义的探究,因为那是烙上了自己思维印记的学习。

这节课,大部分学生的感受应该是比较难的,不但要学习"表情识别"这一新的人工智能技术,还要学习新的 xDing 软件,最后还要通过搭建硬件设备进行程序的分析和编写,完成人工智能作品的设计。

在导入环节,通过图式导入,从学生每天都要经历的 AI 人工智能测量体温入手,引出人脸识别技术,让学生明白原来这些看起来非常高端的技术就在我们的生活中,就在我们的身边。

通过图式出示新闻链接,自然地过渡到本课的教学内容"表情识别"这一技术,两者的衔接毫无违和感。从体验表情识别,到搭建硬件,创编程序来设计人工智能"表情提示器",每一个教学环节,都是一个循序渐进的过程,从易到难,从简单到复杂,学生都有自己的思考和探究,对于本节课"表情识别"的知识和技术也有了更直观、更深刻的理解和把握。

从想象中的难,到实际操作中的不难,这一过程恰恰是学生思维多样化的过程。关注了学生多样化的思考,关注了学生的意义建构,关注了学生信息素养的提升,让学生体验信息技术的美好、人工智能的新奇。

第二节　图式学习促进科学素养发展的现场叙事

在《小学科学课程标准》中,科学课程核心素养是这样阐述的:学生在学习科学课程的过程中,逐步形成的适应个人终身发展和社会发展需要的价值观念、必备品格及关键能力,是学生通过科学课程学习后内化的具有科学特性的品质,是科学课程育人价值的集中体现。主要包括科学观念、科学思维、探究实践、态度责任四个方面。

科学课程的四个核心素养相互依存,共同构成一个完整的体系。在科学教学中,怎样把四个核心素养对应落实到教学的各个步骤中,如何把科学素养渗透到教学内容细节中,是科学教学一直在思考和实践的问题。想在教学中形成学生的科学观念和意识,提升学生思维和探究实践能力,最终形成科学态度以及责任感,需要采用何种有效的教学策略,也是科学教学一直以来探究的主题。

科学观念是在理解科学概念、规律、原理的基础上,所形成的对客观事物的总体认识。科学思维是从科学的视角认识客观事物的本质属性、内在规律,并运用思维方法解决科学问题的能力。主要包括模型建构能力、推理能力、论证能力、创新思维能力。探究实践是在了解和探索自然、获得科学知识、解决科学问题,以及技术与工程实践过程中,形成的科学探究能力、技术与工程实践能力和自主学习能力。态度责任是在认识科学本质及规律,理解科学、技术、社会、环境关系的基础上,逐渐形成的对科学和技术应有的正确态度与社会责任,包括科学态度和社会责任两个方面。

科学课程的四个核心素养相互依存,共同构成一个完整的体系,体现了科学课程的育人价值。科学观念是科学课程本质属性的集中体现,是其他素养的基础;科学思维不仅是学习科学所应必备的关键能力,也是适应现代社会发展的核心思维方式,而且可以迁移到其他领域,是科学课程核心素养的核心;探究实践是学生形成其他素养的主要途径,同时也是一种关键能力;态度责任是学生基于对科学观念的深度理解,在探究实践的支撑下,通过科学思维内化而形成的必备品格,是社会主义核心价值观在科学课程中的集中体现。

一、图式学习促进科学素养发展的教学策略

图式学习以形象、直观的优势,在科学教学中运用广泛。例如在实验环节中的"实验设计流程图",导入环节中的"图式激疑",归纳环节中的"图式板书",等等。在多年的图式教学研究中,科学老师们针对"化解教学难点"、"提升探究能力",提炼了图式教学策略,以促进学生科学学科素养的形成。这些教学策略包括"图式模型改进策略"和"图式拼接策略"。

(一)图式模型改进策略助力学生科学思维发展

以建立图式模型、改进模型的活动为主线,让学生对科学现象、科学原理等展开思考与设想,绘制出模型图,再通过师生、生生探讨或实验验证等方式,探讨、测试模型的合理性,进而对模型展开修改和完善。最终构建出合理科学的模型图(图 7-15),形成科学概念,从而发展学生的科学思维。

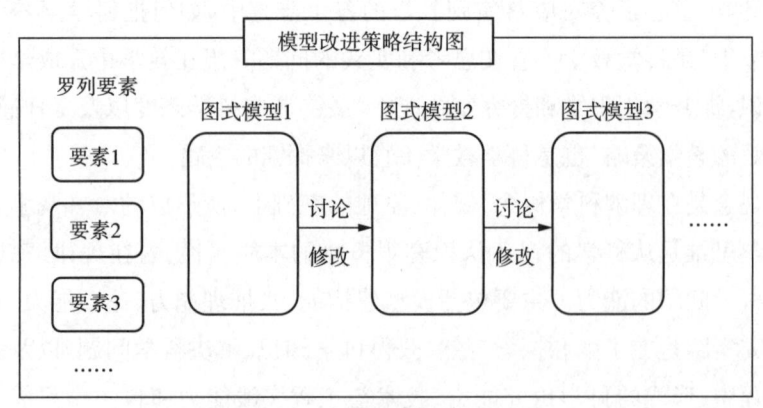

图 7-15 模型改进策略结构图

教师组织教学的程序：教师准备并提供用于建立模型的要素或材料；带领学生认识构成模型的要素或材料的特征，并分析它们的科学原理或功能；让学生发挥想象力，运用材料或元素画出模型图；根据科学原理对模型图展开探讨，分析模型的合理性与不足，或实验测试检验模型的合理性；根据探讨或实验的结果修改、完善模型（可展开多轮）；呈现完善的科学模型图。

科学教学中，有一些无法直接观察内部结构的研究对象，如人体各种系统、地球内部结构、电路暗盒等，都可以通过模型图改进策略来展开探究。实际应用课例有《简单电路》《心脏与血液循环器官》等。

图式模型改进策略的运用，强调对图式模型的改变。因为在科学学习中，学生都会带着前概念开始最初的学习，而前概念往往不是科学认知，或者不是系统化、结构化的科学认知。图式的改进，就是整个认知过程的改进。以学生自己的模型图为起点，又以科学的模型图为终点，逐步达成科学观念。在这一过程中，图式作为载体和工具，把抽象的科学内容可视化，有利于学生沟通和表达自己的思考，并在讨论中质疑、分析、推理、改进，科学思维在其中得以发展。最终，图式形象直观地呈现出科学探究的结果，也清晰地展示了学生科学思维的结果。

（二）图式拼接策略促进学生探究实践能力提升

在科学课展开主题单元学习或与其他学科进行跨学科学习的时候，通过图式拼接记录，将跨学科学习中或单元主题中的多个内容，通过分项拼接，构成完整的图式记录单（图7-16）。从拼接的结构中，发现和理解不同学科或不同内容之间的关联和相互作用，理解科学学习的综合性以及更完整地理解学科内容的意义。在完成"拼图"的过程中，不断梳理所学内容、方法、技术等，以提升探究实践能力。

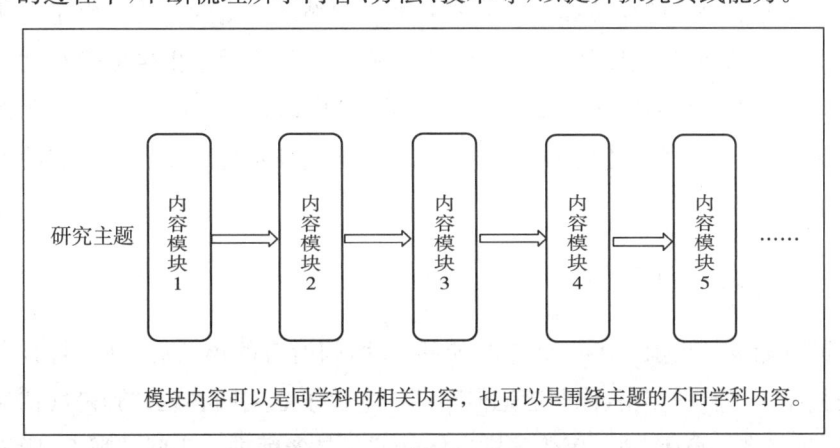

图 7-16　图式拼接策略结构图

教师组织教学的程序：课前教师整理和分析跨学科学习中，各个学科的内容重点和目标，或单元主题各小节里的要点，并罗列为若干模块；根据跨学科主题或单元主题，排列各个模块的顺序；根据内容将各个模块的标题罗列，并将各个模块的位置设为空白拼图块；课中介绍学习主题，呈现图式学习记录单；围绕各学科内容展开学习活动，或整理主题单元各小节重点，将学科学习的成果或小节重点在记录单的空白模块中呈现（文字、图画、图表、粘贴展示等）；通过完成拼图记录后，结合图式总结回顾学习的流程，以及在各个学科中所获得的方法、技能等；根据拼图记录单交流自己对其他学科和科学学科之间联系的理解；通过拼图记录单交流对学习主题的认识和感悟。

在科学与其他学科展开跨学科整合学习时，运用图式拼接策略指引学生的学习过程。也可以在科学的单元复习中采用图式拼接策略，有效地引领学生完成对内容的梳理和巩固。或者在研究某一个科学主题的探究过程中，采用拼图记录整理学习的流程。相关课例：《怎样滚得远》（数学与科学整合课）、《进化》单元复习（科学）等。

图式拼接教学策略的实施需要教师做好充分的前期准备，设计出图式拼图的结构，授课时，以图式结构引领学生经历探究、整理、总结的过程。通过图式结构，让学生发现和关注前后内容、方法之间的关联，不断进行内容、方法的迁移、融合，以此来发展学生的科学探究实践能力。

二、图式学习促进科学素养发展的现场叙事

本节科学课要学习的内容是《心脏和血液循环》。这是五年级科学"呼吸和心跳"单元的第三课。以"肺和呼吸"的知识内容为基础，进一步认识人体的血液循环系统。教学难点是理解血液如何在心脏和血管中循环流动的过程。由于无法直观看到血液的流动情形，在以往的教学中，老师们通常会为学生提供影像和文字资料等，让学生通过观察、阅读来认知"血液循环系统"的概念。本节课，教师运用图式模型改进策略，让学生通过建构图式模型认知"血液循环系统"，以促进他们的科学思维提升。

（一）建立图式模型的雏形

课的开始老师出示了上一节课的肺部图片，问所有的孩子们："同学们，在上节课中我们学习了肺的作用，你们还记得吗？"一个孩子立刻回答说："肺是气体交换的场所，把氧气带给身体，把二氧化碳排出体外。"于是老师进一步问："那么，吸入的氧

气如何能到达全身？身体排出的二氧化碳又是怎样到达肺部的呢？"思考了片刻，一个孩子汇报说："是通过血液运输的吧……""是的，肺泡被毛细血管网包围着，气体在毛细血管里交换，上次视频里有的！"另一个孩子迫不及待地补充道。"嗯，看来气体的运输依靠了血液的流动。能尝试画个模型图来描述一下血液流动的作用吗？"孩子们有些疑惑，一个孩子举手问老师："怎么画血液呢？"另一个问："要画肺吗？"……老师示意孩子们静下来，接着说："我们用带箭头的线表示血液流动以及方向。用小方框写上血液流动的目的地。然后构成一个流程图。"然后，分发白纸给孩子们，分成小组展开合作画流程图。不一会儿，孩子们的血液流动模型图（图7-17）画好了。

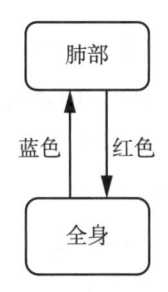

图 7-17 苏教版科学五年级上册《心脏和血液循环》血液循环模型图 1

"谁来根据模型图说说血液是怎样流动的？"老师问。一个小组的代表举起了手："我们来介绍。血液在肺部得到氧气，流向全身，然后全身的二氧化碳跟着血液又流到肺部。""你们也是这样想的吗？"老师问。"嗯！""那好，让我们一起来走一走这条路线，你觉得血液在怎样流动？"有孩子说："好像在绕圈，反复。"另一个孩子若有所悟地说："是循环流动！"

（二）图式模型改进

抓住这个图式雏形，孩子们继续深入研究。老师接着说下去："我们再来仔细研究一下，流到全身各处的血液里运载了什么？""氧气。""流向肺部的血液又运载了什么？""二氧化碳。""你们觉得这两种血液一样吗？"孩子们若有所思："应该不一样，它们含有的气体不同。""分析得很对，"老师肯定道，"我们把充满氧气的血液，用鲜红的颜色来表示。（示范描出）运载二氧化碳的血液是暗红色的，所以我们用蓝色标出。（示范描出）现在，一起在你们的模型图中标识出来吧。"随着这一轮交流结束，孩子们再次改进了模型图（图7-18）。

```
         ┌──────┐
         │ 肺部 │
         └──────┘
          ↑    ↓
       蓝色   红色
          │    │
         ┌──────┐
         │ 全身 │
         └──────┘
```

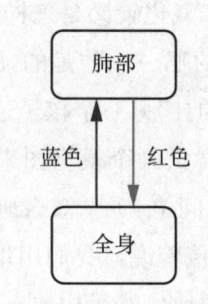

图 7-18　苏教版科学五年级上册《心脏和血液循环》血液循环模型图 2

（三）图式模型的第二次改进

如何让孩子们发现血液循环模型图 2 中的缺失呢？我再次提出新的问题："刚才的模型图清楚地说明了血液循环流动的方向，但这个模型图有个不合理的地方。你能想到吗？"教室里一阵沉默，于是我进一步提示："我们都知道静置的水是无法流动的……""哦，我知道了！"一个孩子激动地说："少了一个让血液流动的东西！""是器官。"我纠正说。其他孩子都笑了。另一个孩子举起了手："我知道，是心脏，心脏在跳动，为血液循环提供动力。""那我考考你们，心脏怎样跳动，才能提供动力？"我追问道。接下来，我们通过手的比画，以吸墨器的原理，分析了心脏的运动方式。了解完这个模型要素，我要再次把孩子们领回到模型图中，展开进一步的思考。"现在大家都知道心脏是血液循环的动力器官，那么模型中缺失了它可不行。改进一下你们的模型图，看看心脏是怎样连接到血液循环的模型中。"孩子们再次分组讨论起来，并修改模型图（图 7-19）。这次的时间略长，他们出现了分歧。

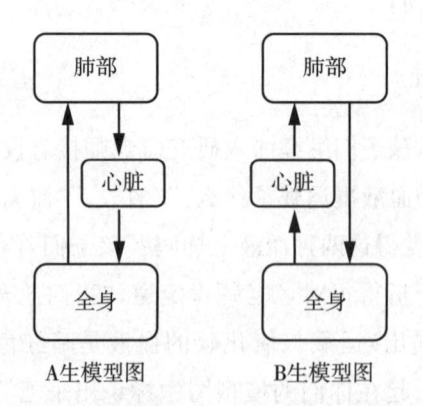

```
    ┌──────┐              ┌──────┐
    │ 肺部 │              │ 肺部 │
    └──────┘              └──────┘
     ↑    ↓                ↑    ↓
    ┌──────┐              ┌──────┐
    │ 心脏 │              │ 心脏 │
    └──────┘              └──────┘
     ↑    ↓                ↑    ↓
    ┌──────┐              ┌──────┐
    │ 全身 │              │ 全身 │
    └──────┘              └──────┘
     A生模型图              B生模型图
```

图 7-19　苏教版科学五年级上册《心脏和血液循环》血液循环模型图 3

"谁来介绍一下你们的模型图？给大家讲解一下血液循环流动的过程。"我大声问。A组的一个女孩子举起了手,我示意她上来。"血液从肺部换到了氧气,"她不慌不忙地解释说,"流到了心脏,心脏把含氧气的血液挤压到全身。之后,全身的血液又把二氧化碳带到肺部,排出体外。"她抬起头,看着我,想得到我的肯定。我笑了笑,说:"描述得很清楚!"接着问道:"另外一种模型图的代表在哪儿?"一个男孩子举起了手:"我们的模型图和他们的有一点不同。"男孩子指着图片介绍:"血液从肺部带着氧气流向全身,然后全身的血液又运载了二氧化碳流到心脏,心脏把血液挤压到肺部。这样循环。"教室里突然有些安静,两组模型图似乎都没有错。此时的图式引发了认知上的冲突,再次激发了孩子们的思考。于是我进一步引导:"对比一下两组的模型图,会产生怎样不同的现象?"

孩子们小组交流后,班长小元举手发言:"老师,我们知道了,A组的心脏挤压了富含氧气的血液到全身;B组的心脏挤压的是含有二氧化碳的血液,送到了肺部。""你们很善于观察和分析。"我赞许地说。另一个孩子又举起了手:"这两组模型,心脏在不同的位置,可能在身体里的位置就会不同。""你们很会思考和想象。"我点点头。

血液循环模型图3出现了两种版本,并暂时僵持。一时间,孩子们有点失去主张。我便顺势引导孩子们先来了解毛细血管,为后续学习铺路。"同学们,一起来回想一下,氧气和二氧化碳的交换,都是在哪种血管里完成的?""毛细血管。"孩子们异口同声地回答。我领着孩子们走回模型图。"现在你们是否发现模型图的两个图标需要改一改?知道是哪里吗?"孩子们一时没反应过来,这时机灵的小明发现了。"老师,我知道,肺部应该改为肺部毛细血管,全身也应该改为全身毛细血管。""哦……"随着孩子们的领悟,图式模型再次进入修改(图7-20)。

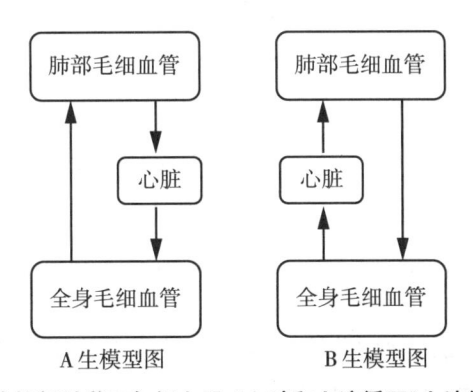

图7-20 苏教版科学五年级上册《心脏和血液循环》血液循环模型图4

(四)图式模型的第三次改进

修改完毕后,我问:"你们知道毛细血管是什么样的血管?"一个女孩子说:"就是很细很小的血管。"另一个男孩子说:"很薄,一下就会划破的。"我打开准备好的视频:"让我们看一段视频,来了解一下毛细血管。"播完后,我问孩子们:"你发现血液在毛细血管中的流速如何?""非常缓慢。""那么全身毛细血管里的血液带着二氧化碳要流回肺部,必须有动力,是不是?"我继续问。"心脏给它动力。"一个孩子抢着回答。"那肺部毛细血管里的血液运输了氧气,要送到全身,也必须有动力。"赵晓希嚷嚷起来。"你们分析得很对!"我指着模型图说:"去肺部的血液需要动力,流向全身的血液也需要动力。""心脏为它提供动力。"有孩子说。"要怎样修改模型图,才能让心脏既能给全身毛细血管提供动力,也给肺部毛细血管提供动力?"教室再次寂静无声。"你们小组商讨一下吧……"

终于,模型图(图7-21)再次修改完毕了。我在模型中看到了"体循环"和"肺循环"的结构,心里非常高兴。"谁来介绍一下修改后的模型图?"小希举起了手:"我们的血液循环图是这样的,血液在肺部得到氧气后,通过心脏挤压流向全身的毛细血管,之后,再通过心脏流动到肺部毛细血管中。""就是两次都通过心脏,再流到下一站去。"冯小凯在下面迫不及待地补充道。我笑了,说:"这样看起来似乎合理多了。"你们的模型图就是我们人体的血液循环系统图。我顺势展开了更逼真的人体血液循环模型图。

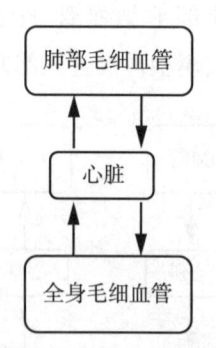

图7-21 苏教版科学五年级上册《心脏和血液循环》血液循环模型图5

从图式模型的第一次雏形可以看到,一个最简单的流程图,已经让孩子们体会到了血液流淌中"循环"的特征。而在第一次图式改进的交流中,图式模型很自然地把旧、新内容联系到了一起,并且让孩子建立了关于血液循环的一个初步的逻辑结构,虽然比较粗略,但认知结构在其中逐步形成。到了第二次的图式模型改进中,便可以通过孩子们的描述,看到学生的科学思维开始向更深处迸发。图式模型的改进看似并不复杂,但每一个细节都在呈现思维的轨迹,孩子们在图上不断分析和推敲,处处闪现思维的火花。

从三次图式模型的变化中,可以看到,教师以改图为杠杆,一次次撬动学生的思考,思维活动逐渐变得复杂而有序。学生关于血液循环的认知也在不断改变,他们的探究,经历了从初步认识到完整感知、从理解分析到质疑追问这样一个逐步"想通""理清"的过程。并且学生的思维主动性也持续表现为积极的状态。最终修改后的模型图已经接近科学的血液循环图,相比之前的雏形,学生的科学认知迈出了新的一步。

在科学教学中,以改进模型图为方式的教学,旨在不断发掘学生认知的盲点和冲突,引导学生去分析、推理、想象与推测……最终促进学生科学思维的发展,从而帮助学生建构起较为完整的科学认知。

第三节 图式学习促进音乐素养发展的现场叙事

《义务教育音乐课程标准(2011年版)》强调"以音乐为本,以育人为本",重视对学生音乐的感受与鉴赏能力、音乐的表现能力、音乐的创造能力的培养。音乐感受是基础素养,音乐鉴赏必须建立在音乐感受基础之上,当学生具备了音乐感受和音乐鉴赏的能力之后,完全或部分理解了音乐,就可以进行音乐表现了。当然,音乐创造是音乐核心素养的最高境界。我们也是以培养学生感受与鉴赏音乐、表现音乐、创造音乐的能力为终极目标的。[1] 音乐课程的这三个核心素养相互依存,共同构成一个完整的体系。在实际教学中,怎样把三个核心素养渗透到音乐教学的各个环节和各种内容细节中,是目前音乐课一直思考的问题。想在教学中周全地顾及三个方面核心素养的同步发展,该采用何种有效的教学策略,也是音乐教学一直以来探究的问题。

感受与鉴赏是重要的音乐学习领域,是整个音乐学习活动的基础,是培养学生音乐审美能力的有效途径。良好的音乐感受能力与鉴赏能力的形成,对于丰富情感、提高文化素养、增进身心健康具有重要意义。教学中应激发学生听赏音乐的兴趣,养成聆听音乐的良好习惯,逐步积累鉴赏音乐的经验。应采用多种形式引导学

---

[1] 林爱淋:《论小学音乐的核心素养》,《儿童音乐》2018年第12期。

生积极参与音乐体验,鼓励学生对所听音乐有独立的感受与见解,帮助学生建立起音乐与人生的密切联系,为终身学习和享受音乐奠定基础。

表演是实践性很强的音乐学习领域,是学习音乐的基础性内容,是培养学生音乐表现能力和审美能力的重要途径。教学中应注意培养学生自信地演唱、演奏能力及综合性艺术表演能力,发展学生的表演潜能及创造性潜能,使学生能用音乐的形式表达个人的情感并与他人沟通、融洽感情,在音乐实践活动中使学生享受到美的愉悦,受到情感的陶冶。

创造是发挥学生想象力和思维潜能的音乐学习领域,是学生积累音乐创作经验和发掘创造思维能力的过程和手段,对于培养具有实践能力的创新人才具有十分重要的意义。音乐创造包括两类学习内容:其一是与音乐有关的发掘学生潜能的即兴创造活动;其二是运用音乐材料创作音乐。其中第二类内容与音乐创作有关,但区别于专业创作学习。

一、图式学习促进音乐素养发展的基本策略

(一)图式引导启发,助力音乐感知

感受音乐是学生学习音乐的第一步,如感受音的高低、长短、快慢、强弱、明暗,等等,实际上就是感受音乐的基本要素。图式是一种比较直观的呈现方式,有着梳理和传达信息的作用。它通俗易懂、形象有趣,有利于学习后的交流和反馈。在实践中,如果说一开始仅仅只是一些直观的五线谱图、节奏图、科尔文手势图、激趣图等,那么,通过一段时间的探索,可以用图式直观呈现音乐要素。

★以图式表示音符时值及节奏(图 7-22):

图 7-22 音乐 音符时值及节奏图式

★以颜色表示强弱(图 7-23):

图 7-23 音乐 强弱图式

★以颜色区别或提示乐句中音高、节奏相同与不同部分(图7-24)：

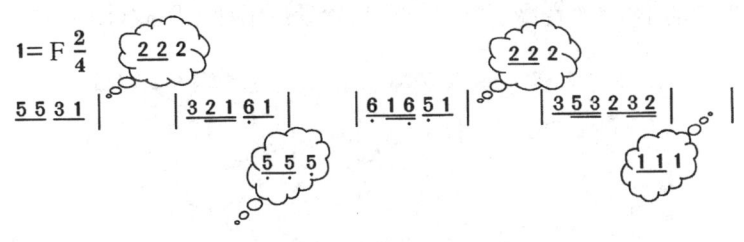

图7-24 音乐 异同图式

★以颜色或图形表示音乐结构(图7-25)：

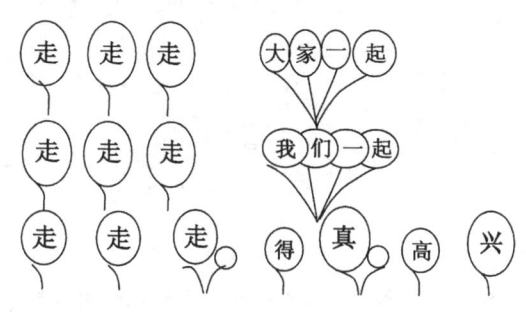

图7-25 音乐 结构图示

★以线条与点、线表示旋律走向或连贯与断开(图7-26)：

图7-26 音乐 旋律图式

经过再推敲，发现图式以其特有的直观性、趣味性，确实可以激发学生学习兴趣，培养学生音乐审美能力，但这只是一种有效的辅助手段，切记不能喧宾夺主。图式的认知和创作有其循序渐进的特点，因此，每个年段的应用方式和要求也有所不同。如：低年段以节奏为基石，2/4、3/4节拍的训练为主，图式可以表现出音高、节奏和小节。中年段除节奏、音高、旋律走向的表达以外，还增加了乐句的表达，图式的学习强调对乐节、乐句、乐段的感觉训练。高年段强调从整体风格上把握作品，图式的学习强调学生能用图式表现所听乐段的色彩、速度、情绪等特点。

1. 巧用图式，辅助把握音乐旋律

在歌唱教学中，可以充分利用图式，在感受歌曲旋律的音高走向和节奏长短变

168 / 核心素养导向的图式学习 /

化的同时,帮助学生逐渐建立音高感和节奏感,为以后的识谱学习做好铺垫。例如:根据歌曲《闪烁的小星》的音高、节奏特点,巧妙设计了如下图式(图 7 - 27)。

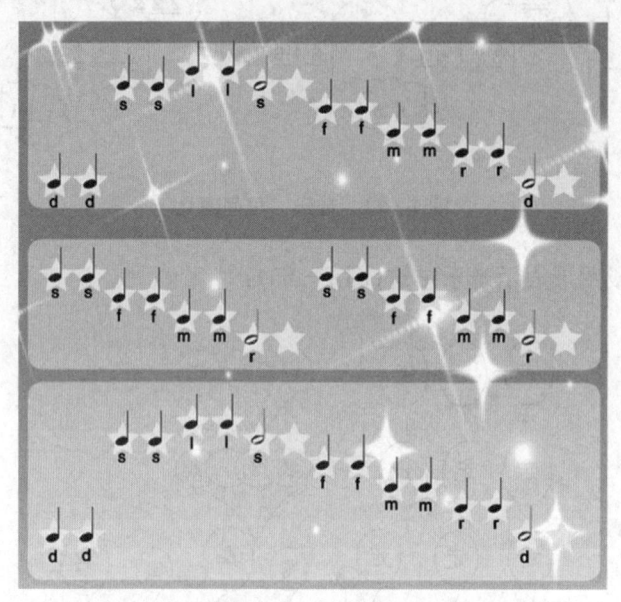

图 7 - 27　苏少版音乐一年级下册《闪烁的小星》

2. 善用图式,清晰梳理音乐结构

图式往往可以将乐曲的结构直观形象地显示出来,学生可以根据这个图式进行演奏、律动、音乐游戏等音乐活动。在执教欣赏课《水族馆》时,所设计的曲式结构图式(图 7 - 28),清晰明了,学生可以直接听音乐看图进行律动。

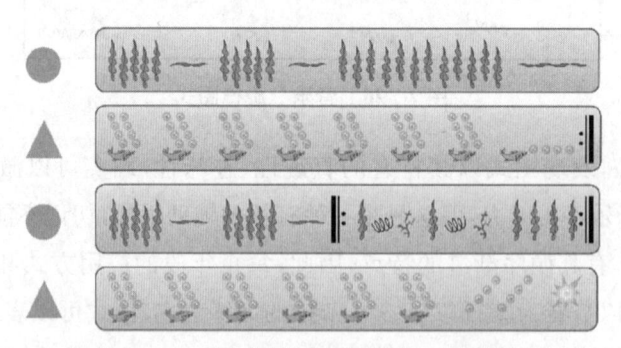

图 7 - 28　苏少版音乐二年级上册《水族馆》

3. 妙用图式,感性理解音乐形象

教学中图式的运用,使听觉艺术与视觉艺术联系在一起,能够帮助学生更好地理解音乐形象,鼓励学生用图式去表现自己听到的音乐,有助于学生音乐表现力的提高。在欣赏《雷鸣电闪波尔卡》中,雷鸣是这首波尔卡音乐的重要特点,老师设计了用乐器大钗模仿雷鸣的音色。虽然雷鸣缺乏一定的规律性,但以这样的图式(图7-29)边听边看边做,学生就非常容易掌握。这样的图式可以帮助孩子们理解音乐并很快地融入音乐。

图7-29 苏少版音乐四年级上册《雷鸣电闪波尔卡》

4. 活用图式,整体认知音乐活动

在教授江苏民歌《茉莉花》一课时,用整体认知图式(图7-30)来巩固一节课的知识,从而加深学生对音乐的理解。

图7-30 苏少版音乐六年级下册《茉莉花》

（二）优化图式设计，助力音乐表现

在奥尔夫音乐学院教师的课堂上，我曾经看到过这样一个课例，于是在自己的音乐课堂上也进行了尝试。分别出示四幅图（图7-31），请学生自己展开想象。

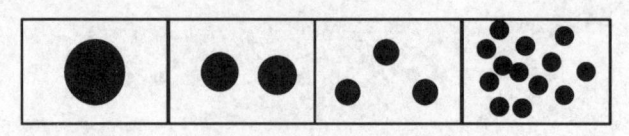

图 7-31　音乐思维图式

有的学生说这是大家应该站成的不同队形，有大家一起围成圆的，有男生、女生分别站好的，有男、女生拉手呈三角形的，最后是大家自由站立，男、女生混合在一起的。也有的学生觉得这是敲门的节奏，并且说第一幅图要敲一下，很重，声音很响；第二幅图敲两下，一重一轻；第三幅图敲三下，一重两轻；最后的是大家自由敲，有重有轻。还有的学生说这些图谱代表的是走路的节奏、叫声，等等。通过自己的想象，学生已经创造性地诠释了音乐图谱，教师也积极地鼓励学生把自己想象的方式表现出来。这一过程正体现了学习是一种发现的过程、好奇思维的过程、形成问题的过程、寻求答案的过程、琢磨新奇经验的过程，学生在如此自由的空间中，发现、想象、创造，引发兴趣、激发想象、鼓励创造。此外，由于"课程标准"将音乐创造学习纳入音乐学习领域，为了便于学生记录自己创作的音乐作品，图式也被广泛运用。

二、图式学习促进音乐素养发展的现场叙事

今天的教学内容是苏少版第三册音乐教材中的一首活泼、风趣的德国儿歌《小鞋匠》，歌曲以叙述的口吻描述了小鞋匠高超的技艺和快乐劳动的情景。二年级的学生以形象思维为主，好奇、好动、模仿力强，形体灵巧，比较适合采用模仿性的肢体教学手段，进行直观的教学。歌曲前四句为上行二度模进，后四句为相似乐句。在这两个重难点的教学过程中，教师运用了图式教学，简化了二年级学生对音乐"模进"以及"弱起"这些知识点的认知。在整个学习过程中，学生在老师的引导下，能够紧紧地围绕小鞋匠的工作，全身心地参与音乐实践活动，从而获得音乐审美体验。

铃声响起，二年级（1）班的孩子们在音乐教室门口排好了整齐的两路队形。"孩子们，请你们耳朵听音乐，眼睛看老师，模仿我的动作，踏步走进教室。"同学们专注地看着我，我播放了音乐《鞋匠之舞》，学生们两两一组，手上模仿着我做缝补动作和

两手握拳做钉钉子动作,踏步进入教室,围成 U 字形坐下。我对孩子们进行鼓励:"你们刚刚的动作做得很标准,踏步轻巧而富有弹性,表情也特别可爱。"学生们个个面带微笑地看着我。我继续问道:"谁能说一说,刚刚进教室时我们做了哪些动作?"此处对律动动作进行回忆、分析。吴羽嫒高高举起了小手,说:"我们好像做了缝补的动作和钉钉子的动作。""那么同一个职业,既要完成缝补的工作又要完成钉钉子的动作,那会是什么职业呢?"我继续追问。此时孩子们根据他们以往的生活经验在积极思考回忆。我想,由于时代的发展,修鞋匠这样的手艺在生活中越来越难见到了,但孩子们想到裁缝、铁匠等类似的工作已然让我觉得惊喜。"你们已经猜得很接近答案了,让我们通过一段视频来认识这样一种劳动。"播放视频《修鞋匠》。

一位同学看完后迫不及待地举手回答:"通过观看视频,我看到了一位匠人师傅在修鞋。""那你能具体说说他是怎么修鞋的吗?"他继续回答:"修鞋师傅用钉子钉鞋底。"另外一位同学补充道:"修鞋师傅用刷子刷鞋面,还用针线缝补鞋子。"我及时给予表扬和肯定:"你们观看得真仔细。"在黑板上贴出了图式(图 7‑32)。

图 7‑32　苏少版音乐二年级上册《小鞋匠》

出示图式后,我便请学生们模仿鞋匠工作的动作,并创造出相应的声音和节奏。这一环节为节奏创编,学生通过观察图式,以及动作的模仿,结合以前学习的基本节奏类型,选择运用,创造出适合的声效。孩子们积极思考、尝试运用图式中的基本节奏型进行简单的组合创编,从而生成一条节奏声效。最后我们选择了大家一致认为合适的音效。老师在黑板上贴出相对应的节奏图式(图 7‑33、图 7‑34),并带着学生按节奏用动作体验修鞋匠的劳动。这使得劳动既有趣味性,又有音乐性。在分组合作的游戏中更加锻炼了孩子们的合作意识。

图 7‑33　苏少版音乐二年级上册《小鞋匠》

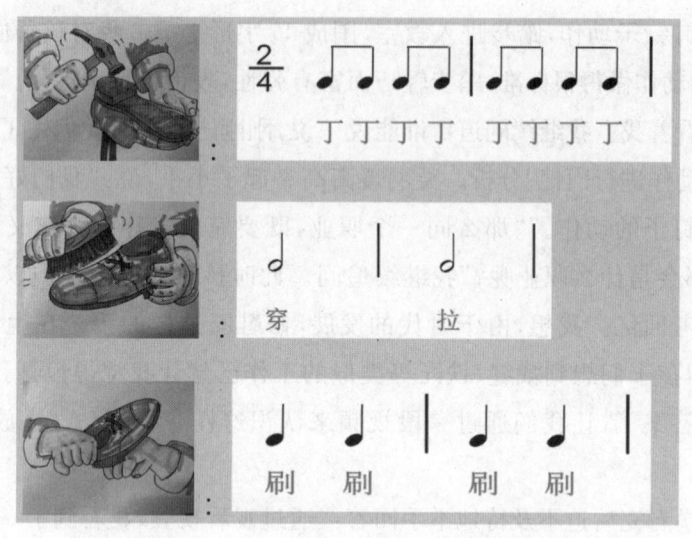

图 7-34 苏少版音乐二年级上册《小鞋匠》

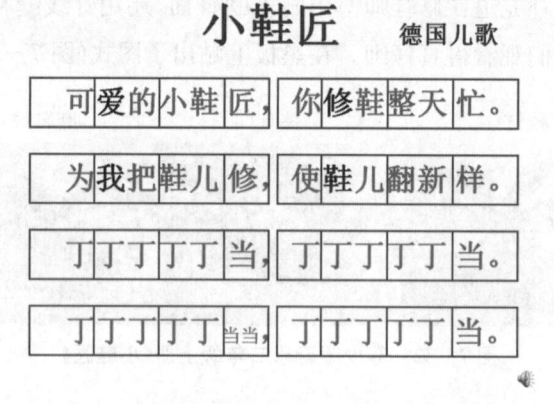

小鞋匠　　德国儿歌

图 7-35 苏少版音乐二年级上册《小鞋匠》

　　在歌唱教学环节，我出示节奏格子图谱，(图 7-35)看着图谱，二年级的学生很容辨别歌曲的节奏，他们根据字在格子中的位置，如一字一格、两字一格等，来辨别歌曲节奏。我还将歌曲第 5、6 两句的歌词稍做改动，也改成了叮叮当当的钉鞋钉的拟声词，目的是让学生更清晰地了解这四个乐句的关系，它们几乎完全相同。这样孩子们既对歌曲前四乐句旋律熟悉了，又掌握了后四乐句的旋律特点。

　　《小鞋匠》结构规整，曲调精练。前四句为上行二度模进，后四句为相似乐句。在歌曲旋律教学中，我将前四乐句的旋律设计成了两个音乐楼梯(图 7-36、7-37)，音乐楼是基础，音乐楼梯是建设。音乐楼梯的设计让孩子们以视觉、听觉同时感受乐曲旋律的行进过程，使听唱和模唱更生动有趣。同时音乐楼梯的模唱也为后面的合唱设计打下了基础。

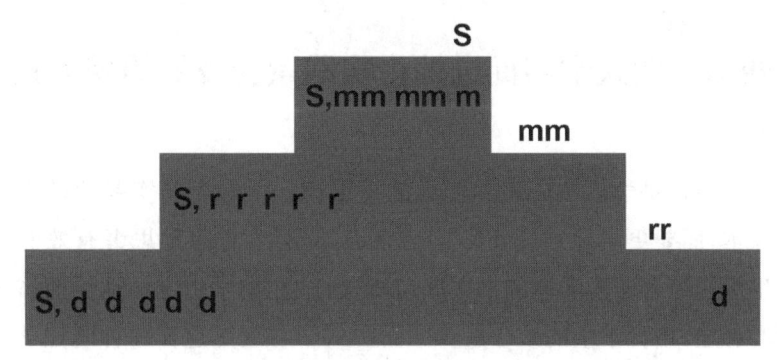

图 7-36　苏少版音乐二年级上册《小鞋匠》

图 7-37　苏少版音乐二年级上册《小鞋匠》

老师先唱楼梯：S,ddddd S,rrrrr S,mmmmm S m r d。请同学们观察：老师都做了些什么？唱了些什么？它们之间有什么联系？学生发现，老师爬得越高唱的旋律就越高，老师下楼梯时旋律也是向下走的。旋律先爬山坡后下山坡。老师带着孩子们边爬边唱，跟琴模唱。爬完了音乐楼梯，我们再来爬爬另一座音乐楼梯，对比一下，这两座音乐楼梯有什么相同或不同之处？边唱边贴音乐楼梯，这时学生发现并总结：虽然这两个音乐楼梯的旋律走向相同，但图 7-37 所示的音乐楼梯旋律比图 7-36 所示的音乐楼梯更丰富。

图式是一种比较直观的呈现方式，有着梳理和传达信息的作用。它通俗易懂、形象有趣，有利于学习后的交流和反馈。在一段时间的实践中我发现在音乐教学过程中使用图式进行教学是有效的。直观的可视化呈现，学生易于接受。小学低年级是学生身体发展变化非常快的阶段，特别是大脑的发育迅速加快，其中认知活动的发展由具体形象逐渐向抽象、概括过渡。虽然视觉、听觉能力敏锐度的增长速度较快，但其注意力不能持久，关注的平均时间大约是 15 分钟，无意识记忆仍占主导地位，因此比较擅长具体形象的识记。当我们一步步走近图式，靠近、再靠近，用心聆听音乐，当美妙的旋律变成具体的形象时，我们一定会感受到图式带给我们的音乐魅力！

第四节　图式学习促进综合实践素养发展的现场叙事

综合实践课程是学生核心素养形成的重要途径。综合与实践活动内容不能仅仅局限于课本,而要更多地结合实际生活来引导学生,更多地思考有效的方法来切实提高学生参与综合实践活动的自主性与积极性,注重学生主体地位的体现和教师主导作用的彰显,培育学生的核心素养。而图式学习就是这样一种既让孩子们喜闻乐见,又让老师化繁为简、轻松教学的方法。它是基于儿童认知特点和图式理论,引导学生自主展开知识探索、方法习得、思维进阶,并形成积极情感态度价值观的学习。而如何实施于课堂中,需要教师因地制宜,明确自己图式学习引导者、支持者和促进者的身份,设计好课堂教学各环节,利用好教学机智,达到有效提升学生核心素养的目的,能够有效帮助学生树立正确的人生观、价值观、世界观,从而培养学生成为社会发展所需要的高素质人才,让学生成为图式学习真正的主角。

一、综合实践教学的问题诊断与分析

（一）课程意识的薄弱引起的自主性不足

2017年教育部在《中小学综合实践活动课程支持计划》中提出,中小学综合实践活动课程是义务教育课程策略中明确要学习的必修课程,和学科课程同等重要,各年级应全面推行,一切学生都应参与[1]。再次以文件形式明确了综合实践的课程地位。

尽管教育部门为推进综合实践课程予以多方面的保障,但部分综合实践教师仍存在认识上的误区。"应试教育"的误区让部分老师认为综合实践课程开设与否、实施得是否认真,对学校、学生并不会有太大影响,属于一门可有可无的课程,无须投入大量的精力和时间来实施。这门课程课堂教学质量再高,也不跟升学挂钩,倒不如上好主要学科,学生成绩的提高、学校知名度的打开会更加有意义、有价值。

1. 对学生安全问题的忧虑

部分教师对综合实践活动实施过程中可能出现的危险因素心存顾虑,认为多一

---

[1] 中华人民共和国教育部:《中小学综合实践活动课程指导纲要(2017)》,北京:北京师范大学出版社,2017年。

事不如少一事,集中精力搞学习,以避免不必要的麻烦。此时的素质教育实际上只能作为标语,尽管开了这门课,但是没有让教师清晰认识到综合实践活动课程也是国家相关部门要求开设的必修课,没有达到提高学生素质之目的。

2. 教师对自身专业能力的不自信

部分教师对课程编制等未能形成比较清晰的认识,并不具备开设这一课程的能力,当然也谈不上能在专业教学、课堂教学和设计上有所创新,难以熟练、自如地指导并开展综合实践活动课程。

活动内容较为形式化。部分教师尚未意识到小学综合实践活动的重要性,对于综合实践活动的内容、性质、目标认知不充分,没有真正理解开设综合实践活动课程的意义,而只是把它作为一项简单的活动来实施,存在"两张皮"的现象,使实践活动存在形式化的问题。

3. 对学生个性化差异重视不足

学生的学习能力与理解能力存在差异,教师一定要关注并尊重学生的个性化差异,因势利导,这样才能让每一个学生都能够自主、积极、自信地投入到综合实践活动中。但在综合实践实际活动中,教师可能往往不能够全面考虑、充分尊重学生的个性化差异,常采用统一的标准来对待学生,导致学生不愿意向教师透露自己真实的想法,参与活动的积极性降低,使得课程本身不能很好地发挥促进学生身心健康发展、提高综合素养的作用。

以上问题导致教师参与此门课程变革的积极性较低,所以,更别谈主动地、有创造性地去设计教学,提高课程的有效性了,学生对此课程的重视度可想而知。

(二)跨学科意识的薄弱导致灵活性不足

综合实践活动的课程内容涉及很多相关的领域,研究性学习、社区服务与社会实践、劳动与技术教育、信息技术教育是综合实践活动的四大指定领域。除此之外,班级活动、少先队活动、节日活动以及学校的某些传统活动等是综合实践活动课程的非指定领域,可以与指定领域结合开展[①]。

1. 跨学科意识的缺乏,导致创新能力的不足

各学校都必然会安排综合实践活动,但是教师对专业的定位不清晰,对课程标准没有全面的认知,缺乏一定的跨学科意识,导致课程开发能力的缺失,未能在专业教学技术上予以创新。活动内容较为单调,导致缺乏创新力、生命力。目前,部分教

---

① 江苏省义务教育综合实践活动课程纲要(2017)。

师学科专业素养的缺失，使少部分学校的活动内容较为枯燥、单一，难以吸引学生全身心、积极地投入其中，从而无法把综合实践活动的作用发挥出来。

2. 跨学科意识的缺乏，导致资源开发的不足

有的课程资源未能得到足够的开发，无法令大量学生的综合实践活动的多样性要求得到满足，导致综合实践活动课程的实施受到了限制。如部分教师过于注重理论知识的讲解，而忽略了让学生行动起来亲身实践的环节；很多教师甚至不愿接受新兴事物，在实践活动中不善于应用信息技术；活动内容缺少生活素材，无法实现理论与生活的连接。综合实践活动只有和学生的实际生活相联系，才能够从中培养学生的兴趣、爱好，采用传统的教学模式容易导致活动内容与实践生活"脱轨"，无法真正激发学生探究的热情。

二、综合实践学科核心素养的内涵解读

综合实践核心素养包含学生的动手能力、生活能力、应急处理能力等实际应用的综合能力，是学生提升综合素养的关键。综合实践课程能够有效帮助学生树立正确的人生观、价值观、世界观，从而培养学生成为社会发展所需要的高素质人才。这就对综合实践课堂的有效性提出了新的要求，流于形式、浮于表面的综合实践活动的开展显然是不适合当前要求的，有效性是综合实践课程老师所探索、追求的目标。综合实践活动课程的总目标是通过密切学生与生活的联系、学校与社会的联系，帮助学生获得亲身参与实践的积极体验和丰富经验，提高学生对自然、社会和自我之间内在联系的整体认识，发展学生的创新精神、实践能力，培养学生的社会责任感，并形成良好的个性品质，这些都直接指向了学生的核心素养。综合实践学科是一门综合性学科，具有以下特征。

1. 综合性

综合性是小学综合实践活动的关键特征，因为小学综合实践活动与实际生活的联系非常密切，更有利于提升小学生的综合素养，包括语言交际能力、理解能力、动手能力、学习能力等，并能够促进学生积累多种学科知识与生活经验。

2. 实践性

小学综合实践活动的实践性非常强，其与传统的学科课堂有很大差别。它不仅仅是传授理论知识，更多的是要把理论知识更好地应用到实际活动中，让学生能够在实践中不断反思，并且在反思中再次去实践，从而让小学生从小就培养良好的学习习惯。

3. 自主性

小学综合实践活动有着较强的自主性,能够最大限度地体现学生的主体地位。教师需要引导学生自主、积极地投入到综合实践活动中,要善于制定符合学生需求的活动内容,让学生找到适合自己的学习方式,从而自主选择适合自身发展的思维模式与学习方案。

4. 开放性与生成性

小学综合实践活动具备较强的开放性与生成性,因为活动内容是依据学生表现随时改变的。教师需要充分结合学生的现状去设定活动内容,让学生在活动过程中获得体验,找到解决问题的相应思路。在活动过程中,需要学生动手、动脑,让课堂上的每一个人都参与进去,激发学生自身强烈的求知欲,从而让他们在活跃的氛围中学到更多的知识与技能。

一节合格的综合实践课,应该具备以下条件:教师一边讲解引导,一边给学生实际的机会进行模拟训练,借助图式理论与实际充分结合,又能还原知识原型,鼓励学生依据自己的想法提出猜想、大胆实践、找寻答案,借助图式来提高学生的思维品质。综合实践核心素养包含很多内容,其核心就是激发学生的主观意识,让其产生主观能动性,这种主观能动往往能使学生产生信心,培养其坚忍不拔的毅力,在面对困难时正确分析、面对挑战时勇于尝试,感受综合实践的乐趣,也提升学生的综合实践学科核心素养。

三、图式学习促进综合实践学科素养发展的基本策略

《中小学综合实践活动课程指导纲要》对综合实践课程的课程属性进行了明确的定位,"培养学生综合素质的跨学科实践性课程"[①],注重在实践中实现育人目标。这一目标的实现,离不开课程资源开发,需要借助图式,基于核心素养视角,进一步解放综合实践活动课程资源开发思想,强化资源开发的策略意识,从而为综合实践活动课程的开展提供有力的支持,打破学科之间的壁垒,促进学生核心素养发展。

(一)图式激发多样资源,深入开发课程

1. 依托图式,开发校园课程资源

综合实践课程资源开发要遵循因地制宜的开发原则,扎根于学校,用好已有的资源,充分考虑学校物力、财力水平,从而形成具有校园特色的课程资源。校园课程资源的开发既要注重物力资源,又要注重人力资源,才能开发出适宜的综合实践课

程资源。我校一向注重课程资源开发,依托悠久的足球文化,足球已发展为本校的特色课程,全校学生皆以与国足武磊为校友而荣,这便成为我校得天独厚、可供开发的综合实践课程资源。潜心思考,可以依托方法图式(图7-38)的介入,引导学生自主设计出多样选题:我是小小足球迷、小小球衣我设计、个性足球我来绘、球场规则我知道、球赛趣事我分享等多种课型的综合实践课程。因为依托于学校深厚的足球文化,以及足球小将及教练的大力支持,可开发的课程资源数不胜数。在方法图式的运用中,引导学生发现思维的方法,促进学生观察、比较、分析、综合等能力的发展。

图7-38 综合实践活动四年级《我是小小足球迷》

2. 借助图式,开发生活课程资源。

综合实践活动的开发与实施要克服当前基础教育课程脱离学生生活的倾向,面向学生完整的生活世界,引领学生走向现实的社会生活,促进学生与生活的联系,增长学生对自然、对社会、对自我的实际体验,发展综合能力,提高综合素质,在开放的环境中健康活泼地发展。

小学综合实践课程资源开发时,要向图式取经,充分发挥学生在综合实践课程资源开发中的积极作用,开发适切的生本课程资源,让综合实践课程资源更加丰富,并引领学生在开发课程的过程中发展核心素养。生本课程资源的开发要基于学生的多样性,从学生日常生活中寻找课程资源开发的契机。例如,春天到了,孩子们走出了家门,与春天绽放的花儿们合影,留下了美好的回忆。捕捉到这一现象,可以及时地开发相应的课程资源。教师可以引导学生围绕"待到春花烂漫时"主题,引导学生开发课程资源,学生利用查阅资料、搜索网络等方式,了解春天开放、又能吸引自己目光的花儿的品种、颜色、花期、作用等。通过了解,学生们对待美丽的事物不仅仅是停留在欣赏的程度,而是能深入地、主动地去研究,并试着将自己眼中的春天画下来。教师深刻地认识到,向图式取经,可以激发学生热爱春天、热爱大自然、热爱生活的美好情感。这样的选题,特别容易为学生所接受,激发学生参与综合实践课程的积极性。同时,通过实践活动课程,引领学生在课程活动中更好地投身于生活,运用所学知识指导学生生活。

3. 扎根图式,开发区域课程资源

小学综合实践课程资源开发要充分考虑学情实际,不能过度拔高。这就需要课程资源开发立足于本土,利用本土化资源的地缘优势,增强综合实践课程资源的亲和力,并彰显课程资源的本土特色。如南京的"鸭文化"是地域的一大特色,"没有一只鸭能活着离开南京"也成了南京人茶余饭后的笑谈。教师可以结合本土的"鸭文化"开发课程资源,从美食、文创等角度出发,了解南京"鸭文化"的前世今生,并试着畅想,如何进行周边的文创设计,来吸引更多的游客来了解南京。很多孩子还提议,与时下最流行的柯尔鸭进行时尚链接,制作一本属于班级自己的绘本——《你好"鸭"》,让"鸭文化"传播。

综合实践课程实施过程中,学生搜集有关鸭子的一些相关知识,了解到鸭的全身都是宝,再实地喂养鸭、观察鸭,创造了实践的机会,还搜集了一些古代诗人描写鸭的有关诗句,学生特别乐于参与。"鸭文化"的文创用品的设计,也让全班同学激情澎湃,参与综合实践的自主性、积极性得到空前的提高。新冠疫情之下,"鸭文化"依然在激励南京人民抗击疫情,足以感受到本土厚重的文化,也拓宽了学生的视野,感受别样文化。通过系列综合实践活动来提升学生的思维品质,在学习过程中感受—体验—认同—行动,形成正确的情感、态度、价值观。在活动的开展中真正地从知识导向走向了素养导向,发展了学生的核心思维。

小学综合实践活动中要注重课程资源的开发和利用,为综合实践活动的开展奠定基础。在选材上,教师要选取社会热点、学科问题,并且要加强社区调查工作,深入挖掘实践活动教学素材,让学生能够在综合实践活动中了解社会发展趋势,逐渐培养自身的社会责任感;要充分利用网络资源,选取优秀的课外素材,并引导学生在生活中不断发现问题;要提供充足的教学素材和活动资源,让学生从中学到更多的知识,把综合实践活动的教育意义充分展现出来。

(二)图式助力跨学科,让课堂更显生机

跨学科学习,是指跨出自我的学科界限,与多个学科发生相互交叉、渗透、融合,形成新理论、新理念和新方法,进而提升自己的决策力和创新力。库恩的"范式论"认为各门学科都有自己的"范式",即由理论、方法、模型、范例和研究传统等相互联系与相互作用的要素组成的整体;跨学科学习本质上是突破学科之间的限制,跨越不同"范式"之间的边界或"范式"之间的转换,产生创造性的成果,甚至引发科学技术和商业的革命性变革。要想对复杂问题形成敏锐的判断力,就必须建构自己的"多元思维模型",必须跨学科学习。

林崇德在《中国学生核心素养研究》一文中提到专家访谈时说:"相对于'知识基础'领域中的学科素养,被访谈者更为强调各类跨学科素养的养成,并将其作为决定个体核心竞争力的主要方面,在被提及频率排名前十位的素养指标中有九项为跨学科素养。"[①]很明显,"中国学生发展核心素养"十分重视基于"跨学科素养"的培育,这与目前国际社会的普遍经验相契合。通过实践研究,我们发现跨学科主题学习的教学方式逐步成为学生提升综合能力、提升学校育人价值的一条有效途径。因此,综合实践如能聚焦跨学科,借助图式来实现主题学习,以问题解决驱动的跨学科教育,培养学生的综合素养,提升学校的育人价值,能让课堂更显生机。

教育是一项面向未来的事业,我们要为未来培养怎样的人,是每一个负责任的教育者必须思考的问题。21世纪人类社会发展面临的重大问题愈来愈趋向综合化、复杂化,我们培养的人才也应具备"抽丝剥茧""见斑窥豹"以及与他人合作解决复杂现实问题的能力。小学普遍实行的分科课程容易使学生"只见树木,不见森林",对事物缺乏整体感知。各学科互不相通,教学内容重复,不但增加学生负担,也不利于学生深度思维的培养,综合实践学科正好填补了这一空白。长期以来,多门学科围绕图式这一主题组织开展了教学实践探索,有了一定的经验积累。通过新一轮的实践探索,我们发现在跨学科主题学习探索过程中,学生在提问、思考、讨论、解决问题过程中逐步培养和提升了自身的知识迁移能力、思维分析能力、解决问题的能力等,也为学生后期更高层次的项目化学习打下了扎实的实践和能力基础。

1. 图式助力跨学科学习,拓宽孩子的视野

跨学科主题学习转变了现代学生的学习方式。在传统教学模式下,学生往往处于被动学习的状态,即教师选择固定的授课内容和学习方式,学生被动地根据教师的要求进行学习探究。跨学科主题学习的教学方式对学生而言,意味着心态的开放、主体性的凸现、个性的彰显和创造性的发挥。

"选择"已成为跨学科主题学习的重要特色,学生按需所学,自主选择探究内容的难易、进度,主动搜集、分析有关的信息资料,由传统的被动学习转变为独立的主动学习,由外部刺激的被动接受者和知识的灌输对象转变为信息加工的主体,其学习自主性大大增强。两个或多个跨学科主题的内容,可以让学生在学习和研究的时

---

① 林崇德:《中国学生核心素养研究》,《心理与行为研究》2017年第2期。

候更容易与生活实践相结合，便于其理解和思考，拓宽孩子的视野(表7-1)。

表7-1 学校传统活动的改造一览表(江苏省义务教育综合实践活动课程纲要)

学校传统活动		建议开展的主题综合实践活动
常规活动(如国旗下讲话、开学典礼、毕业典礼、春游、秋游、家长会等)		我是小小升旗手、我的毕业典礼我设计、带着课题去春游(秋游)、别开生面的家长会
班团队活动		走进家乡、环保小卫士、我是爱心小天使
节日活动	六一儿童节	我的节日我做主、我的未来我设计、传统游戏研究
	传统节日活动	走进重阳、春节习俗的研究、中秋月饼的制作、传统节日的研究、设计我们自己的节日
艺术节活动		我是小小艺术家、世界经典诗歌朗诵会、世界经典影片展播、世界名画临摹比赛、世界知识状元榜、挑战双语主持人擂台
体育节活动		班级趣味运动会的组织与策划、国际奥林匹克运动会、世界民族运动会、五洲城市运动会、制订我的健身计划、运动健康的研究
科技节活动		我身边的小发明、多功能课桌的设计与制作
读书节活动		中小学生阅读现状的调查研究、图书漂流创意活动设计
……		

正如表7-1所示，同一主题的综合实践活动，可以衍生出很多子主题，且都不是孤立存在的，存在跨学科的身影，如果授课教师愿意多动脑筋、精心设计，多重跨学科也可以实现。图式教学正是符合儿童学习的特征的，以图式教学和图式学习为基础形成的优学课堂样式，涵盖了"建构主义学习"和"有意义学习"，而形象化的表征又更好地体现了儿童学习的特点，增强了孩子们的学习兴趣，也拓宽了他们的视野。

2. 图式助力跨学科学习，实现知识外链

跨学科学习中，我们的学习中心可以朝着服务于儿童天性的方向去设计和建设。喜欢游戏、喜欢模仿、具有无限的好奇心、喜欢追求成功、喜爱户外、合群、喜欢被赞扬，是儿童的天性。儿童更愿意在玩乐中学习，在好奇中学习，在挑战中学习，在行动中学习，在问题解决的过程中学习，在面对挑战的竞争中学习。课堂因其追求效率、统一整齐，重在教师的知识性教学，难免会忽略学生的个体差异。以教为中心的课堂，割裂了知识与其生成的实践情境之间的有机联系，有时会导致学生的机械和无意义学习，也难以形成未来社会需要的多种关键能力。跨学科学习中心让学生走出"固化状态"的学习课堂，通过跨学科方式和知识统整，在解决问题的过程中了解知识和社会发展之间的联系，实现知识外链。

在综合实践活动中加强信息技术的应用。信息技术已广泛应用在工作与生活中,在综合实践活动中也离不开信息技术的应用。教师可以引导学生利用主题网站去查阅活动资料,不断丰富综合实践活动内容;可以利用问卷星等网络平台,来完成课前的调查,收集到自己主题活动开展所需要的必要数据。如在《家务劳动我能行》一课的授课前夕,教师采用问卷星这一平台,来收集学生在家参与家务劳动的情况,网络自动生成数据,以各种形式直观呈现,不仅给教师的课堂提供珍贵的数据,也用这真实的数据来给孩子们一个提醒:动手动脑,给自己更多的锻炼机会,这样充分提升了综合实践活动的效率与质量,让小学生在综合实践活动中也能够与时俱进,学会接纳新兴事物,跟上时代发展的脚步。

3. 图式助力跨学科,主题学习成首选

经过之前一段时间的探索,我校教师也在实施跨学科主题教育教学的过程中积累了一定的经验。例如,教师们通过学科之间的相互融合共同完成教学目标;通过教学方式上的相互借鉴,寻找最佳的育人方法。尤其是在综合实践课程中,许多教师开始借鉴、尝试跨学科主题学习的方式,通过围绕一个主题内容,结合自己的课堂教学内容,与多门学科教师一起商议,共同推进学生综合能力的培养。

同时,在德育课程实施过程中,教师们也会采取主题引领的方式,在主题班会、每周主题教育、德育实践活动的开展等方面进行有效的推进。我们渐渐发现,有了一个确定的主题,多方"联手"合作,往往会使课程的形式更多样化,课程的内容更为丰富,育人目标也更具有综合性,从而真正实现了促使学生全面发展的育人目标。

加强与学科学习的联系,在学科知识的拓展和应用中生成研究性学习的内容,引导学生有效地应用各科知识。在新课程改革背景下,回归生活、超越学科中心、鼓励动手实践、重视合作探究是教育改革的重要方向,为此,在语文、数学、科学、德育等学科课程中都有一些类似于综合实践活动的内容,这些与综合实践活动课程都关注学生综合素养的培养,但又有其特殊的学科性质和任务。如《寻找秋天》这一综合实践课,前期教师带领学生寻找秋天,最明显的要数秋叶的不同颜色的变化,也是学生最能轻松发现的。仅停留于此有违综合实践课程的实践性这一主要特点,教师带着孩子们走出教室,在校园里,在公园里,在田野里,寻找到秋姑娘给予的珍贵礼物。可以是各种颜色、各种形状的树叶,也可以是庄稼地里寻到的农作物的果实或叶子。这些是大自然给同学们的礼物,同时综合实践老师可以实现和美术的跨学科,用这些寻来的礼物,拼出属于秋天的画。甚至可以寻求美术老师的支持,图式助力跨学科。

四、图式学习促进综合实践素养现场叙事

综合实践学习需要研究的是真问题,真正能发展学生,实现提高终身发展的能力,而不是为了应和课程需要而开设的学习。从有效性出发,图式的助力不可或缺。图式教学是儿童在教师的支持与引领下,运用图式展开学习的过程,它是儿童自己的学习,更重视学习的过程与学习体验,是助力于综合实践更有效的一种方式。所以本节将呈现的现场叙事,在过程中展现综合实践教学如何运用图式学习的方法促进学生核心素养的生成。

以习近平新时代中国特色社会主义思想为指导,注重挖掘劳动在树德、增智、育美等方面的育人价值,将培养学生的劳动观念、劳动精神贯穿课程实施全过程,引导学生树立正确的劳动价值观。《家务劳动我能行》属于综合实践活动四大指定领域之一的"社会服务活动"范畴,教育部《中小学综合实践活动指导纲要》推荐主题汇总主题之一。本课基于"儿童经验",让图式引入,轻松让生活融入实践,让体验走进课堂,提高学生自主实践、沟通表达的多种能力。课上带着孩子们亲自动手,学会洗自己的袜子、红领巾、背心、丝巾等简单衣物,掌握洗衣服的顺序和要领。在轻松、欢快的活动氛围中,培养了学生主动承担家务的意识,形成积极的生活态度,提高动手能力和责任担当意识,感受劳动的喜悦。

(一)图式引入,让问题更聚焦

课堂伊始,利用孩子们容易被轻松的、有趣的事物所吸引的特点,我采用了卡通人物——棉花糖导入课堂,熟悉的卡通人物吸引了孩子们的注意力,让他们迅速进入课堂情境,积极参加课堂活动,将孩子们的热情推向高处,为课堂的进行奠定了良好的基调。孩子们热情助人,都纷纷举手表示愿意帮助棉花糖整理衣橱,将衣物放进衣橱合适的位置。小小的衣橱,此时就仿佛成了一个表格式的图式(图7-39),将零散的衣物收纳的同时,也在给孩子们一个概念:衣橱空间按照功能的不同进行划分,根据这些功能,应选择合适的位置去摆放衣服,完成整理任务。

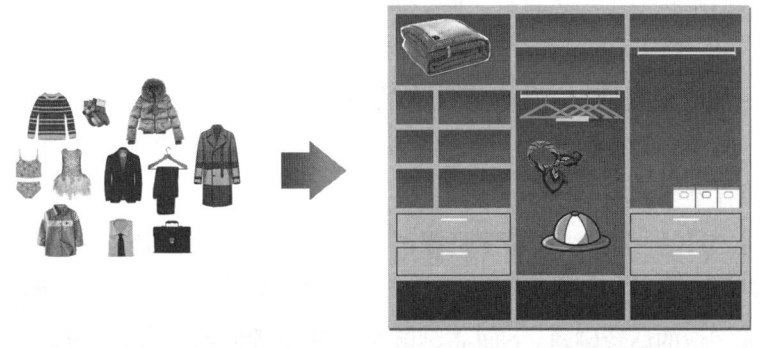

图7-39 综合实践活动三年级《家务劳动我能行》(自编教学内容)

文倩同学在整理完爸爸的西装和西裤后,课堂上立刻响起窃窃私语,察觉到一丝不对劲的文倩同学小脸霎时涨得通红,将原本放置于衣橱最底层的西装、西裤摆放在了悬挂衣架的空间,随后她长舒一口气想小跑下讲台。大家在评价同学们整理的衣橱时,文倩主动站起来,自信地说:"我认为我摆的位置没有任何的问题。你们想啊,爸爸的西装是需要去见客户的,应该挂衣架上,皱皱巴巴的还怎么见人呢!恰好这里有适合西装的空间,正好利用起来!"原先小声议论过她的同学也不禁点头称道。对于三年级的孩子来说,干家务活的机会并不多,但是,图式却给了他们一个模拟、实践的机会,让他们进行观察、思考,发展了他们的能力。

本节课的主要任务是引导孩子们学会清洗自己的衣物,了解清洗衣物的主要步骤,这就需要首先分清哪些衣物是适合我们小朋友洗的,我们虽然年龄小,但是可以做一些力所能及的事。请同学们从衣柜中找出适合自己清洗的衣物,并上台挑出来。看着挑出来的背心、内裤、丝巾、袜子等,同学们找到了适合自己清洗的物品的共同点——小的,轻的,薄的,适合于用手搓洗的,容易洗干净的……这对于三年级的他们来说真是了不起,也是平时善于观察的结果。由这些具体的图片,引发了孩子们的头脑风暴,激发了他们热烈参与课堂讨论的热情,轻松联想到生活中的红领巾、护袖、防晒冰袖、笔袋、手套、婴儿服、围裙、丝巾、口罩……这些物品也是自己所能清洗的。愿意留心生活,主动做一些力所能及的事情,为妈妈分担烦琐的家务。这样的小朋友值得点赞!

(二)图式介入,让重点更突出

随即进入本课的重点环节,结合即将到来的母亲节,小竹同学想给妈妈准备一份特殊的礼物——帮妈妈洗洗衣服。来看看同学们在清洗衣物的过程中普遍都会遇到的状况。孩子们在会心一笑中引起共鸣,回忆起自己洗衣服的场景,观察、思考、发现问题,踊跃地想表达自我。有感而发,这个过程可充分调动学生各个感官的作用,学生在发现问题的过程中,也是对自己已有经验的重组和表达。

在气氛达到最高潮时,讲解清洗衣物的几个必要步骤:浸泡—擦、搓、揉—拧干—漂洗—拧干。请五位同学上台来试着将打乱的洗衣步骤重新排列(图7-40)。大家跃跃欲试。

在台上,五位同学的站位顺序是漂洗—浸泡—拧干—擦、搓、揉——拧干。追问之下,鸿宇同学自信地说:"既然是洗衣服,我想漂洗肯定是首要任务,所以我放在第一步去完成。"他的话音刚落,下面立刻响起一些不赞同的声音,甚至有几只小手高举,想要反驳他点什么。随着高举的小手越来越多,他在台上显得越发局促,仿佛意

图 7-40 综合实践活动三年级《家务劳动我能行》（自编教学内容）

识到了什么，专注地观察着这几张洗衣步骤的图片，却迟迟不出声，仿佛有点拿不定主意。近处的思贤同学立刻站起来发言，解决了鸿宇的疑惑："我在家有见过妈妈洗衣服，鸿宇可能是没搞清楚什么是漂洗，漂洗是把衣服上的泡沫洗少点，直至没有泡沫的一个步骤。"一旁的鸿宇这才恍然大悟，赶紧调整了自己的站位。鸿宇做出这样的排列我一点都不奇怪，因为这个孩子平时在家父母、爷爷对其包办事务太多，鲜少有锻炼的机会，而今天请他上台来，真是一个非常好的教育机会。在学习小组中，孩子们可以放松心态、团结合作，他们年龄相当、生活经验相仿，相互之间可以理解、便于沟通，有一定的集体荣誉感。在排列活动中，采用图式介入，让重点和难点更为突出，从而化繁为简。鼓励学生大胆表达自己的想法，穿针引线，将看似杂乱无章的图片排列出正确的洗衣步骤。最大限度地尊重孩子的想法，充分发挥他们的主体作用。

（三）图式甄别，让难点不再难

五位同学在讲台排列好后，分别说明自己这么排列的理由。下面没有孩子发出反对的声音。我适时引导孩子们自己仔细观察，并提出质疑："同学们，你们眼前所看到的真的是正确的洗衣步骤吗？有没有小朋友有不同意见？"本以为尘埃落定的大家此时面面相觑，心想："平时妈妈在家不都是这么洗的嘛，还能有什么问题？"个个冥思苦想，不得其解。在沉默中，云来的小手虽然有所迟疑，但慢慢地举起来了。她不急不忙地试探地问道："老师，我上上下下、前前后后都仔细观察，也想过了，最有可能出问题的应该是两次'拧干'图。"随着她的提示，同学们的目光都不自觉地聚焦到了两张"拧干"图（图 7-41）上，渐渐有小朋友看出了眉目，露出了恍然大悟的神情，随即举手的孩子慢慢增加。鸿伟站起来说道："两张'拧干'图，看似差不多，其实大有玄机，一个泡沫多，一个泡沫少。"他身旁的欣芮同学忙站起来替她同桌补充道：

"泡沫应该是越漂洗越少的,所以我认为泡沫多的漂洗图在前,泡沫少的漂洗图在后。"全场的孩子瞬间沸腾,纷纷发出认同的声音。也有孩子露出了不可思议的表情,这小小的图片中还有这些奇妙之处。

图 7-41　综合实践活动三年级《家务劳动我能行》(自编教学内容)

经过这么一番激烈的课堂讨论,此时正确的洗衣步骤(图 7-42)已深入孩子们的内心,想出错也错不了。运用图式来甄别,让难点不再难,课堂学习气氛更热烈,同学们学起来也更轻松。

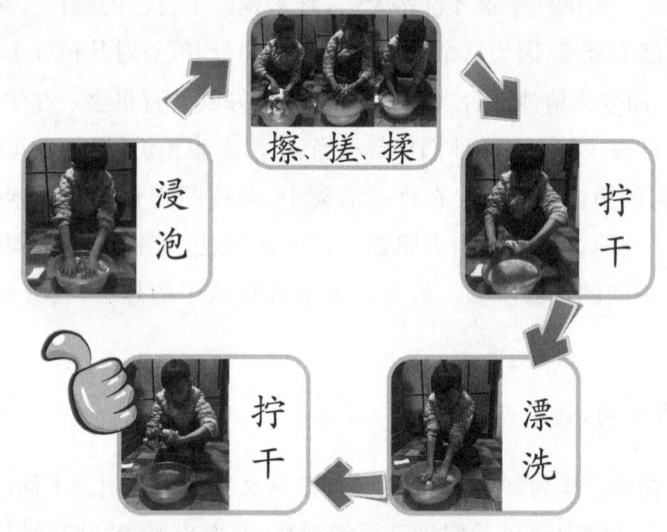

图 7-42　综合实践活动三年级《家务劳动我能行》

(四)图式运用,让分工更明确

课上,最让孩子们热血沸腾的是实际操作部分。在每个小组桌上摆放清水及洗涤用品,小组组员间进行合作,亲自动手清洗一件衣物,观察在洗的过程中能有哪些有趣发现。课上活动前,教师先引导孩子们认真研读小组活动要求,让大家明确自己的任务。研读完毕,在预留的1分钟组内准备时间内,可以看到组长在对大家再次明确各自任务,秩序井然。

课堂中,教师与学生处于一种平等的关系,教师的及时调控和适当指导能促使活动有序地开展。学生在小组中只有分工不同、相互协作不同,为了避免分工的不同或不均而引起不必要的纠纷,采用图式(表7-2)将各组员的任务指明,让小组更快速高效地投入活动,避免内耗。在小组合作探究体验活动中,充分展示自己的潜能,围绕洗衣服这一主题,有序、有效地展开探索活动,充分沟通、交流,实现信息、情感多方面的交流,在操作中丰富体验,在思维碰撞中收获知识和快乐,促进学生多种能力齐发展。

表7-2

小组活动要求	完成情况	我们的发现
(1) 1号负责洗衣前三步。		
(2) 2号负责洗衣后两步。		
(3) 3号负责晾晒。		
(4) 4号负责清理桌面。		
(5) 5号分享诀窍或趣事。		
(6) 音乐停,活动停。		

综合实践活动课程是一门经验型的课程,不同于传统的学科课程,其中的体验需要创设特定的、具体的情境,光说不练只能是停留在纸上谈兵的程度,难以让孩子们有直观的感受。洗衣服这一活动走进了课堂,让孩子们在过程中亲身实践,乐于参与,发现问题,克服种种困难,促使他们形成感性认识。图式的运用,让活动的分工更加明确。这与教师对实践内容上的不断优化密不可分,学生可以提升发现和提出问题的能力、合作能力、动手操作等多种能力,在实践任务的完成中学到更多的知识,综合实践能力也会因此变强。

五、基于项目的跨学科主题探索

基于项目的学习是一种以学生为中心的教学模式,通过一个任务,促进学生在完成作品和执行任务的学习中进行质询、实证,从而获得知识和技能。基于项目的课程框架问题来行动,这些问题把内容标准、高级思维与具体环境联系起来。完成任务,解决问题是项目学习的核心。我们所研究的图式内涵中就强调个体形成的在学习、生活中发现问题和解决问题的流程、步骤以及个体自主认识世界的思维框架与思路框架,这与项目学习的核心是一致的,所以我们尝试在项目学习中利用图式更好地、更有效地促进学生核心素养的生成。

项目学习以学生的实际生活经验为背景,以真实生活中的问题或任务为导向,引导学生围绕项目思考、分析、讨论问题,调查研究,共同合作完成作品。力图打破教师、课本、课堂这三中心的传统教育模式,使每一位学生都参与到项目里来,构建学习共同体。学生在整个学习过程中可以更好地理解主题,更深入地学习,更高层次地阅读,以及具有更强的学习动机,从而获得综合素养的提升。

项目学习创设现实的、有意义的、具有挑战性的项目情境,激发学生主动参与到项目活动中,有效利用各种资源解决项目中独特而又相互联系的各种任务,最终形成一个或一系列作品。

项目将学科知识、概念、原理融入项目任务中,学习者完成项目任务的过程也就是学习者体验、感悟学科知识、概念、原理的过程,在此过程中学习者建构起学科知识、概念、原理的个性化理解,掌握一定的技能,发展了自己的高级思维能力。

项目学习关注多学科内容的交叉融合。来源于现实生活中的实际问题往往是多学科交叉融合的,涵盖了多个方面的知识和技能。在学习过程中,学生需要综合运用多种学科知识来理解和分析,单纯依靠某一门学科知识则无法解决所遇到的问题。

以"团队"为基本组织形式,强调师生、生生以及该项目活动的所有人员相互合作,形成"学习共同体"。在"学习共同体"中,成员之间密切合作,每位成员共享自己的思维成果,充分交流互动。

学习具有一定的社会效益。基于项目的学习能促使师生与广大的社区进行联系,学生在学习过程中所需的文献资料和学生的最终作品都能够与老师、家长以及商业团体进行交流和分享,学生制作的作品可以提供给商家在市面上销售,从而获得一定的经济效益。

21世纪以来,随着信息技术的快速发展,社会对人才的质量要求与之前相比发生了质的变化,许多新型产业要求劳动者需具备更高的能力与素养。以往以学科知识体系为核心的人才素养培养理念已不能适应新形势。基于人的全面素质和整体发展的新视野,新时期对学生的核心素养提出了新要求。各国在学生核心素养制定方面有明晰的价值取向。一是要培养全面发展的人,教育必须承担培育、塑造学生能力与品行的责任,并最终使每个人实现才华、发挥潜能,并保持身心健康。二是个人也要承担对社会的义务和责任,通过各自的贡献找到自己的定位,获得生命的意义。素养的核心在哪里?我们的理解:一个是融通,一个是应用。把你所学的知识、能力、价值观融合在做一件事的过程里边,能够用它去解决问题,这个就是素养。核心素养的提出绝对不是否定知识、能力、价值观三维目标,也不是在三维之外要增加第四维,而是重新解构三维,让支离破碎的三维成为有机整合的三维。怎么就有机整合了?融通、应用。怎么样就能做到这一点?那就是项目学习。

(一)项目学习与图式的联系

1. 借助图式明晰项目过程,学习更加高效

项目学习分为四个阶段(表7-3),每个阶段必须及时完成。第一阶段:项目确定。本阶段确定项目名称、项目组成员、项目目标和受众群体。第二阶段:项目实施。根据已确定好的项目或问题,学生集思广益,讨论想法,并搜集所需的材料,制订相关的计划及时间表,并明确分工。第三阶段:完成作品。针对本项目或问题,要求最后呈现一份完整的作品,作品可以有多种形式,如报告、广告板、视频、博客或者几种形式的结合。第四阶段:评价及反思。评价分为学生评价、教师评价。由过程性评价和结果性评价组成,扩展了评价的主体和外延。

表7-3 项目学习四阶段图式

	项目确定		项目实施		完成作品		评价反思
1	项目名称	1	计划表	1	手抄报	1	教师评价
2	组员	2	时间表	2	视频	2	自评反思
3	目标	3	分工	3	文稿	3	互评
4	受众	4	搜集材料	4	博客	4	多角度评价
5	……	5	……	5	……	5	……

借助各类学习单等图式手段明晰项目学习的过程,有了图式的帮助,学生对整个项目学习有了明确的了解,对于不同的项目,学生制作不同的图式,无形中就养成了在生活中发现问题及解决问题的流程、步骤的思维框架与思路框架。

2. 利用图式促进项目学习,提高协作能力

项目学习中学生在实践中促进个体的社会化,并熟练掌握21世纪的沟通、谈判和协作技能。当学生参与这些项目相关工作时,他们必须贡献各自的想法并倾听其他人的想法。学生倾听能力的提高又从侧面促进了他们的合作能力。公开展示作品有利于学习共同体的建设,它传达出一种信息:项目学习过程中的各项工作是有现实意义的,是被教师、家长和学校所重视的。这有助于学生的社会评价标准的形成和对学习目标的认同。项目结束时,学生进行自我评价。他们不仅评价知识学习和技能获得方面,还会评价社会交往、团队合作情况。此时他们会反思自己的沟通技巧、分工合作、处理问题的能力。我们依据已有的图式课堂样态开展合作学习、自主学习,以期发现事物的联系与架构的过程。这些技能的持续使用和实践会使学生越来越擅长这些方面。而这些技能是学生核心素养结构中个人与社会部分中的重要组成,是学生在未来社会取得成功的关键。

3. 凭借图式激发项目学习,融合各种学习风格

项目学习中凭借图式,学生有更大的空间展现出不同的学习风格和偏好。他们会选择独特的方式展示项目学习的作品。一个喜欢反思的孩子可以用日记的形式记录他的学习,与同龄人分享。其他人可以阅读日记,给出回应。一个擅长以逻辑分析、数学图表方式思考问题的学生可以建一个问题解决思路表或者图示的作品,分享给其他人。从以往的图式学习的观察和反馈中,我们发现图式学习被认为是值得的,可以提高学生的技能,包括分数的提高、沟通、团队合作和自主学习。

在项目学习的过程中图式学习可以确保学生能充分地拓展思路、提升技能,使任务易于实现。当学生获得熟练的技能时,学生收获了自信和解决问题的能力,达成了素养的提升。

(二) 项目学习中的图式学习现场叙事

宝葫芦红领巾电视台是我们学校宝葫芦童话馆课程的一个部分,电视台利用童话馆的录像设备、蓝屏录制系统、定制的视频制作软件等,每个月录制一期节目,在全校利用队会课进行播放。节目分为几个板块,主要介绍本月学校中的精彩活动,好人好事,老师们、同学们的一些学习和生活的经验分享等。

其中一个板块叫作"红领巾在行动",是童话馆课程一个固定的项目学习活动。每一期就是围绕一个主题的调查类项目学习,因为有"红领巾在行动"项目学习流程图式(图 7-43)的帮助,在多次的项目学习中,小记者们已经非常熟悉项目学习的整个流程。

这是项目学习的开始。教师作为指导,学生作为项目的小组成员,大家共同确定一个难度适宜、学生也感兴趣的项目及目标。然后选择与他们分享项目的目标受众,有可能是学生的同龄人、校长或他们的父母。受众必须是真实、适当的。每月的第一周小记者们在校园中观察到一些现象,自己独立思考,填写并提交选题表。这次吴奕辰小记者在课间活动观察到同学们争相购买牛奶自动售货机出售的新款大红枣牛奶,希望通过深度调查,从现象到本质,让同学们回归"喝牛奶为营养"的初心,同时呼吁理性消费、文明购买。在这周五的例会当中,小记者们介绍自己的选题,大家投票选定本期要做的某一个项目主题。这次的例会大家一致同意了吴奕辰的这个选题,接着根据项目学习流程图式开始分工。因为这次的主题是吴奕辰提出

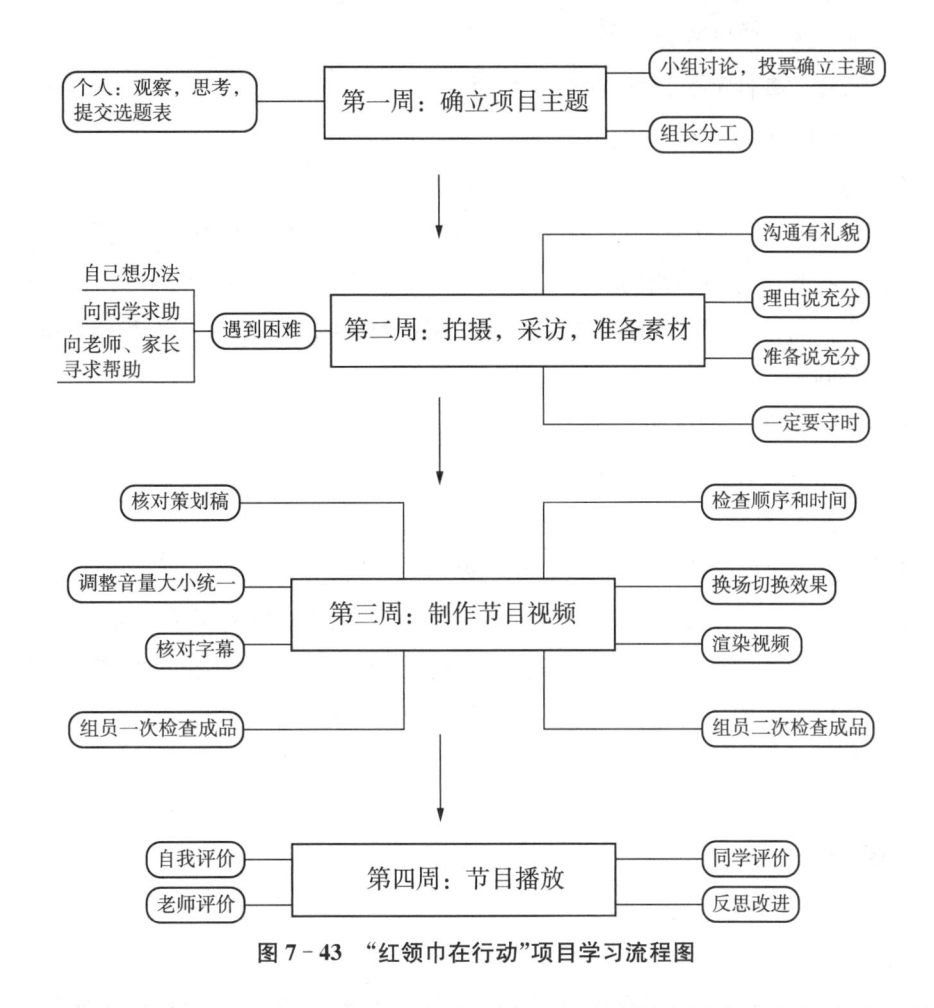

```
个人：观察，思考，         小组讨论，投票确立主题
提交选题表    → 第一周：确立项目主题
                            组长分工
                    ↓
自己想办法                   沟通有礼貌
向同学求助  遇到困难          理由说充分
向老师、家长 → 第二周：拍摄，采访，准备素材 
寻求帮助                    准备说充分
                            一定要守时
                    ↓
核对策划稿                  检查顺序和时间
调整音量大小统一 → 第三周：制作节目视频 换场切换效果
核对字幕                    渲染视频
组员一次检查成品            组员二次检查成品
                    ↓
自我评价    → 第四周：节目播放  同学评价
老师评价                    反思改进
```

图 7‑43 "红领巾在行动"项目学习流程图

的,所以他自动成为这个项目的组长,负责写节目的策划,根据小记者们自身的特点做出分工;林知行和田天戈负责校园摄像;白一宁负责联系后勤负责食堂的老师、牛奶机配送员、牛奶机管理员,确定好采访的时间和采访内容;潘思诺邀请低、中、高年级各 2 名学生及大队部彭老师在童话馆进行一个小型的讨论会,提前沟通好时间及讨论的主题;吴羽嫒联系童话馆负责老师,确定好后期制作时间。

宝葫芦红领巾电视台节目策划稿

本期选题:大红枣"风波"

一、《"大红枣"牛奶,新晋网红》

介绍"大红枣"的受欢迎程度,和由此引发的新现象。

二、《牛奶机课间小调查》

记者深度调查,从现象到本质,让我们回归"喝牛奶为营养"的初心。

三、《"大红枣"风波大讨论》

海采,呼应理性消费、文明购买的主题。

《"大红枣"牛奶,新晋网红》

【现场　教学楼侧面牛奶机旁】记者　吴奕辰

下课铃刚打完一分钟,现在我来到了教学楼侧面的两台牛奶售卖机旁,大家看(擦汗状),我跑得已经够快的了,可是这里已经排起了长蛇般的队伍,1、2、3、4……我的天,至少超过20人,还有同学正在源源不断地赶来。看来,这一次我就是排到上课也买不到奶。

【问题】同学,请问你要买什么?

(连续问三人,回答的都是买"大红枣"牛奶)

【问题】同学,你觉得"大红枣"的味道怎么样?

【问题】请问你为什么要选"大红枣"呢?

【配音】不管是喜欢枣子味,还是仅仅为了尝个鲜,近段时间以来,"大红枣"牛奶都是同学们心目中的NO.1(画面可以用延时拍摄做快动作:牛奶机里的产品慢慢变少,最后一件都不剩了)。没有买到"大红枣"的同学,表示非常遗憾。

【同期】同学甲

看来只能等下节课下课了。

【同期】同学乙

我觉得我回去要再练练跑步。

【同期】同学丙(高年级)

太不公平了,低年级的同学出门就能到了,我们要下楼再跑过操场,十次有九次都买不到。

【现场　教学楼侧面牛奶机旁】记者　吴奕辰

终于买到了一瓶(喝一口),嗯,有一点枣子味,可是真的是太甜太甜了,我觉得其实并不是很好喝。可为什么,"大红枣"会成为校园新网红呢?听说,因为抢购"大红枣",同学们之间还发生了不少小摩擦,请看我们的进一步调查。

《牛奶机课间小调查》

【现场　童话馆外小径】记者　吴奕辰

为了保证同学们课间能安全、迅速地购买牛奶,我们学校的大队委们义务担任起牛奶机管理员,每到课间,他们就来到这个小小的岗位上维持秩序。最近,小小一瓶"大红枣",引发的风波,也让他们非常关心。我们先来听一听,牛奶机管理员——黄思源,她有什么发现?

【同期】牛奶机管理员 黄思源

我发现，有的同学为了买"大红枣"，上课铃声响了都不回去。还有，出现了"占位"现象，先到的同学，帮后来的熟人买，最多的，有一位同学帮将近十个人刷卡，一共买了十瓶，这样本来排在靠前的人反而买不到了，影响了公平。当然，还有一些公然插队的现象。这种影响正常校园秩序的不文明行为，我希望同学们能够一起来监督。

【同期】牛奶机配送员

在我给牛奶机补充牛奶的时候，发现有同学悄悄抓起牛奶就跑；还有啊，请同学们购买的时候不要敲击牛奶机外壳上的玻璃，万一发生牛奶被卡住的现象，可以报告给管理员，我们会尽快来处理。

【配音】

采访了牛奶机管理员和配送员，我们还就此问题，专门采访了校领导。听曹老师介绍，今年教育部等三部门出台了《学校食品安全与营养健康管理规定》，明确中小学、幼儿园一般不得在校内设置小卖部、超市等食品经营场所，这个规定从今年4月1日起已经正式实施了。这样可以避免同学们摄入不健康的零食，避免同学间攀比购买，以及食品安全事件的发生。而我们小学生正处于生长发育阶段，营养专家建议每天饮用适量的牛奶，是加强营养最为简单有效的方法，我们一中心小学为此引进冷鲜保存的牛奶机，既遵守了国家的最新规定，也保证了学生们的牛奶饮用需求。

【同期】后勤负责食堂的老师

牛奶机里的牛奶是比较多的，以后也会有新的品种增加进来，同学们可以有多种选择，不一定要一窝蜂盯着一个品种买，这样可以避免扎堆排队的现象。还有，除了喝牛奶，同学们课间也要注意饮水，特别是季节交替的时候，多喝水可以保证口腔黏膜湿润，降低患上呼吸道疾病的概率。课间多喝喝水、多看看绿，不一定把时间都放在牛奶机的排队上面哦！

《"大红枣"风波大讨论》

【现场 童话馆图书室】记者 吴奕辰

校园里出现了网红饮品"大红枣"，同学们都在抢！人多的地方就是"江湖"，牛奶机前的小江湖，风波不断。为此啊，大队辅导员彭洁莉老师组织了热心同学，展开了一场大讨论，希望大家群策群力，维持好课间秩序，让大家能有序顺畅地购买牛奶。

【同期】陈卓妍

【同期】沈澈

【同期】尹晨

【同期】大队辅导员 彭洁莉老师 讲讲理性消费，文明购买。

【现场　童话馆图书室】记者 吴奕辰

谢谢老师和同学们的金点子，电视机前的你，如果有什么好建议也欢迎给我们投稿，如果你的建议被采纳，老师说，会有新鲜牛奶做奖励哦！红领巾电视台小记者吴奕辰童话馆报道。

学生对学习的责任感、独立性和纪律性在项目学习过程中被逐渐培养起来。学生自己设计的组织结构、生成性目标引导他们专注于项目任务，并通过工作会议来报告项目的进展情况。当教师让孩子们自己做决定时，他们学到了很多自我管理的技巧，如学会有效管理自己的时间。过程中学生很有可能犯错，他们也会反思。这使他们能够变得更加独立和对自己的学习负责。在团队的共同努力下，问题得以解决，学生体验到自己努力的成果。这对学生独立性的培养，自主学习能力、自我管理能力等核心素养的养成有深刻的意义。

第二周小记者们根据上周的分工开始执行各自的工作，在这个过程中肯定会有各种意想不到的情况发生。比如打了下课铃去童话馆拿摄像机，在牛奶售货机前架好设备就打上课铃了，上课时间也不能在无人看管的情况下把昂贵的设备留在操场上，面对问题，田天戈提出解决方案，不用摄像机，用手机录视频，可是用手机的结果是下课操场上的环境噪音大，录制好的视频中记者和被采访同学的声音不清晰。面对失败和困难，小记者们在多次的项目学习中早已习惯，能做的就是动脑筋、想办法。拍摄只能用专业的摄像机，要解决的困难是时间问题，林知行提出了自己的想法：体育课都是在操场上的，和体育老师沟通一下，提前五分钟下课去童话馆拿摄像机就可以不耽误下课十分钟宝贵的现场拍摄和采访的时间了。孩子们自己动脑筋解决了问题。

在解决困难的过程中，我们也有一个小图式：自己动脑筋想办法，向同学求助，向老师、家长寻求帮助。在这个主题项目中有很多的采访，对于同学的随机采访，同学们都是接受的，很积极主动，愿意牺牲自己的时间来配合小记者的工作，但是要采访非学校的工作人员，要让别人接受采访就非常有难度，比如在这次的项目中需要采访牛奶机的配送员，白一宁第一次去邀约的时候直接被拒绝，理由是没有时间。白一宁向童话馆的馆长潘思诺求助，她想用充分的理由说明这个采访的重要性，希望牛奶机的配送员能够接受采访，但依然被拒绝，无情的现实并没有打击到两个孩子，她们向童话馆的负责老师寻求帮助，在老师的点拨下，对于这个采访做出了一些改变，她们联系到学校负责后勤的主任，说明了情况，希望联系到牛奶自动售卖项目的公司负责人,做一个电话采访。

从对学生的观察和反馈中,我们发现基于图式学习的项目学习被认为是值得的,它让学生在学习的过程中,面对困难,树立起克服困难的信心,并知道如何去做,可以提高学生的技能,包括沟通、团队合作等。教师在项目学习过程中起辅助的作用,定期跟踪,与学生讨论,给予各方面的支持。当发现学生遇到困难,或不具备完成任务的知识和能力时,会有针对性地进行辅导,弥合学生知识和技能上的差距,以确保学生能充分地拓展思路、提升技能,使任务易于实现。辅助是暂时的,当学生获得熟练的技能时,教师退到旁边观察。学生收获了自信和解决问题的能力。

第三周在所有的素材准备齐全后,进入最后的制作部分,有电脑特长的学生负责使用定制的软件剪辑素材,小记者们围坐在旁边,根据最初的策划稿,安排素材的顺序、时长、场景的切换等,最终渲染后几分钟的视频作品呈现在大家的眼前。第四周的队会课上宝葫芦电视台的节目在全校播放。看见了电视中自己的身影,听到了身边同学们的笑声,瞧见了老师们赞许的眼神,小记者们在这个项目学习中收获了很多很多。

在作品展示阶段,学生可以使用多种技术呈现他们的学习成果。受众可能看到一个博客、一个视频、一个照片故事、一组漫画或思维导图,等等。电子信息技术使用的过程是学生实践创新能力快速提升的过程。他们的认知结构得以拓展,对信息的检索和使用效率得以提高。而且通过使用计算机信息技术,他们的想法得以实现,最终呈现出完整的作品。这本身就是创造。对信息技术的熟练使用是这个时代每个国家人才核心素养中必不可少的重要一环,而项目学习提供了学生这方面素养提升的机会。

当传统的学习策略专注于理论、例子和练习时,很多所学知识流于课本,无法与实际生活对接,这与项目学习形成了鲜明的对比。以素养本位为核心的项目学习,利用图式,以真实的问题情境为载体,跨越不同课程内容主题,整合不同的学习方法及评价形式,通过设计项目学习流程图式,制定相应的学习策略,围绕学生核心素养发展的各个方面,真正实现全面发展的育人目的。

第八章　基于图式学习的班队会活动现场叙事

班队会活动课程，主要指主题班会课、少先队队课以及心理班会课，是针对学生的年龄和认知特点设计的、对学生进行思想品德教育和心理教育的综合实践活动课程。基于学校的图式学习，我们着力探索班队会活动中学生道德认知、品质锤炼、能力形成、情感表达，促进学生形成积极的情感态度和价值观。

第一节　核心素养导向的班队会活动

一、班队会活动问题诊断与分析

班会是指在班主任领导或指导下，以班级为单位，围绕一个主题组织的对全班学生进行教育的活动，是班主任对学生和班级进行组织管理、指导、教育的主要途径，也是学生民主生活的一种重要形式。在班会上，班级的每个学生都可以充分发表自己的意见，共同研究、解决班级的各种问题。

队会，又称主题队会活动，是少先队组织领导的、以队员为主题开展的群众性的活动。一般事先拟好一个题目，由各小队围绕主题分工合作，共同筹备、举行集会或活动。队会主题要符合队员的兴趣和愿望，由队员们集体确定。表达形式可以多种多样，可以用节目表演，也可以用交流经验、表彰奖励、联欢、演讲、辩论、游戏、竞赛等形式。主题队会是少先队员的集体创作活动，提倡"自编、自导、自演"。当然，它同时也需要辅导员的启发和指导，并且提供必要的建议和帮助。队长和队员要培养独立思考、独立活动、发挥创造性的能力。

什么是心理班会？心理班会又可称为心理辅导班会或心理主题班会，就是渗透心理健康教育理念、以心理健康教育为主要内容的班会课。心理班会与传统班会的区别首先是选题不同。心理班会是根据学生常见的心理问题和学生在不同年龄阶段的心理特点而选择主题的，具有针对性和时效性，根据班级学生现阶段的情况可以随时变更活动目标。而传统的主题班会主题很广泛,通常依据学校的中心任务选题。其次是形式不同。心理班会运用团体辅导、心理剧和心理游戏等形式,重视学生在班会过程中的体验,并对体验进行概括总结和分析,最终引导学生寻找解决问题的方法。而传统的主题班会主要通过理论阐述、文娱表演、参观访问等形式,更强调对学生的思想教育。最后是教师角色的不同。在传统主题班会中,教师的角色是管理者;而在心理班会中,教师的角色是指导者,要慎重地确立主题,针对本班学生情况精心而又创造性地设计活动,针对学生参与活动情况及时进行指导。

从目前的班队会现状分析,有的班会课是以解决班级出现的实际问题为主,没有站在学生成长与发展的高度去设计,从而导致主题班会缺乏系统性;有的班会课过分追求形式的多样化,与班会内容联系不大,缺少教育意义,从而出现了华而不实的现象;还有的班会课没有明确的主题,就是一节纯粹的、单调的思想教育课,就学生出现的问题进行思想教育,忽视了学生的主体地位,抛弃了班会最核心的部分——过程,从而背离了开展班会这一活动最核心的意义和价值,所以效果也不理想。

班会没有系统的教材,从选题设计到实施,多是根据学校统一活动或者根据班级具体情况来选择内容。队会有教学内容,但也有一部分是从生活中、班级实际情况中选题。在设计实施过程中,学生对班队会活动所要达成的德育目标缺乏感性认知,只停留在浅层认知层面。调查发现,原因之一是班队会设计和实施过程中,比较注重理性认知,注重传授给学生既定的、公认的价值和信仰,受教育者主体的参与和体验性受到局限,而利用图式,首先可以从直观层面去理解、体验、认同,达到德性内化的目的。

二、班队会活动中图式学习促进核心素养发展的策略

(一)图式助力学生对道德的正确认知

小学生道德品质包括:热爱祖国,热爱集体,讲文明,懂礼貌、诚实守信、言行一致,勤劳节俭、艰苦朴素,孝敬父母、尊老爱幼、严于律己、宽以待人,谦虚礼让、尊重他人等。虽然从幼儿园开始,家长和老师都很重视孩子的品德培养,小学一年级开设了《道德与法治》这门课程,但是德育的效果并不尽如人意。调查发现,我们的德育课程以及平时老师们的德育教育,抽象大于具象。小学生年龄小,对道德品质的认知比较模糊。根据小学生年龄特点,感性认知能力大于理性认知能力,因此在小

学班队会活动设计中,利用图式来解读道德概念,可以提高小学生对道德品质的认知能力。比如,刘老师的主题班会设计《我不任性》中,第一个环节解读"任性"。刘老师设计了一组漫画,漫画中的小郎在商场里让妈妈给她买东西,第一幅图买了玩具,第二幅图是买衣服,第三幅图又要买文具,妈妈说家里的文具太多了,用完再买,第四幅图小郎大哭大闹,引来很多人围观。用这样一组图式,不需要太多的语言,低年级的同学们一下子就明白了什么叫"任性",也明白了这样不好。这样以图式代替烦琐的讲解,让学生在直观感受中,获得对不任性的正确解读。

《少先队活动课辅导用书》中,"小小岗位我负责"这个章节的活动设计中,活动一开始,就播放队员们在教室、走廊、包干区打扫的情景。然后,出示问题:队员们,我们在学校能履行自己的岗位职责,非常棒!那么在家又有哪些"岗位"需要我们尽责呢?用图式的形式来表达。老师设计的这个环节,不但用图式引入情景,让队员们明确在学校负责包干区卫生是自己的岗位职责,那么家里的很多家务劳动也属于自己的岗位职责。同学们用图式来完成。这样的图式引领,让同学们一下子就明白了什么叫岗位,什么是岗位职责。

在杜老师的心理健康课《家庭中的感恩》中,为了唤起同学们对家的美好点滴回忆,激发同学们对父母亲人的感恩之情,杜老师设计了这样的环节:

听了这位同学的分享,感觉这是多美好温暖的瞬间,爱的点滴,老师听了都好羡慕啊!请同学们欣赏图片(图片展示家庭生活画面)。

看了刚才的图片,你和父母相处中有类似的经历吗?(学生在图式内容的提示下纷纷发言)同学们,你们都有一颗感恩的心!是啊,只要我们换一个视角去看,原来我们家庭生活里有这么多值得感恩的地方,我们的生活不仅仅是学习!

(二)图式助力学生意志品质的锤炼

意志品质是指一个人在行动中具有明确的目的,不屈从于周围人的压力,按照自己的信念、知识和行为方式进行行动的品质。受意志支配的行动叫意志行动。意志品质是指构成人意志的诸因素的总和。主要包括独立性、自觉性、果断性、自制性和坚持性。在张老师的主题班会《诚信——立身之本》中,第二个板块解读为什么要做个诚信的孩子时,张老师设计的是一组简笔画配文字解释:

第一幅(图8-1)是小明家里有了变故,心里苦闷,就向自己的好朋友小刚倾诉,并告诉小刚要保密。

第二幅(图8-2)是小刚忍不住将小明的秘密告诉了小芬,小芬就告诉了其他同学……结果全班都知道了。

图 8-1　　　　　　　　　图 8-2

第三幅是小明大怒,发誓再也不与小刚做朋友了,其他同学也议论纷纷,说小刚不守信用。

第四幅是小刚后悔极了……

通过这样一组画面呈现,让同学们一下子有了直观感受,比文字传达的信息更直接明了,然后老师让同学们小组讨论:小刚这样做对不对?对小明造成了怎样的伤害?对小刚又造成了什么不良影响?同学们怎么看待这件事?

再比如毛敏老师的《微笑面对挫折》主题班会第三板块设计了这样的环节:

在我们学习生活中,哪次成功应对挫折的经历令你印象深刻?你当时的经历是怎样的?你当时的做法是怎样的?为何能坚持下来?用简笔画画出来并标注文字,和大家分享。

毛老师让同学们通过图式分享自己面对挫折时的解决办法,然后投影并讲解。图式的展示,让同学们很直观地体会同伴面对挫折时的做法,并从中学习百折不挠的精神,以后遇到类似的挫折,这些画面就会出现在孩子的脑海里,结合自己遇到的问题,通过再思考解决问题。

这样由直观的图式呈现,引起大家深层次的思考、讨论,从同学那里学习借鉴,体会同伴战胜挫折的好方法,达到了助力学生意志品质锤炼的目的。

在心理班会课《学习的苦与乐》的活动中,为了促进学生对苦与乐的辩证认识,王老师设计了这样的环节:让学生观看连环画《开往春天的校车》,观察画面,小组讨论,在相互沟通中,与同龄人共同交流他们该如何在现实生活中面对成长和学习中的苦与乐。教学由画面引入,让学生在讨论画面内容中,表达自己的观点,并从别人的观点中汲取营养,再联系学习中遇到的困难,讨论交流克服的方法,在辩论思考中,提高对意志品质的认识。

(三) 图式助力学生综合能力的形成

学生的综合能力是指语言表达能力、操作能力、学习能力、交际能力、管理能力等。

素质教育的实施要体现在培养学生的综合能力方面,促进学生的综合能力形成,是教育的最终目标。怎样促进学生形成综合能力,是教育者需要面临的最大一道难题。

培养学生的综合能力,不只是体现在课堂上知识的学习上,在社会生活中和活动课中也可以培养。在班队会活动中,我们可以借助图式来促进学生综合能力的形成。

比如,张雨老师的《我是自理小达人》的设计中就有这样的环节:

同学们,请看下面几幅图——

图一:体育课上,小红在手忙脚乱地系鞋带,系了又开了,结果被同学踩到绊倒了……

图二:小平的书桌上横七竖八躺着各种书、文具等,乱得一塌糊涂。

图三:弯着腰的奶奶帮胖乎乎的小勇背着书包去学校。

图四:小宇的语文书忘记带了,回到家对着妈妈大吼:"你为什么不帮我把书放进书包?"

讨论交流:你对哪幅图感兴趣?在小组内说说你的看法,然后推荐一名同学参加全班交流讨论。

同学们透过图式传达的信息,选择、思考,通过讨论交流,充分认识到自己的问题所在,几乎每个同学都或多或少存在这几幅图中的问题。通过图式传达的信息,同学们认真做了选择,然后讨论、辩论、思考、分析,不但从思想上认识到自己存在的不良习惯,还在讨论中锻炼了语言表达能力,锻炼了思考辨析的能力,在小组讨论和推荐同学发言的过程中,也锻炼了交际能力和综合分析能力。

在《八一军旗红》这一主题队会课上,设计了观看人民军队在各个历史时期的视频集锦、欣赏各个时期的人民军队历史图片的环节,了解人民军队的发展历程。比如土地战争时的工农红军,抗日战争时期的八路军、新四军,解放战争时期及新中国成立后的解放军等,通过这些图片观赏,以及所配文字的介绍,让学生了解了人民军队的发展历程,激发他们的爱国热情,在此基础上,让他们选择一个主题内容,寻找我军历史上的著名战役和英雄故事,准备开一个故事会。这样从图片欣赏入手,激发他们对军队的兴趣,然后搜集资料、准备自己的故事、组织故事会,各自大显身手。图文并茂的直观感受,既让学生了解了中国人民军队的历史,激发了爱国热情,更锻炼了他们的综合能力。

（四）图式助力学生积极情感的表达

情感是一个心理学概念，教学过程中会产生积极情感，也会产生消极情感。消极的教学情感降低学生的学习积极性，妨碍学生理解、体验教学内容的思想感情，不利于学生掌握知识技能，破坏教学活动的科学性和艺术性；而积极的教学情感总是对教学目的的实现、教学过程的优化、学生的身心健康有着积极的促进作用。因此，我们在教学过程中，要助力学生积极的情感生发。

在班队会设计中，我们通过图式的应用，可以达到催发积极情感生发的目的。

比如，周娟娟老师执教的《学会沟通　善于交流》主题班会中，就设计了这样的环节——

如果遇到以下情况，你会如何沟通？

图一：同桌约好一起去上课，但由于一人磨磨蹭蹭，结果两人都迟到了，遭到老师的批评。

图二：甲向乙请教一道简单的数学题。

图三：(1) 下课铃响了，小波有事快步走出教室，不小心碰掉了小鲁放在桌子上的铅笔盒，里边的文具撒了一地。

(2) 小鲁捡起来一看，发现铅笔盒被摔得有些变形了，心里很不高兴。

教师启发：① 面对这些情况，你会说些什么？

② 这些现象在班上出现过吗？同学们觉得怎样的语言或行为更合适？

③ 两位同学如果要成为好朋友，他们应该怎么说、怎么做？

第一步：引导同学们先观察图式，然后思考怎样表达。

第二步：讨论、交流，在辩论中明确积极表达的方法，学会正确的沟通技巧。

第二节　行为习惯养成的图式学习现场叙事

从小养成良好的行为习惯，是帮助孩子获得成功的重要因素。小学生年龄小，可塑性强，但持久力不强，行为习惯经常反反复复，作为班主任就要善于发现，及时引导，通过多种渠道对学生进行养成教育。小学生对于说教式的教育方式不大感兴趣，这就要求教师采用各种方法，对他们加以影响和感召。以许莹老师执教的主题班会《学会换位思考》为例。

【案例背景】

今年执教一年级,孩子们刚刚入学不久,在学校生活的适应过程中,总存在各种各样的小摩擦。通过对本班孩子的调查发现,他们在发生冲突的时候,不会去理解、移情、换位思考、解决问题。有些孩子习惯性把错误推到他人身上,对一些鸡毛蒜皮的事情斤斤计较,造成同伴交往中的种种矛盾。为此,我便试图借助班会课,用情感唤醒意识,在体验中驱动行为。希望孩子们能够认识到换位思考、宽容的重要性,提高自身的宽容意识。同时培养积极良好的心态,从我做起,能够以宽容的心态与人交往。

对于"换位思考"这个概念,一年级的孩子们不容易理解,但想到他们天生对图片有较高的敏感度和好奇心,便决定以图画引导他们思考,自行发现图画中的小哲学,以趣导之,寓教于趣。

【案例描述】

图 8-3 主题班会课《学会换位思考》

"瞧,这匹马长得怎么样?""强壮、矫健、高大、漂亮。"这应该是他们尽所能想到的褒奖这匹马的词汇了。接着我又出示了一幅图(图 8-3):"这儿有四个人,你们发现他们的特点了吗?"显而易见,孩子们一下就发现了他们一高一矮、一胖一瘦。"这四个人呀都想买马,你猜他们相中了这匹马了吗?""相中了。"全班异口同声地答道。"告诉你们,他们四人可是一个都没有相中。"孩子们一听,立刻小眼睛变得亮亮的,小脑袋上写满了问号。再次引导他们从图中入手,才发现这四个人都是从马的不同角度观察的,所以高个儿嫌矮、低个儿嫌高、瘦子嫌肥、胖子嫌瘦。

看着他们若有所思、不时点头的样子,我便趁热打铁,拿出课前给每个小组发放的图片(图 8-4、图 8-5),小组观察,发现其中的规律,交流想法。

图 8-4　主题班会课《学会换位思考》

图 8-5　主题班会课《学会换位思考》

孩子们摆弄着手上的图片,翻过来倒过去,一下子恍然大悟,原来图没有改变,只是换了个角度去看。"是啊,从不同角度看问题,换位思考,是一种生活哲学,也是一种智慧。"此时我出示了本节班会课的主题:学会换位思考。

通过图理解了"换位思考"词汇的含义,但本节班会课目标是解决同伴交往中的问题,本着问题从学生中来,再回到学生中去,我便集结了他们平时生活中司空见惯的矛盾事件,课前拍摄了视频,以"班级小剧场"的形式呈现,我想这样更贴近孩子们的心理需求,引导他们将情景剧和生活勾连起来。"小朋友们,你们在与小伙伴交往时,有做到换位思考吗?你在意过、关心过他人感受吗?让我们一起走进班级小剧场。"

(视频一)课间风波

课间同学甲正写作业,旁边的同学乙正和同学玩耍,兴致勃勃的乙同学跑来跑去,撞击到甲同学的桌子,影响了甲同学写字,甲同学指责乙影响他人学习,玩得正高兴的乙同学也没放在心上,指责甲同学斤斤计较:"不就是撞了一下吗,你怎么这么小气?"两人你一言我一语,互不相让……

(视频二)神来之腿

上课时,甲同学总是不自觉地将腿伸到前面同学的椅子下方,前面的乙同学正准备起身,被后面的"神来之腿"绊了个跟头,和甲同学争吵起来,可是甲同学却说伸腿是自己的自由,两人争论不休……

看了两条视频,孩子们哄堂大笑,多数是为小演员们的精彩演技。此时我提醒道:"这样的情况你经历过或是看到过吗? 老师也发现呀,在咱们班,矛盾似乎时时刻刻就会发生呢。"让我们一起思考一下:

视频一中的两者是否都有错误? 如果一方退让是否会有所缓和呢?

视频二中甲同学所说的自由真的就能成为正当理由吗?

"怎么能在教室里追跑打闹呢? 不仅影响到他人,万一自己撞到哪了,更不安全。""发生矛盾两个人肯定都有错,就算别人碰到你,你也要好好说话,不能恶言恶语。""发生矛盾要想办法解决,不能动不动就去老师那里告状。""伸个腿自己是舒服了,受苦的是别人。"讨论异常激烈,俨然成了一场辩论会了。评价他人的行为,一个个说起来头头是道。我适时让孩子们把目光聚焦在自己身上,抛出了以下问题:

(1)在班级和同学们相处的时候,你有类似的经历吗?

(2)如果再发生这样的事,你会怎样处理?

孩子们联系自身,审视了很多只考虑自己得失而引发矛盾的案例,我们通过讨论领悟到:看来遇到事情如果都能站在对方角度换位思考,待人宽容,那很多矛盾是可以避免的。

内在于心,外化于行。这里我引入两则小故事"负荆请罪""周总理理发",通过倾听有号召力的名人故事,以名人的良言善行激发榜样的力量,引导学生总结:宽容让生活更加和谐,而要做到宽容就必须做到将心比心、换位思考。

故事里的人物是怎样做到宽容的? 宽容带给他们什么好处?

通过组织交流,孩子们理解了蔺相如为了国家的安定,不计前嫌原谅廉颇,周总理不仅没有责怪李师傅,反而安抚他,用小笑话化解了尴尬。见贤思齐,以史明鉴,将心比心、换位思考,能让我们的生活更和谐。

班级中固然存在视频中不和谐的一幕,但也有很多宽容理解的美好瞬间,最后,我开展了"点赞宽容之星"的活动,让孩子们说一说身边温暖的瞬间,并将自己手中的大拇指贴纸送给他,根据所获大拇指贴纸数量,评选"宽容之星"。我采访了获得大拇指贴最多的高艺菲同学:"你为什么能做到待人宽容?宽容、换位思考能给你带来哪些好处呢?""如果能站在别人的角度想问题,换位思考,其实很多事儿也没什么大不了的。我对待别人宽容,自己也能收获快乐、身心健康,大家也都愿意和我做朋友。"她的一番话得到了班级同学一致的掌声。

责人之心责己,恕己之心恕人。生活中总会发生一些大大小小的矛盾,这是正常的,从哲学的角度讲,世界本身就是一个矛盾体,但是有些问题不解决就会破坏我们的友谊、亲情,也会影响到我们的学习。所以要正确地看待矛盾,不斤斤计较,多站在他人的角度思考问题,在任何时候都不轻易涉入无原则的争吵,同时也应该反思自己的行为,提高自身修养。通过本节班会课的领悟,孩子们能融通到以后的学习生活中,和身边的人和协相处,这便是我的初衷。

第三节 政治启蒙教育的图式学习现场叙事

政治启蒙从少年儿童抓起,是培养共产主义接班人的应有之义,进而明确为什么要努力奋斗学习,为什么要"时刻准备着,为共产主义事业而奋斗",将共产主义理想植根于心。在小学班会课上,用图式的方式,引导学生了解相关内容、把握教育过程中的各种认知图式及其相关关系,促进知识的学习和迁移。以彭洁莉老师执教的队会课《准备加入少先队》为例。

【案例背景】

回想一年级的队前教育,心中的感受颇深。队前教育是十分必要也是非常重要的。以往我们对队前教育有些忽视,将这一教育过程简单化、形式化,认为一年级学生讲太多的知识没必要,随着年级的升高,自然而然会了解的。于是,干脆就将队前教育省了。

其实,对队前学生而言,了解队知识,本身就是一个很好的教育过程,辅导员非但不能淡化、省略,相反更要务实、创新,赋予队前教育新的内容、新的形式,以达到教育学生,架设队前儿童与少先队组织之间桥梁的目的,为今后开展少先队活动奠定基础。

那么,如何给低年级儿童讲述《队章》中党、团、队组织意识等红色元素,这是辅导员必须触碰的难点,我做了积极的探索,用图式讲好儿童化政治,既多角度解读,又凸显实操性,使得队前教育课充满童真童趣、具体生动、易学易懂。

【案例描述】

一、课伊始,情已生

"亲爱的同学们,我们都是年满6周岁的儿童,按队章规定,我们每个同学都可以申请加入少先队了。要想成为一名光荣的少先队员,我们要学习许多少先队知识。今天,我们就来学习它,好吗?"话音刚落,同学们异口同声:"好!"有的抱臂坐好,后背挺得又高又直;有的睁大眼睛,一直盯着老师;还有的把手举得高高,好像有话要说。"老师,我知道,是戴上红领巾。"

是啊,回想起自己还不是少先队员的时候,每次看到戴着红领巾的高年级同学时,心中都会激荡起神圣的向往,向往有一天能加入中国少年先锋队,戴上鲜艳的红领巾。当我正式成为少先队员的时候,每次看着红领巾在自己胸前飘扬时,心中都会充满无穷的力量,力量来自对红领巾的无限热爱,来自对少先队事业的无比崇敬和信仰。所以,此刻我特别能理解孩子们的心情,那是一种期待,叫"我要戴上红领巾",更坚定了他们要以红领巾为荣的决心。

二、图式解读"先锋"含义

"同学们,你们能说出少先队的全称吗?""中国少年先锋队。"小军是第一个举手的。

"我们的队名里有一个词——'先锋'。什么是'先锋'?什么样的人才叫'先锋'呢?"孩子们沉默了,似乎这个问题把他们给难住了。

"这些图片上的人物你们都认识吗?谁来说一说?"我引导学生仔细观察图片(图8-6),大胆地说一说他们的故事。

图8-6 少先队活动课《准备加入少先队》

小明说:"左面这幅图是董存瑞。他单手托着炸药包,准备炸掉敌人的堡垒。他用自己的生命换来了战争的胜利。""是啊,像董存瑞这样的人就是先锋,正是有了无数这样的先锋,中国人民才摆脱了侵略和压迫,建立了社会主义国家。"

小军说:"上面这幅图是雷锋。他常常把自己省吃俭用积存起来的钱用来帮助受灾群众和家庭困难的战友,并常常利用节假日和休息时间到部队驻地附近为群众做好事。""是啊,像雷锋这样的人就是先锋,他是亿万人民学习的典型。"

小雨说:"下面这幅图是屠呦呦。她是诺贝尔奖获得者,研究发明了青蒿素,用于治疗疟疾。""是啊,像屠呦呦这样的人就是先锋,她的研究成果挽救了发展中国家数百万人的生命。"

小莉说:"右面这幅图是袁隆平。他是著名的杂交水稻专家,为我国粮食生产作出了杰出贡献。""是啊,像袁隆平这样的人就是先锋,他毕生的梦想,就是让所有人远离饥饿。"

我惊叹于学生们的回答,显然,在他们的心中已经有答案了,什么样的人才叫"先锋"。我继续引导:"每个时代,有不同的'英雄'和'先锋'。你还能再说一说吗?"

"我想给大家介绍钟南山爷爷。2020年为了抗击新型冠状病毒肺炎疫情,他义无反顾地奔向第一线。我觉得他也是先锋。"张同学说。

"我想给大家介绍中国女航天员王亚平,她是中国首次完成太空授课的宇航员。她在太空给我们做了很多科学实验。我觉得她也是先锋。"王同学说。

我惊喜于孩子们会立刻联想到2020年的新冠疫情。我更惊喜于图式打开了孩子们的思路。如果一开始就把概念性的内容告诉给学生——先锋是指开辟道路的人,为了人民的利益走在前面的人,就是不怕牺牲的人,我想,课堂效果应该远没有这个好吧。

三、学一学,敬队礼

直观鲜明的具体感受定会给学生留下深刻的印象,永远难以忘怀,比任何语言都具有说服力。此时,我组织学生观看了一个短片《我爱红领巾》。当听到雄壮的国歌声,看到鲜艳的五星红旗升起来,少先队员行着标准的队礼时,孩子们也不由自主地站起来,举起小手学着他们的样子,行起队礼来。当然孩子们的姿势很不标准,我抓住这一契机,出示了一幅图(图8-7),激励孩子们,你们也想戴上鲜艳的红领巾,像他们那样行队礼吗?看看他们的姿势多优美呀!于是这时教孩子们行队礼,孩子们学习得很认真,记得非常快,大部分学生姿势比较标准,效果非常好。

图 8-7 少先队活动课《准备加入少先队》

　　丰富、新颖的队前教育，离不开图式的启发，它直观形象、深入浅出、感染性强、教育性强，又有一定的实践性和可操作性，会给孩子们留下深刻的印象，收到事半功倍的效果，会大大地有利于少先队活动的进一步开展。

第四节　健康心理引导的图式学习现场叙事

　　培养学生的倾听品质是促进学生交往能力提升的重要策略。本节课主要利用图式赏析让学生感受倾听不仅要用耳朵听，更要用眼睛去观察、用心去体会。再运用图式的呈现与学生共同探讨积极倾听与回应的技巧，引导他们正确倾听别人给自己提出的建议，学会积极思考，营造和谐的人际氛围。以杜佳老师执教的心理班会《学做倾听小达人》为例。

【案例描述】

　　今天的心育课要和学生们探讨关于"倾听"的话题。为了激发学生参与倾听话题讨论的兴趣，我用一个笑话开启了今天的课程：曾经有个老爷在自家后院种了些葡萄。有一天，老爷发现葡萄藤长得很长，想用些竹竿来支撑，于是他叫来管家说："管家，去给我买几支竹竿来。"当时管家有些心不在焉，就去了，走到路上，管家想："老爷让我买什么呢？哦，是猪肝。"他来到猪肉铺买了一些猪肝，正巧那天买猪肝送猪耳朵，管家就把猪耳朵放在口袋里准备自己享用。回到家里，他拿出了猪肝给老爷，老爷生气道："你，你，你的耳朵呢？"管家自语道："老爷怎么知道送猪耳朵呢？"于是羞愧地拿出猪耳朵说："老爷，耳朵在这呢。"听完笑话之后，很多学生都笑了。我问他们笑什么？一个学生说："老爷让管家买竹竿，他没认真听，买成了猪肝。"另一个学生说："老爷问的不是猪耳朵，是管家的耳朵，其实是说他没有认真听。"在看出大多数学生都听出了笑话的寓意后，我问道："你们觉得认真倾听重要吗？"学生们纷纷点头。此刻，我觉察到他们已经开始关注倾听，意识到倾听的重要性了。于是，我让学生"图文解字"。

一、图文解字

我出示了古文字"听"（图 8-8），让学生仔细观察，看看这个古文字会带来怎样的启示。学生们看到了耳朵、眼睛、心，等等，并且展开了联想。有学生说这个古文字就是想告诉我们："听，不仅要用耳朵听，还要用眼睛去观察，用心去体会。"我点赞了学生从这个"图式"中获得的启示，并用"如何才能更好地倾听呢？"这个问题，引发他们对倾听的思考，唤起学生探索本次主题的需要和愿望。

图 8-8 心理班会课《学做倾听小达人》

二、看图体验

出示图(图8-9)后,学生很快看出这个男生没有认真听老师和同学讲话。心理课堂中需要学生自身的体验才能带给他们更深的感受。于是,我让学生们模仿这幅图,两人一组进行消极倾听的体验:A同学向B同学讲述自己特别想和对方分享的事情,B同学有意东张西望、心不在焉,突然打断或者转移话题。1分钟后,两人交换角色表演。

图8-9 心理班会课《学做倾听小达人》

体验过后,我让学生围绕"B同学在你说话时做了什么?看到他的表现,你有什么想法和感受?你对B同学的期待是什么?你希望他具体怎么做?"这几个内容进行分享。学生们分享道:"他在玩笔和尺子,根本没在听。我很难过,我不想讲了。我希望他不要玩东西,可以看着我,听我说话。""他不停打断我。我非常生气,感觉他一点都不尊重我。我希望他能耐心听我把话说完。""他什么也没做,我不知道他有没有在听。我觉得很无趣。我希望他能点点头,或者和我有些交流。"

在自己与别人说话时,对方若不听,自己觉得很不舒服,特别希望别人认真听。因为有了真实的体验感,所以,怎么做才是认真听呢?这个话题激起了学生很大的学习兴趣和能动性。他们主动思考,纷纷发言。在师生共同讨论下,我们生成了"积极倾听图式"(表8-1)。

表 8-1　积极倾听图式

积极倾听的姿态	积极倾听中的回应
身体和脸：面向说话者，可稍微前倾点	与对方确认信息："你刚才说的是……"
眼神：柔和而专注地看着说话者	描述对方的感觉："我觉得你似乎……"
表情：用适当的表情来回应说话者，如点头、微笑	表达兴趣："你说的……我很感兴趣，你能多说点吗？"
手：不玩东西，自然放置	肯定对方："我很认同……"
言语：在适当的时候，用合适的语言与说话者进行交流	真诚表达自己：我听到你说……，我的感受是……，我的想法是……

三、跟图学做

我带着学生一起运用"积极倾听图式"做了一番练习后，继续让学生做体验活动。这次学生用"图式"中学习到的方法进行积极倾听的体验，再来分享自己的感受。体验后，学生分享道："刚才我说话时，他一直微笑看着我，时不时点头，我心里很高兴。""刚才他和我进行了交流，我很开心，特别想再跟他说一会。"在看到被倾听者表现出的愉悦情绪后，我又追问了倾听者："你认真听他说话时，他很高兴，你有什么感受和想法？"倾听者也有与被倾听者相应的正向情绪，并且表示如果自己能在日常生活中坚持用积极倾听的方式去和别人交流，不仅能获得更多的友谊，还能收获很多新的知识。通过"跟图学做"，学生不仅学会了积极倾听的技巧，提高了自己倾听的能力，还感受到了积极倾听在人际互动中的重要意义，从而树立了积极倾听的信念。

四、画面重现

人际交往中，倾听不单是听别人说一些事情和讯息，还会遇到别人说自己，特别是说自己的缺点和不足。这个时候我们又该如何去倾听呢？为了让学生有深刻的体验，我邀请他们做了一个冥想：现在，请选择一个舒服的姿势坐着，闭上你们的眼睛。深深地吸气，慢慢地吐气，吸气，吐气。好，请让自己回到一次别人给你提意见的场景中。那是在什么时候？谁在给你提意见？提了什么意见？你的感受是什么？你有怎样的想法？你做了什么？请记住那个画面、那个过程。当你都想好了，就请睁开眼睛。

通过冥想，学生能够在脑中呈现一幅图。

学生分享了他们脑中呈现的画面，我发现每个人都有自己倾听意见的应对方式。我也和学生们分享了别人给我提意见后我的回应方式：在别人给我提意见时，我会选择倾听，因为倾听是对人最起码的尊重，而且我觉得只有先听了，才有机会去思考这个部分。听完，我会用"倾听意见三部曲"（图8-10）问自己三个问题。

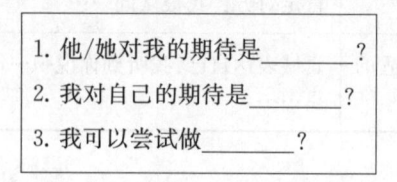

> 1. 他/她对我的期待是_____？
> 2. 我对自己的期待是_____？
> 3. 我可以尝试做_____？

图8-10 "倾听意见三部曲"图式

学生们尝试用"倾听意见三部曲"图式的方法再去体会刚才回忆的那个场景后分享了很多与之前不同的感受，有好几个学生说很想去感谢那个曾给自己提意见的人。看到学生的变化后，我继续引导他们思考：倾听并感谢别人给自己提出意见，是对别人的一种尊重，也是给自己一次机会去发现不同的自己，从而可以去思考、去行动，让自己更好。当别人知道你愿意听取别人的意见时，他们也更愿意去帮助你、支持你。但若是别人的意见很不友善、不公正，你也可以保留自己的态度。让学生学会进行自我探索和整合，做出合理选择和积极行动，从而完善自我。

五、倾听之花

课程最后，我给每位学生赠送一份礼物——"倾听之花"图卡（图8-11），让学生关注"倾听之花"花瓣上的诚心、用心、专心、耐心、会心。

诚心：抱着真诚、谦虚的态度听。

专心：仔细听，不三心二意。

用心：准确把握说话的内容及要表达的意思。

耐心：不随意插嘴、把话听完。

会心：会心会意关注说话者，给予回应和鼓励。

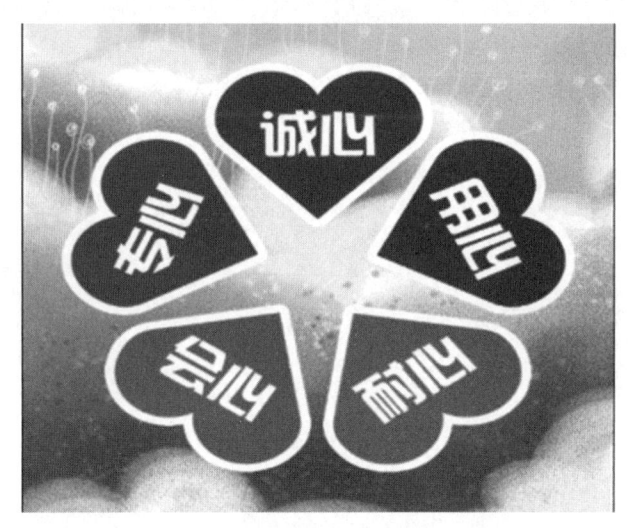

图 8-11　心理班会课《学做倾听小达人》

　　将上面的图卡作为礼物赠送给学生,我希望从课内延伸到课外,学生看到这张图卡就能在生活中常常提醒自己带着"五心"去倾听。真心希望这朵倾听之花能陪伴着学生们更好地倾听大自然、倾听父母长辈、倾听老师同学,相信他们一定能够听出更多的惊喜和美好,成为会听、乐听、善听的倾听小达人。

第三篇

执行主编　陈　馨
编写人员　陈　馨　毛　敏

第九章　图式学习的未来样态

在未来图式学习的研究展望及规划中，我校将在图式学习实践研究的基础上，围绕发展学生核心素养的课程目标，基于学校多年的主题式项目化的研究实践，进一步深化对图式学习的认识，对图式学习的未来样态展开新的探索。

第一节　图式学习的三种视角

从图式学习的内容和目标来看，发展学生核心素养的过程既要体现在知识学习的过程中，更要引导学生掌握图式学习的方法，同时也要促进学生形成积极的情感、态度和价值观。因此，我们将进一步厘清图式学习的知识视角、方法视角和价值视角，通过整体的图式学习，促进学生核心素养的发展。

一、知识视角

建构主义学习理论认为，学生是具有主体性的，学生是自己的知识的建构者，学生从原有的经验（方法）出发，生长出新的经验（方法）。建构主义学习理论强调知识的不确定性和主观性，在一定程度上对知识的客观性和准确性提出了质疑。每个个体都是具有鲜活个性的，各自的经验背景是迥异的，因此，学习者基于自己的经验背景而建构起来的知识理解是不尽相同的。建构主义学习理论否定传统教育的以教师为中心、以书本为中心的特点，强调学生的主体性，认为学生在与外界环境的互动过程中，形成了丰富的但又各具特色的经验背景。在教学过程中，要重视学生经验世界的丰富性和差异性，把它视为一种宝贵的学习资源，以辅导者和合作者的身份促进学生的知识建构，帮助他们在已有的经验世界中找到新知识的生长点。

二、方法视角

学习不是知识由教师向学生的传递，而是学生主动建构自己知识的过程。学习不是被动接受信息刺激，而是根据自己的经验背景，对外部信息进行主动地加工和处理的过程。强调发展学生的主体性、能动性、创新性，重视学生批判思维、创新能力的养成，人格、个性的完满发展。其教学观念强调，树立学生经验世界具有丰富性和差异性的观念，强调教学的理解性；学生具有充分发挥主体性的潜力，应培养学生学会管理、自我控制学习过程的技能和习惯，重视教学的情境建构，重视活动和主体的交往。核心素养中强调要能正确认识和理解学习的价值，具有积极的学习态度和浓厚的学习兴趣；能养成良好的学习习惯，掌握适合自身的学习方法；能自主学习，具有终身学习的意识和能力等。

三、价值视角

价值多元时代的到来，使人们的生存与发展面临着新的机遇与挑战。作为专门培养人的一项社会实践活动，课堂教学需要重新进行价值定位和行为反思以应对时代发展的挑战。21世纪初开展的这场规模宏大、盛世空前的基础教育课程改革，提出了知识与技能、过程与方法、情感态度与价值观三维目标，试图改变课堂教学过分关注知识传授与灌输的倾向，使学生在获取知识与技能的同时形成一定的情感态度与价值观。但是，审视现实的教学实践，不难发现我们的课堂教学依然存在严重的应试倾向，依然囿于表层的知识教学而无法自拔，情感态度与价值观维度的目标难以真正有效地落实。为什么会出现这种状况？课堂教学到底应如何实现它的价值观教学目标？在知识教学中是否能够促进学生积极价值观的形成？基于以上问题的思考，我校开展了近20年的图式学习研究，将价值观纳入课堂教学目标体系是适应社会发展、满足学生需要、提升教学品质的内在要求。课堂中的价值观教学目标应围绕人与自然、人与社会、人与自我三个维度展开，正确处理好三维目标之间的关系，尊重学生的个体差异和独特体验，立足学科特点细化教学目标。从教学内容看，我国课堂教学以系统的知识传授为主，教师的主要职责就是将表层的学科知识符号传递、灌输给学生。其实，课堂教学不仅要"教知识的符号"，还要"教知识的意义"。任何知识都由符号、形式和意义组成，知识的意义性存在使学生通过知识习得建立价值观成为可能。核心素养中强调社会性是人的本质属性。社会参与，重在强调能处理好自我与社会的关系，养成现代公民所必须遵守和履行的道德准则与行为规范，增强社会责任感，提升创新精神和实践能力，促进个人价值实现，推动社会发展进步，发展成为有理想信念、敢于担当的人。

第二节　图式学习的价值追求

我校研究的知识图式，实际上是研究知识本身之间的关联性和整体性，从已知到探索未知的一个触点；方法图式，是探讨知识的背后存在着某种思维方法以及探索这类问题运用的策略。价值图式，是我们将知识与方法引导学生提升到学科的历史文化长河的视域中，体会它存在的意义与价值，同时养成做人做事的优秀品质。知识图式、方法图式与价值图式，组成了图式学习的整体。这三者是密不可分的，知识图式着眼于以知识理解为目标，但其探索与形成的过程必定离不开方法图式的支撑，价值图式则自然地蕴涵在知识图式构建的过程中以及方法图式形成的过程中，知识图式和方法图式内隐着价值图式。知识图式与方法图式的建构同时也会促进价值图式的完善。

未来的图式学习是在帮助学生完成高水平认知联结的儿童图式学习的前提下，通过儿童在学习过程中对建构图式过程的价值选择与价值判断，感受与体现图式学习在深度认知建构中的价值，感受知识存在的价值，认识学习的重要；通过建构图式过程中的贯通性、批判性、创造性的思考，感受与体认图式学习在学习思维发展中的价值；在建构图式过程中进行评估、反思与调整，通过与学习伙伴的交流互动，感受图式学习在知识概念层面、思想方法层面和价值体认层面的不断进阶，通过研究与探索，培养有完整个性的人、有独立思想的人、可持续发展的人、有道德情操的人。

第十章　知识图式

现代认知心理学根据对个体学习的信息加工过程的实验研究结果，将知识分为两类，即陈述性知识和程序性知识（图10-1）。从图式角度，我们主张建构知识图式，研究知识本身之间的关联性和整体性，从已知到探索未知的一个触点，以图式促进迁移，改造图式、扩充图式而形成结构，从而体现思维方式、形成学习策略、发展价值图式。在项目化学习和主题式学习中，我们提倡知识的再建构，能在新的情境中迁移、应用、转换、产生新知识，在新的领域中应用。未来我们将从陈述性知识图式和程序性知识图式这两个层面进行研究，注重学生在构建知识图式的过程中进行再建构，让认识不断推进。

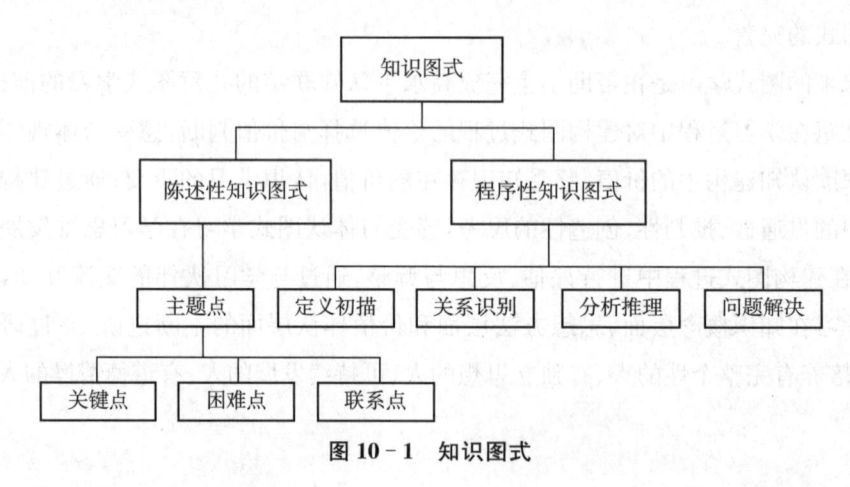

图10-1　知识图式

第一节　陈述性知识图式

从认知心理学角度来看，陈述性知识，也叫"描述性知识"。它是指个人有意识地提取线索，能直接加以回忆和陈述的知识。主要是用来说明事物的性质、特征和状态，用于区别和辨别事物。这种知识具有静态的性质。陈述性知识要求的心理过程主要是记忆。陈述性知识的获得是指新知识进入原有的命题网络,与原有知识形成联系。陈述性知识的贮存和提取的关键是编码,其教学设计必须以知识的记忆与理解为基础。只有理解了的知识才能按意义进行编码、组织,从而形成良好的认知结构,达到提高学习和记忆效果的目的。

陈述性知识图式则是陈述性知识的一种表征方式,与之前的命题不同,它更加复杂、系统化。因为它是人对自己熟悉的范畴、事件、文本或其他各种实体中的命题、次序及直觉信息所作的综合。其本身具备一种有层次的结构,它有助于人对自己所遇到的新实例作出推论。

一、主题点

陈述性知识是"是什么"的知识,以命题及其命题网络来表征;由此我们可以知道陈述性知识图式一般是围绕一个主题点表征较大的有组织的信息组合,主题点就是该知识的核心,也是构建知识图式的一个中心轴,从而引导师生围绕这个主题点建构相关内容,形成图式。

二、关键点

现代认知心理学认为,知识必须以一定的形式在人的认知结构中进行表征才能贮存。进入长时记忆中的任何信息不是孤立存在的,其中分享同一个主题的一些命题会相互发生联系。而正是这种信息单位的相互联系,构成了人的推理及解决问题的基础。关键点就是指对理解知识以及解决问题时起关键作用的知识点,也是最重要、最基本的中心内容,是知识网络中的连接点,是教师设计教学过程的主要线索。

陈述性知识图式需要围绕主题点对关键点进行思考,抓住了关键点,就抓住了主题点的脉络、主调,将原生态的知识推到学生的面前,从而激活学生的思维,帮助其理解相应的知识,以此在脑海中形成相关知识的图式。

三、困难点

困难点就是比较难学习的知识点,在学习相应的主题点时总是会遇到困难,和难以理解、无法认知的内容。这个时候如果能对困难点进行思考、归纳,构建图式,那么就像解环扣一样,一环一环地解决了,在多元方法解决的过程中就会形成关于困难点的认知图式。新的陈述性知识是否能获得意义,有赖于学生已有的认知结构是否能为新知识的生成提供认知框架。图式正是一个桥梁,在教师引领下,学生自主建构知识可以少走弯路,从而更加高效地自主探究、掌握新知识。要发挥陈述性知识的功能、支架功能,更为重要的是要尽可能地实现陈述性知识向程序性知识的过渡,实现资源效用的最大化。

四、联系点

建构主义强调新知识是在学生已有知识的基础上通过学生自身有意义的建构获得的。教师在新知识学习前必须帮助学生优化其认知结构,并指导学生理清知识的两种联系:一是新知识的内在联系,二是新旧知识之间的联系。具体地说,当学习者学习新材料时,如果其认知结构中缺乏适当的、包容范围较广的上位观念,可通过设计引导性的学习材料,为学生同化新的下位观念提供一个认知框架。如果学生的认知结构中已具有同化新材料的适当观念,但他不能自发应用时,可通过设计类比性的学习材料,为其指出新学习的材料与认知结构中原有知识之间的异同。应在准确掌握教学目标、难点的基础上,充分考虑学生的认知能力、习惯、思维方式,通过有针对性的具体问题唤起学生对旧知识的回忆,再通过启发性问题引导学生去发现新知识,从而实现温故知新的目的。

第二节 程序性知识图式

一、定义初描

程序性知识也叫操作性知识,是个体难以清楚陈述、只能借助于某种作业形式间接推测其存在的知识。这类知识主要用来回答"怎么想""怎么做"的问题,以产生式和产生式系统表征,用来解决做什么和怎么做的问题。程序性知识图式是指经过各种变式练习,使贮存于命题网络中的陈述性知识转化为以产生式系统表征和贮存的图式,用来解决"怎么办"的问题。

二、关系识别

建构程序性知识图式需要识别其和陈述性知识图式的关系。陈述性知识图式主要解决"是什么"的问题,以命题及其命题网络来表征,是一种静态的知识,它的激活是输入信息的再现,主要以理解记忆为主,激活的速度比较慢,是一个有意的过程,需要学习者对有关事实进行再认或再现;程序性知识图式是"怎样做"的知识,以产生式来表征,是一种动态的知识,它的激活是信息的变形和操作,激活的速度很快,是一种自动化了的信息变形的活动,需要通过练习和实践才能获得。

三、分析推理

程序性知识图式往往是在陈述性知识图式的基础上建立起来的,但并不是所有的陈述性知识图式都能转化成程序性图式,要在一定的情境中选择适当的学习形式进行学习、分析、推理,弄清程序性知识图式呈现的条件、构建的途径、转化的方法,在分析推理中构建属于自己的程序性图式。

四、问题解决

程序性图式是解决问题的图式,因此需在构建的过程中调动各种知识,激活思维,从而达到解决问题的目的,在问题解决的最后形成相关方法策略。

第三节 知识图式的案例探索

我们在课堂实践中做了一些有关知识图式的探索,如科学学科《有趣的食物链》一课中,食物链的书写本身就是一种图式的呈现。将各种生物的名称一一书写完整,同时用箭头来代表营养的流向。这样的一个营养流向图就能够清晰地表达出各个生物之间的食物关系,当然这样的食物链也不是随便写的,比如说在这个链条当中要形成链条状的结构就不能少于三个生物,而这个箭头的指向一定代表着这些营养的流向而不能随意地反过来,所以箭头指向右侧越来越凶猛的动物,也就是越来越高级的消费者。利用"食物链"就能很好地把同一栖息地中各种生物间的食物关系清晰表达出来。

　　如数学学科《解决问题的策略——转化》一课中,老师就秉持了这样的理念进行了尝试:学生在研究两个图形哪个面积大、哪个面积小时,会先猜测,然后尝试用各种方法将不规则图形转化为规则图形。有的学生先在自己的草稿本上画出类似的图形,再进行剪贴与拼接;有的学生将完整的正方形格子涂上颜色,再合并剩下的没有涂色的正方形格子……这是学生自己进行学习、自己试着去解决问题的过程,也是他们不知不觉实施转化策略的过程。同时,学生课前完成的这些图式作品也将成为本节课的学习素材,学习素材完全来自学生,激发了学习的兴趣和热情。

第十一章　方法图式

　　方法图式是指个体形成的在学习、生活中发现问题、解决问题的流程、步骤以及个体自主认识世界的思维流程、思维方法和思维品质。中国学生发展核心素养中提到，要让学生学会学习，主要是学生在学习意识形成、学习方式方法选择、学习进程评估调控等方面的综合表现。具体包括乐学善学、勤于反思、信息意识等基本要点。这与构建方法图式发展学生的反思、探索等素养的理念不谋而合。根据我校的研究与实践，我们目前预想到了目标效用图式、联想迁移图式、归纳演绎图式、形象表征图式，还有其他的方法图式创设了开放的空间，鼓励学生多元探究(图 11-1)。

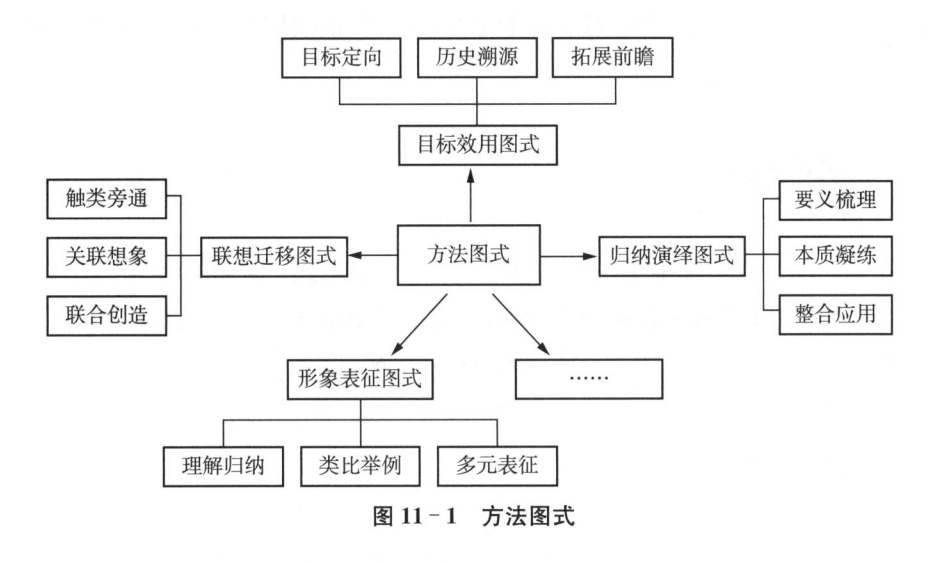

图 11-1　方法图式

第一节　目标效用图式

　　目标效用图式主要是在学习生活中发现问题后依据问题确立解决问题的目标，预计取得什么样的结果，也就是我们所说的效用，在这一系列的自主思考过程中形成的思维框架。

一、目标定向

目标定向是目标效用图式确立的基础,目标定向教学是一种设置学习目标并运用科学的解决问题过程达到这些目标的教学体系。把教学视为进行假设和检验从而达到规定目标的科学解决问题过程可分为六个步骤:(1)用行为术语说明目标;(2)确定达到目标的方法;(3)阐明其他辅助方法;(4)实施过程;(5)测量成绩;(6)评价结果以目标的阐明为起始,经过一系列相互关联的活动,以评价目标是否达到而告终。若测量结果表明目标已达到,则所采用的活动、方法可予信赖和保留;反之,则教师应审查所用方法和过程,寻找更适当的方法,必要时需重新考虑或修改目标。一旦我们确立了明确的目标,就会朝着这个目标不断地前进,直至实现这个目标。在学习、生活中,很多问题得不到解决是因为缺少目标。一旦拥有了目标,就会产生无穷的力量,思维就会被激活。这与项目化学习中的驱动性问题的理念很吻合,有了这个驱动性问题,整个教学就能围绕这个目标保持持续性和一致性的研究,不断深入。

二、历史溯源

历史溯源,即在目标确定之后,对所需解决的问题进行追本溯源,追究事物产生的根源。引导个体带着求真探索的精神,在探求历史根源之后发现新旧知识之间的关联性,探求问题的本质,从而找到解决目标任务的方法。

三、拓展前瞻

拓展学习是素质教育的重要内容,具有前瞻性。其通过在教学过程中扩容增加和优化发展学生的学习内容、形式以及方法,对学生学习进行全方位的促进。在教学中,教师通过巧妙引导学生进行拓展学习,在平时的学习中不断学习更新的知识,从而开阔眼界、拓宽视野,学习前瞻性的知识,丰富自己的思维,以此提升教学的效率。

第二节 联想迁移图式

所谓"联想",就是由一个事物想到另一事物的心理过程。由当前的事物回忆起有关的另一件事,或由想起的一件事物又想到另一事物,这都是联想。一切智力活动都离不开联想,许多重大的创造发明要归功于联想。这里的迁移是指学习迁移。学习迁移是指一个人在一种情境中的学习影响他在其他情境中的学习。现代认知派心理学家布鲁纳认为,学习迁移可分为两类:一类叫特殊迁移,是习惯或联想的延伸,主要是指动作技能的迁移;另一类叫非习惯迁移,即原理和态度的迁移,是教育过程的核心。他认为掌握学科的基本结构、基本原理和概念,是通向适当"训练迁移"的大道。因此,我们试图在两种理论的支撑下构建联想迁移图式,帮助学生通过联想,唤起对旧知识的回忆,沟通新知识的联系,促进知识的迁移、发展。使学生在思维的发散过程中产生创新的灵感,迸发出创新的火花,促进智力的发展。科学学科《有趣的食物链》这一课中,学生探究如何正确书写"食物链"的过程中,学生从原本的纯文字表达到文字图形相结合再到进一步优化利用最简洁的表达方式来呈现。学生首先选择出同一个栖息地,之后将这一栖息地上面的各种生物以它们之间的食物关系相联系,从而发现我们可以用一个简单的方法来概括这种普遍存在于生物之间的食物关系。同时我们发现在自然界当中,这些食物链不是以单线的形式存在的,它们之间互相交叉就会形成网络,而食物网也就从中产生了。这在我们以后学习的过程当中可以进行迁移,将复杂的关系利用简单的图形进行表示,从而能够将复杂问题简单化。

一、触类旁通

触类旁通是掌握了解某一事物的变化、趋势及规律,从而类推了解同类的其他事物的变化、趋势及规律,是对教学的一种扩展性学习。

在教学中,教学内容应该是经过选择的具有基本性和基础性的知识,并且这些知识要同时具有一定的示范作用。学习者通过对这些范例的学习,能够举一反三、触类旁通,实现学习迁移和实际应用,启发学习者独立思考和判断、分析、解决问题的能力,形成相应的图式。触类旁通不同于基础教学,也要注重度,不能过度地毫无边际地任思维发散开去。

二、关联想象

关联想象就是我们平常说的联想,它是由已感知的事物回忆或联系到与之相关的另一事物的想象形式。关联想象离不开相关性。巴甫洛夫认为,一切教学都是各种联想的形式。联想运用到教学中是指通过观察、分析、研究对象或问题的特点,与已有的知识和经验建立联系,找出事物的共性,探究解题思路,由此及彼。关联有两类,想象也有两类:一类是纵向的,另一类则是横向的。纵向的主要是指,某类事物内部或某些类事物之间的关联的历时性的发展变化(这其中的"发展变化"蕴含着"横向性");而横向的则主要是指,某类事物与其他类事物之间的关联的同时性的发展变化(这其中的"发展变化"蕴含着"纵向性")。但是,我们现在大多比较习惯于纵向想象,以及习惯于无视"纵向想象中的横向性"与"横向想象中的纵向性"。所以,我们的学习多在纵向积累,而不是横向创新;而教学则多在教学生如何去积累,而不是如何去创新。学习的实质就是要学会在"已知世界诸事物之关联"的基础上去想象"未知世界诸事物之关联",而教学的实质则是教会学生如何凭借"已知世界诸事物之关联"来想象"未知世界诸事物之关联"。因此,联想既是学习的核心能力,更是教学的关键能力。

三、组合创造

组合创造又称理想组合,是指将多种因素通过建立某种关系组合在一起从而形成组合优势。其特点是把似乎不相关的事物有机地合为一体,并产生新奇的事物。组合的思维基础是联想思维,组合是想象的本质特征。与类比族相比,组合族没有停留在相似点的类比上,而是更进一步把两者组合起来,因此方法层次更高,它也是以联想为基础的。这种图式的建构需要学生有较强的自主学习能力,在解决任务的过程中能够对原有的知识经验进行加工、组合、再创造,从而形成新的思维框架。

第三节 归纳演绎图式

归纳和演绎是科学研究中运用得较为广泛的逻辑思维方法。马克思主义认识论认为,一切科学研究都必须运用到归纳和演绎的逻辑思维方法。人类认识活动,总是先接触到个别事物,而后推及一般,又从一般推及个别,如此循环往复,使认识不断深化。归纳就是从个别到一般,演绎则是从一般到个别。归纳和演绎互为条件、互相渗透,并在一定条件下互相转化。归纳出来的结论,成为演绎的前提,归纳转化为演绎;以一般原理为指导,通过对大量材料的归纳得出一般结论,演绎又转化为归纳。归纳和演绎相互补充,交替进行。归纳后随之进行演绎,使归纳出的认识成果得到扩大和加深;演绎后随之进行归纳,用对实际材料的归纳来验证和丰富演绎出的结论。在归纳和演绎相互作用的过程中形成的图式即归纳演绎图式。

一、要义梳理

要义意思是要旨、重要的意义。梳理要义即指对要旨、重要的意义进行整理、分析。在学生学习、教师教学的过程中会有许多知识点和记忆内容,这时要义梳理就可以帮助我们对所学内容进行整理分析,形成自己对该知识要点及意义的思维框架。

二、本质提炼

本质指事物的根本属性。由事物所包含的特殊矛盾构成,并由其主要矛盾的主要方面决定。与"现象"相对。本质提炼就需要从现象探究事物的内部联系,提取所需的内容,在整个探究提取的过程中形成思维框架。

三、整合应用

整合就是把一些零散的东西通过某种方式而彼此衔接,从而实现信息系统的资源共享和协同工作。其主要的精髓在于将零散的要素组合在一起,并最终形成有价值有效率的一个整体。不管是普遍意义上好的还是坏的事物都有其存在的价值,整合就是把它们的价值有机地结合在一起,使本来无意义的事物变得有意义起来,让这些单一看来无意义或意义不大的事物获得超值的效果。要学会在演绎归纳的信息中将自己所需的内容进行整合,从而应用到问题的解决中。

第四节　形象表征图式

　　形象表征阶段是美国心理学家布鲁纳提出的儿童认知结构发展理论中的第二个发展阶段，它使用图像或其他图形来代表认知主体关于外部世界的知识与经验。处于这个阶段的儿童会通过表象的制造把概念符号化，例如在纸上或者在他们的大脑内把看到的物体画出来，或者使用一些形状或图表。形象表征图式是用头脑中的图形或表象来再现知识经验的一种方式。

一、理解归纳

　　"理解"一词见于元朝末年编纂的《宋史》，"心通理解"，是指从内心上明白、从道理上了解。理解，从字面来看，就是理性的思考和解读；从认知层面上讲，认识得越全面，了解得越透彻，理解得就越深刻，使我们对人、对客观事物有更准确的把握。这里的"理解"，就是要运用科学的精神、理性的心态、辩证的思维去认识问题、解决问题。理解是人们客观认识世界、把握客观规律、解读客观事物的过程，是人与自然、人与社会、人与人之间关系的深刻解读，是人们社会实践的总结，是人类自下而上的客观需求。在此基础上加以总结归纳，从而形成相应图式。

二、类比举例

　　在心理学上，类比指的是一种维持了被表征物的主要知觉特征的知识表征。所谓类比，就是由两个对象的某些相同或相似的性质，推断它们在其他性质上也有可能相同或相似的一种推理形式。举例，指表示一种对抽象化事物借用具体的、相对来说较容易理解的实例的阐述。通过类比举例来促进对问题的理解，在此基础上形成对该问题的解决策略。

三、多元表征

　　"表征"是对事物本质的揭示、阐明。学生的学习表征样式是丰富的，有直观动作表征、具体形象表征和抽象符号表等。多元智能理论以及认知风格理论认为，教学应该采用多元方式表征同一个学习对象,以便学生可以选择自己擅长、喜爱的方式,构建自我表征系统,促进知识意义的内化。基于多元表征的图式教学,既要重视学生的抽象、形式表征,也要重视学生在学习过程中的感性操作。只有将多种表征融合起来,才能助推学生对知识的真正理解,从而真正解决问题,形成相应的思维框架。

第五节　方法图式的案例探索

方法图式在数学教学中的运用比较广泛,比如数学学科的图式学习的新授课中,老师可以出示"小组学习流程图"(图11-2),提供小组讨论的路径,让交流表达更有序,让方法提炼更有效。

图 11-2　小组学习流程图

方法图式的研究路径,有助于帮助学生将碎片化的、凌乱的方法进行整理,并对组内学习方法进行对比优化,让此段的学习进入一个"呈现—纳入—碎片—整理—对比"的过程。学生有了"方法导图"的指引,不仅学习步骤清晰了,学习目标也更明确了。

第十二章　价值图式

价值图式(图12-1)，是引导学生将知识与方法提升到学科的历史文化长河的视域中，体会它存在的意义，同时养成优秀的价值品质，形成正确的情感、态度、价值观。

核心素养中提到，文化是人存在的根和魂。文化基础，重在强调能习得人文、科学等各领域的知识和技能，掌握和运用人类优秀智慧成果，涵养内在精神，追求真善美的统一，发展成为有宽厚文化基础、有更高精神追求的人。从哲学层面来说，对于真善美的定义，应该根据它们的价值目的来进行。仇德辉在《价值事物的三种基本类型》一文中指出，人类的有序化分为思维有序化、行为有序化和生理有序化三种基本类型，用于改变人类有序化过程的价值事物也相应地分为三种基本类型：思维性价值事物、行为性价值事物、生理性价值事物。根据"选择倾向性法则"，事物的价值率与主体的平均价值率之差(称为价值率高差)决定着该事物对于主体的客观意义：当事物的价值率高差大于零时，它对于主体的生存与发展具有积极的意义，主体就

图12-1　价值图式

会不断增加对该事物的价值投入规模；相反，就只有消极的意义，主体就会不断减少对该事物的价值投入规模。由此给出"真善美"的定义。真：就是指价值率高差大于零的思维性价值事物。善：就是指价值率高差大于零的行为性价值事物。美：就是指价值率高差大于零的生理性价值事物。未来我们将从认识价值、德行价值、美学价值三个层面引导学生发现真善美，践行真善美。

第一节 认识价值

用学科眼光认识事物。学科分类是世界各个国家培养人才方式的主流。中国新的课程改革总目标也因此制定出各学科的"课程标准"，各个学科根据自己的特点要求学生"用学科的眼光看世界"。每个学科对学生的发展价值，除了一个领域的知识以外，从更深的层次看，至少还可以为学生认识、阐述、感受、体悟、改变这个自己生活在其中并与其不断互动着的、丰富多彩的世界和形成、实现自己的愿望，提供不同的路径和独特的视角、发现的方法和思维的策略、特有的运算符号和逻辑；提供一种唯有在这个学科的学习中才可能获得的经历和体验；提供独特的学科美的发现、欣赏和表达能力，从而实现对事物价值的认识。

观察—体验—理解—创造—联系—应用。在认识价值的过程中，学会观察事物的现象、动向、考查或调查；通过实践来认识周围的事物、亲身经历体验；运用科学的精神、理性的心态、辩证的思维去认识问题、解决问题；有积极的求异性、敏锐的洞察力、创造性的想象、活跃的灵感和新颖的表述等创造性思维的呈现；理清事物或现象之间的相互依赖、相互制约、相互渗透、相互转化的关系，学会联系；最后能应用到做人、做事、学习上。

第二节 德行价值

德行即道德和品行。道德是蕴含在知识中的一种价值倾向，是知识的一种内在属性，是与知识相伴随的内在特性。德行价值体现在按照一定的社会或阶级要求，有目的、有计划、有系统地对受教育者进行道德和品行等方面的影响，并通过受教育者积极的认识、体验与践行，自主形成一定社会与阶级所需要的德行，也就是我们所说的"善"，向善，行善。

认识—理解—实践。在生活、学习中,学生个体对德行价值的认识包括头脑中的知识结构层级,思维方式与思维品质,符号理解、互换与整合、综合运用的能力;对事物认识的穿透力和时空贯通感;对他人的善解、合作与处理矛盾和冲突的能力;对自然世界的感受、理解、理性相处与和谐共生的自觉意识和能力。最终归结到自我个性与人格、发展理想与信心、策划与在现实中践行的生命自觉意识和能力,从而形成对德行价值的认识与实践能力。

第三节　美学价值

学习不仅具有认知价值,也具有审美价值。"知识不仅是认知的媒介,更是精神态度、价值伦理的载体,传导着人类千百年来对世界的认识,也运载着人类在探究知识的过程中所表现出来的追求真善美的精神。"图式的美学价值在于揭示和阐明审美现象,帮助人们了解美、美的欣赏、美的创造的一般特征和规律,进一步完善和发展美学学科本身,并从而提高人的审美欣赏能力外,针对当今社会,它尤其还要提高人的精神,让人受到心灵的震撼、精神的激励,陶冶人的情感、发展人的心灵、形成完整人格,促使人生审美化。

发现美—欣赏美—创造美。柏拉图说过:"美具有引人向善的作用和力量。"我们要善于发现美,从本质上了解美产生的根源,从而更好地追求美、体验美、创造美。我们每天的生活都是不断地追求美的过程,同时也是创造美的过程,不知不觉中,我们与美学之间已经建立了密切的关系。在知识的学习中获得人生中各种美之感受与欣赏,获得创造愉悦与美的能力。

第四节　价值图式的案例探索

我们在多个学科开展了对价值图式的尝试与探索,比如科学学科《有趣的食物链》中的图式关系不仅告诉了我们生物之间的食物关系,也告诉我们生物之间的相互影响。比如在食物链中如果某一个生物突然消失或数量减少,那么整条食物链就会断链,从而直接给上一级和下一级的生物带来巨大的影响;但把相同情况放入食物网中时,我们就会发现与该生物同一级别的其他生物能够补足缺失的部分,从而影响上下级生物,以达到维护生态平衡的目的。这样的一个对比,就能够很好地体现出生物的食物关系在生态平衡当中的价值体现。数学学科《解决问题的策略——转化》这课的价值还体现在把这些"显性"的方法图式、知识图式，转变为学生脑海中的"隐形"的价值图式，让学生体会解决问题的策略不仅是一种学习方法、一种解题思路，更是一张有联系的知识网络图。学生带着这样的"图式"去练习、去巩固，去解决生活中的实际问题，体验策略的价值和意义，鼓励孩子勇于尝试、敢于创造，从已知的研究走向对未知的探索。语文学科《我是一只小虫子》这一课，老师用图式的方式教授新课，充分发挥学生的想象，让学生体会到再小的生命也有有趣的生活，从而教育学生热爱生活，热爱大自然，引领学生在语文学习中开启哲学思考。

未来的图式学习样态研究，将进一步观察与发现图式学习过程中儿童思维发展，尤其是贯通思维、批判思维和创新思维发展方面的价值与意义，以"感知—实践—建构—体验"为主线，在发展核心素养的理念支撑之下，结合项目化、主题式学习帮助学生建构高阶思维能力，整体构建知识图式—方法图式—价值图式，促进师生在图式学习的理念下实现共生共长。

参考文献

[1] 曹培英.小学数学学科核心素养及其培育的基本路径[J].课程·教材·教法，2017(2).

[2] 常生龙.核心素养的特征[J].上海教育，2019(12).

[3] 陈璐.思维导图在小学综合实践活动课中的应用探究[J].课程教材教学研究(教育研究)，2020(Z2).

[4] 陈馨.基于学习者视角的"图式建构"——以数学复习课的教学为例[J].江苏教育，2020(9).

[5] 陈亚明.小学数学教学叙事研究[M].宁波：宁波出版社，2007.

[6] 陈佑清.论教育的知识本位倾向[J].湖北大学学报(哲学社会科学版)，1998(3).

[7] 程晓堂，赵思奇.英语学科核心素养的实质内涵[J].课程·教材·教法，2016(5).

[8] [英]怀特海.教育的目的[M].庄莲平，王立中，译.上海：文汇出版社，2012.

[9] 洪佳.小学综合实践课生活化教学探讨[J].求学，2021(31).

[10] 胡志利，祝美宁，樊荣萍.图式理论应用于大学英语听力教学的研究[J].考试周刊，2011(38).

[11] 黄海燕、李瑛.意象图式理论和隐喻性思维应用于大学英语介词教学中的实证研究[J].科技信息，2008(8).

[12] 贾绪计，王泉泉，林崇德."学会学习"素养的内涵与评价[J].北京师范大学学报(社会科学版)，2018(1).

[13] 姜义录.谈综合实践活动课与学科课程的有效整合[J].华夏教师，2019(33).

[14] 教师资格认定考试编写组.教育心理学[M].北京：北京师范大学出版社，2010.

[15] [德]康德.纯粹性概念之图型说[M].邓晓芒，译.北京：人民出版社，2004.

[16] 康立新.国内图式理论研究综述[J].河南社会科学，2011(4).

[17] 孔凡哲，史宁中.关于几何直观的含义与表现形式——对《义务教育数学课程标准(2011年版)》的一点认识[J].课程·教材·教法，2012(7).

[18] 李瑞琳.浅谈中学生"高分低能"现象[J].教师，2015(32).

[19] 李松林.深度教学的四个实践着力点:兼论推进课堂教学纵深改革的实质与方向[J].教育理论与实践,2014(31).

[20] 李英杰.基于学生发展核心素养的学业标准[M].北京:北京师范大学出版社,2020.

[21] 李瑜,黄泽成.聚焦数学课堂培育核心素养[J].小学数学教育,2020(10).

[22] 林爱淋.论小学音乐的核心素养[J].儿童音乐,2018(12).

[23] 林崇德.论学生发展核心素养的内涵特征及框架定位[J].中国教育学刊,2016(6).

[24] 林崇德.中国学生核心素养研究[J].心理与行为研究,2017(2).

[25] 林崇德.构建中国化的学生发展核心素养[J].北京师范大学学报(社会科学版),2017(36).

[26] 林凌云.以学为基 顺学而导——特级教师吴正宪《分数的意义》课堂实录评析[J].广西教育,2020(8).

[27] 刘海红.图式理论应用于《新标准大学英语》阅读教学的实证研究[J].内蒙古师范大学学报(哲学社会科学版),2017,46(2).

[28] 刘仁增.小学语文统编教材的语用解读[M].福州:福建教育出版社,2020.

[29] 卢长青.找准素养落脚点构建想象"空间站"[J].课程教材教学研究,2020(Z5).

[30] 吕全国.图式理论对心理健康教育的启示[J].十堰职业技术学院学报,2011(5).

[31] 马力仲.图式理论与中学数学教学[M].成都:四川大学出版社,2015.

[32] 梅苏芹.习作单元中的写作资源[J].江西教育,2021(10).

[33] 牛献礼.素养导向的数学教学艺术[M].上海:华东师范大学出版社,2019.

[34] 彭学芹.巧用动画,搭梯思维[J].中小学信息技术教育,2009(78).

[35] 钱浩然.浅谈图式优学的数学学习支持[J].数学大世界,2017(12).

[36] 秦雪梅.学科核心素养下小学英语课堂教学问题与对策研究[D].重庆:西南大学,2020.

[37] 仇德辉.统一价值论[M].北京:中国科学技术出版社,1998.

[38] 宋莹.思维导图:从入门到精通[M].北京:北京大学出版社,2018.

[39] [苏]苏霍姆林斯基.给教师的建议[M].杜殿坤,译.北京:教育科学出版社,2016.

[40] 孙显荣,李朋.小学综合实践活动课的有效教学策略研究[J].读与写(教育教学刊),2020(1).

[41] 汪潮.语文学理——语文学习的心理学原理[M].杭州:浙江大学出版社,2013.

[42] 王本华.构建以核心素养为基础的阅读教学体系——谈统编语文教材的阅读教学理念和设计思路[J].课程·教材·教法,2017(7).

[43] 王必成.关于提高课堂教学效率的再思考[J].课程·教材·教法,1996(2).

[44] 王洁,张芬.图式理论应用于大学英语听力教学的实证研究[J].现代职业教育.2021(31).

[45] 王林.小学数学课程标准研究与实践[M].南京:江苏教育出版社,2011.

[46] 王蔷.从综合语言运用能力到英语学科核心素养:高中英语课程改革的新挑战[J].英语教师,2015(16).

[47] 王兄.基于图式的数学学习研究[D].上海:华东师范大学,2005.

[48] 王学金.图式优学:支持儿童学习的课堂建构[M].南京:南京大学出版社,2016.

[49] 王永春.小学数学核心素养教学论[M].上海:华东师范大学出版社,2020.

[50] 卫永霞,冯辉,王玉锋.图式对大学生思维发展的影响[J].中国民康医学,2009(12).

[51] 邬东明.小学综合实践活动课存在的问题及解决办法[J].当代家庭教育,2020(2).

[52] 武建峰.认知生成主义的哲学研究[D].太原:山西大学,2015.

[53] 武维民,张秋爽.跟吴正宪学教数学[M].上海:华东师范大学出版社,2019.

[54] [美]M.希尔伯曼.积极学习101种有效策略[M].陆怡如,译.上海:华东师范大学出版社,2011.

[55] 向琴.文化图式理论在高中英语听力教学中的实证研究[D].重庆:重庆师范大学,2018.

[56] 辛涛,姜宇,林崇德.论学生发展核心素养的内涵特征及框架定位[J].中国教育学刊,2016.

[57] 熊昱可,许祎玮,王泉泉.核心素养研究的基本思路与方法路径[J].北京师范大学学报(社会科学版),2018(1).

[58] 徐林祥,郑昀.对语文核心素养四要素的再认识[J].语文建设,2017(11).

[59] 杨九俊.论语文学习的认知图式[J].江苏教育,2020(9).

[60] 杨正.《成长型思维训练》释放孩子无限潜能[N].郑州日报,2018-07-18.

[61] 叶澜.世纪之交中国基础教育改革研究丛书[M].北京:教育科学出版社,2001.

[62] 余文森.核心素养导向的课堂教学[M].上海:上海教育出版社,2017.

[63] 俞燕.小学综合实践活动课的开展研究[J].课程教育研究,2019(22).

[64] 袁周敏.图式理论应用于英语听力教学的实证研究[J].长春理工大学学报.

2012,7(4).

[65] 张华.试论教学认识的本质[J].全球教育展望,2005,34(6).

[66] 张荣伟.三新鼎立:历史谱系与本真意义[J].校长阅刊,2005(3).

[67] 张天若.深化教学改革必须把握好三大"走向"[J].教育家,2018(8).

[68] 张耀东.图式理论在小学语文阅读教学中的运用与实践[J].新课程,2021(5).

[69] 张卓玉.构建教育新模式[M].长沙:湖南教育出版社,2013.

[70] 赵明飞.如何增强小学综合实践活动课的有效性[J].读写算,2019(34).

[71] 郑新丽.语文核心素养的内涵、特征及培养策略[J].教学与管理,2017(8).

[72] 中华人民共和国教育部.中小学综合实践活动课程指导纲要(2017)[S].北京:北京师范大学出版社,2017.

[73] 中华人民共和国教育部.义务教育小学科学课程标准[S].北京:人民教育出版社,2018.

[74] 中华人民共和国教育部.普通高中数学课程标准[S].北京:人民教育出版社,2018.

[75] 钟启泉.课程的逻辑[M].上海:华东师范大学出版社,2019.

[76] 周加仙.基于脑的教育研究[D].上海:华东师范大学,2004.

[77] 周璐.进阶式学习支架:优化语文学习活动的实践方略[J].小学教学设计,2020(6).

[78] 张大均.教育心理学[M].北京:人民教育出版社,2011.

[79] Bartlett F G. Remembering: A study in experimental and social psychology[M].Cambridge: Campridge Press,1932.